TRANSLATIO
sous la direction de Florence Lautel-Ribstein
et Marc-André Buhot de Launay
16

Série *Problématiques de traduction*
14

La Traboule de l'universitaire-traducteur

Ouvrage publié avec le soutien de l'université Lumière – Lyon 2
et du laboratoire Passages Arts & Littératures (XXe-XXIe)

La Traboule de l'universitaire-traducteur

Sous la direction de François Géal

PARIS
CLASSIQUES GARNIER
2024

François Géal, ancien élève de l'École normale supérieure, hispaniste et comparatiste, est professeur de littérature comparée à l'université Lumière – Lyon 2. Traducteur de textes hispaniques anciens ou modernes, il a dirigé divers ateliers de traduction collective. Il s'intéresse tout particulièrement aux métaphores de la traduction et du traducteur, une question aux vastes enjeux traductologiques.

ISBN 978-2-406-17312-0 (livre broché)
ISBN 978-2-406-17313-7 (livre relié)
ISSN 2648-6768

PRÉSENTATION

Le terme « traboule », qui désigne dans le Vieux-Lyon ces passages perpendiculaires à la Saône reliant les immeubles les uns aux autres, vient du latin *trans-ambulare* : circuler à travers. Suggérant l'idée d'un déplacement – plus précisément d'une circulation (pas toujours aisée) par une voie étroite –, l'image s'inscrit dans l'une des grandes familles métaphoriques depuis longtemps utilisées pour qualifier l'activité traductive[1]. S'y ajoute subliminalement une allusion familière à ce qui, au cours de l'opération, se joue dans la tête du traducteur…

Il s'agit d'examiner ici les pratiques traductives d'un petit échantillon d'*universitaires-traducteurs* afin de préciser, d'une part, les méthodes ou théories qui les sous-tendent plus ou moins explicitement, et d'autre part, la façon dont s'articulent les deux *facettes* de leur métier (voire les trois, si l'on garde à l'esprit que tout universitaire est a priori un enseignant-chercheur). Bizarrement, ces questions ont été jusqu'ici peu abordées par les traductologues de toute obédience : il importait donc de tracer quelques nouvelles pistes dans cette direction.

Dans la plupart des cas, les intervenants sont issus de départements de langues et littératures étrangères. Les circonstances, en particulier la disponibilité des collègues sollicités, le poids particulier de l'anglais dans l'enseignement universitaire français ou encore le fait que ma formation première soit celle d'un hispaniste, confèrent logiquement à l'anglais et à l'espagnol[2] une présence majoritaire au sein de ce volume. Mais d'autres domaines – italien, catalan, turc et même chinois – y sont également représentés.

1 Je me permets de renvoyer à la base de données TMT (*Trésor des métaphores de la traduction*) que j'ai fondée en 2016, destinée à référencer des citations en français et dans une dizaine de langues majeures. Elle est accessible à la communauté scientifique au sens le plus large, sur le site http://recherche.univ-lyon2.fr/tmt/.

2 Il faudrait distinguer, à l'intérieur de ce classement sommaire : anglais de Grande-Bretagne ou des États-Unis, espagnol d'Espagne ou d'Amérique latine…

Si certains consacrent à la traduction un temps et une place prépondérants (c'est notamment le cas d'Edmond Raillard, titulaire du Grand prix de traduction de la SGDL et Prix Rhône Alpes du livre, ou encore de Marie Laureillard qui a publié plus de 25 traductions), pour la plupart, il s'agit d'une activité *seconde* (ce qui ne veut pas dire secondaire), d'une « expérience en marge », selon les termes de Jean-François Pérouse, géographe reconnu comme l'un des meilleurs spécialistes de la Turquie en général et d'Istanbul en particulier. Pour reprendre la belle distinction de Daniel Moskowitz, la plupart sont donc des traducteurs *esthètes* plutôt que des traducteurs *mercenaires*. En revanche, tous s'accordent à y voir une tâche « chronophage », comme le souligne Jean-Charles Perquin.

Plusieurs contributeurs rapportent un goût ancien pour la traduction ou l'interprétation. Tel est le cas de Florence Serrano, qui se remémore une enfance en contexte trilingue au pays Basque, ou encore de Sylvie Protin, rattachant explicitement son amour des langues en général et de la traduction de l'espagnol en particulier à un héritage familial pied-noir et « un ailleurs perdu ». Toutefois, si certains ont privilégié une approche globale, synthétique, pour décrire leur pratique (notamment les plus anciens dans le métier : Edmond Raillard ; François Géal, retraçant les déterminations psychologiques, scolaires et universitaires qui ont pesé sur son goût de plus en plus affirmé pour la traduction et la traductologie[3], ou encore Jean-François Pérouse, décrivant les étapes d'une « initiation » et d'une « greffe » qui se transforma ensuite en « hybridité » durable, parfois « schizophrénique »), d'autres ont préféré s'appuyer sur des études de cas précis.

Ainsi, Sylvain Trousselard, spécialiste de l'Italie médiévale, nous offre une savante étude d'un texte aujourd'hui méconnu – y compris des médiévistes italiens. Baudouin Millet propose une double étude de deux romanciers anglais parus la même année, en 1719, que tout semble opposer : d'un côté, Daniel Defoe, romancier célèbre pour son *Robinson Crusoe*, pseudo-autobiographie située au milieu du XVIIe siècle ; de l'autre, Eliza Haywood, auteure beaucoup moins connue de *Love in Excess*, roman à la troisième personne ancré dans l'actualité (cette romancière prolifique est l'« illustratrice majeure » de ce que Millet propose d'appeler « roman

3 Il s'agit en somme de préciser une « position traductive », pour reprendre un concept introduit par le regretté Antoine Berman (*Pour une critique des traductions : John Donne*, Paris, Gallimard, 1995, p. 75).

galant »). Jean-Charles Perquin, pour sa part, commence par évoquer ses premiers travaux, signalant les difficultés particulières auxquelles il fut confronté dans des contextes différents – une première traduction à quatre mains ; une deuxième consacrée au théâtre, finalement non publiée –, mais il s'attarde surtout sur sa traduction la plus récente et la plus volumineuse : *Aurora Leigh*, colossale épopée en vers due à Elizabeth Barrett Browning, publiée en 1856. Axel Nesme, qui a traduit plusieurs textes en anglais (sa spécialité universitaire) et surtout en allemand (dont *Le Château* de Kafka, excusez du peu !), a choisi de se tenir ici dans les coulisses pour nous proposer une fine comparaison critique de plusieurs traductions françaises, et secondairement de deux traductions allemandes, du premier poème de *Leaves of Grass* de Walt Whitman (1859), recueil que le poète américain entendait « laisse[r] aux futures générations du Nouveau Monde ». Dans cette position surplombante de commentateur-traductologue, il recourt volontiers à Benjamin ou encore à Berman – ses références traductologiques les plus visibles – mais mobilise surtout sa vaste science de la langue et de la poésie américaine. Quant à Marie Laureillard, elle nous plonge au cœur d'un courant littéraire spécifique, importé du Japon en Chine dans les années 1920 et appelé « néo-sensationniste », à travers l'exemple emblématique des nouvelles de Liu Na'ou.

CONDITIONS DE TRAVAIL
Le laboratoire du traducteur

ENVIRONNEMENT TECHNIQUE

Edmond Raillard décrit avec soin son environnement technique dans la mesure où, à ses yeux, ce dernier influe grandement sur le processus traductif. Le maniement aisé des outils à sa disposition – un double écran facilitant l'utilisation de divers instruments lexicologiques – conditionne déjà l'efficacité de sa démarche. Dans un sens plus abstrait, Florence Serrano évoque les nombreux outils terminologiques aujourd'hui à la disposition des traducteurs, avec des normes sans cesse actualisées, et la révolution en marche liée à l'IA, aux contours encore imprécis.

RAPPORTS COMPLEXES AVEC LE MONDE ÉDITORIAL

Certains intervenants, notamment Baudouin Millet, soulignent l'impulsion positive donnée en France par le rôle des commémorations ; en l'occurrence, pour les traductions dont il a eu la charge, l'impact du tricentenaire de la parution des originaux anglais[4]. Plusieurs jettent un œil critique sur le comportement des éditeurs, du moins de certains d'entre eux : Edmond Raillard juge leur travail souvent insuffisant – le traducteur est amené à parer dans une certaine mesure à ces carences – et François Géal révèle que le titre d'une traduction d'un roman de Gabriel Miró lui fut imposé par son éditeur, Verdier, d'autant plus aisément qu'il débutait dans le métier. Jean-Charles Perquin va plus loin en rappelant le rôle prescriptif de l'éditrice de sa première traduction, *Psychoraag*, lui interdisant même d'utiliser le subjonctif imparfait ; inversement, il fut autorisé à davantage de souplesse par une autre maison d'édition, pour un texte dédié à la scène ; plus largement, il souligne la difficulté de convaincre les éditeurs de traduire ou retraduire des textes anciens, relevant d'esthétiques jugées parfois surannées (l'épopée en serait un exemple emblématique). Sylvie Protin fait état de son attente angoissée de la réponse d'un éditeur et de projets inaboutis, tandis que Marie Laureillard fait pour sa part l'éloge des éditions Serge Safran, l'un des rares, aujourd'hui, à courir le risque de publier des textes chinois non contemporains. Jean-François Pérouse dresse également un bilan sévère de la « machinerie éditoriale » mise en place par un grand éditeur pour tirer tous les bénéfices d'un auteur internationalement reconnu, quitte à accroître la pression, notamment en termes de délais, sur la « petite main » du traducteur auquel on ne songe guère à procurer de reconnaissance symbolique.

Reste la question de la forme concrète prise par la publication finale : VF pure et simple, ou édition bilingue, à laquelle François Géal a eu recours pour la *Diana enamorada* de Gil Polo ou pour un récit de guerre de Valle-Inclán. Cette dernière modalité est assez peu répandue en France, sauf dans le domaine particulier des revues consacrées aux textes poétiques. Dans ce cas, il est vrai, le traducteur *s'expose* davantage, dans la mesure où le lecteur averti peut évaluer ce qu'il a sous les yeux, en confrontant à sa guise le texte d'arrivée au texte de départ.

---

4 À l'échelle franco-française, on sait le rôle capital, au niveau de l'activité scientifique et même du choix des programmes de concours, des centenaires.

L'OPÉRATION TRADUCTIVE

TRADUIRE SEUL / TRADUIRE À PLUSIEURS

Les *dispositifs* choisis sont multiples. La plupart des intervenants travaillent en solo, mais pas tous : Jean-Charles Perquin, Sylvain Trousselard, Sylvie Protin ou Axel Nesme font état de traductions à quatre mains ; Jean-François Pérouse évoque une expérience à « six mains » dont « deux professionnelles », quelque peu entravée par un manque de concertation et d'harmonisation, tandis que Florence Serrano conserve un souvenir plus flatteur d'un travail en collaboration avec une autre traductrice et un historien ; François Géal s'attache pour sa part à décrire en détail le fonctionnement des ateliers collectifs (ATH : ateliers de traduction hispanique) qu'il a dirigés pendant une bonne quinzaine d'années. La relative lenteur du processus lui semble largement compensée par la richesse des propositions qui émergent dans ces conditions spécifiques.

L'OBJET À TRADUIRE : OUVRAGES MODERNES / OUVRAGES ANCIENS

Si, d'une façon générale, la plupart des traducteurs littéraires français s'attachent à des auteurs contemporains, ce n'est pas le cas de nos intervenants. Sans doute ce phénomène est-il en partie dû, précisément, à leur double « casquette » : à la fois universitaires chargés d'étudier en classe en premier lieu des textes canoniques, et traducteurs. Si j'ai choisi de disposer les contributions en suivant un axe chronologique, j'ai bien conscience que ce classement n'est pas sans défaut : certains traduisent aussi bien des textes anciens que des textes récents.

Textes contemporains

Edmond Raillard décrit une forme d'identification aux auteurs catalans qu'il traduit (et qu'il a pu à l'occasion rencontrer), renforcée par des destins biographiques proches (il a vécu dans le même quartier que certains d'entre eux !). À l'inverse, Marie Laureillard semble désireuse de conserver une certaine distance à l'égard des auteurs chinois ou taiwanais dont elle redoute parfois l'interventionnisme excessif.

Jean-François Pérouse évoque pour sa part un romancier ne daignant guère communiquer avec ses traducteurs, tout en soulignant implicitement l'aubaine que peut constituer pour un traducteur la confrontation inattendue à un auteur nobélisé.

Textes anciens

Si Florence Serrano a procédé dans sa thèse à l'étude et à l'édition critique de la première traduction littéraire d'espagnol en français, au milieu du XVe siècle, les objets traductifs de Sylvain Trousselard sont encore plus anciens. Dans l'optique de ce spécialiste de la « littérature italienne des Origines » – fin du XIIIe, début du XIVe siècle – il s'agit de « rendre à nouveau accessibles des textes que la tradition de l'histoire littéraire a volontairement mis de côté », notamment en raison de la prééminence écrasante du trio Dante-Pétrarque-Boccace. Sylvain Trousselard commence ainsi par contextualiser abondamment l'ouvrage traduit, livrant tout un ensemble de données sans lesquelles le lecteur contemporain pourrait difficilement accéder à cette littérature et ses enjeux. À l'échelle de sa contribution, il s'agit au fond de reconduire en miniature, en en dévoilant les ressorts, tout le processus interne mis en branle : l'imprégnation et l'analyse critique sont désignées comme des *préalables* indispensables à la traduction.

Contrairement à ce qu'on pourrait imaginer, la difficulté principale de l'opération, pour Sylvain Trousselard, n'est pas affaire de langue, même si, à l'époque, le toscan n'est pas encore en position dominante : pour un bon connaisseur, cette situation ne pose pas de problèmes majeurs pourvu qu'on puisse s'appuyer sur une édition italienne fiable (il signale des erreurs de transcription dans une édition de 1862). Il faut surtout tenir compte de la *structure* littéraire, caractérisée notamment par une forme concise et elliptique (*brevitas*), et de la tonalité orale du récit, lorsqu'il s'agit de contes moraux. Il est également nécessaire de réintroduire dans la traduction des *éléments culturels implicites*, par exemple pour faire comprendre au lecteur que la présence d'une femme dans une taverne n'est pas anodine. Dans la version française, il faudra aussi faire un sort à des procédés d'écriture comme la répétition parfois envahissante de la conjonction « et ». En outre, traduire des textes italiens anciens a pour conséquence de confronter le traducteur d'aujourd'hui à des pratiques traductives anciennes (beaucoup d'« intellectuels » italiens du temps ont traduit des ouvrages classiques en langue vernaculaire).

Avec l'œuvre abordée par Jean-Charles Perquin, le décalage temporel est moins grand, mais tout de même important en termes esthétiques, plus que strictement chronologiques. La volumineuse épopée versifiée de Mrs. Browning de 1856 (qu'elle qualifiait elle-même de « roman en vers ») confronte le traducteur actuel à l'exigeant défi de transmuer les pentamètres iambiques non rimés, chers à Shakespeare et Milton, en vers rimés français (comme l'exigeait Efim Etkind pour toute traduction de poésie)[5]. En s'attachant à l'œuvre en partie oubliée d'une poétesse qui compta beaucoup en son temps, Jean-Charles Perquin entend faire « œuvre patrimoniale » et évoque même un « devoir littéraire » qui s'imposait à lui. Quitte à se lancer prochainement dans l'entreprise délicate de traduire le *Sordello* de son mari Robert Browning, considéré comme l'un des plus difficiles poèmes jamais écrits en anglais.

Comme Sylvain Trousselard, mais s'appliquant à un ouvrage d'une époque et d'une nature très différentes, et du reste beaucoup mieux connu, Axel Nesme commence par procéder à une contextualisation très précise avant de livrer une *microlecture* exemplaire d'un poème de Whitman qualifié d'« atypique », ne serait-ce que sur le plan formel. Le poète américain y dresse son autoportrait en traducteur élégiaque, retraçant « la genèse de sa vocation » à partir d'un chant entendu dans l'enfance qu'il s'attache à retranscrire. La parenté entre le barde et l'oiseau est d'emblée inscrite dans la paronomase *bard/bird* (comme le disait le grand poéticien Gérard Genette, « l'écrivain sera toujours du côté de Cratyle »). À travers ces réminiscences et les traces inscrites dans sa mémoire – Axel Nesme parle d'une « poétique de l'inscription mémorielle » –, Whitman théâtralise son avènement à la poésie. Au fond, nous ne sommes pas si loin de Proust et de sa célèbre phrase, dans *Le temps retrouvé* : [...] « je m'apercevais que, pour exprimer ces impressions, pour écrire ce livre essentiel, le seul livre vrai, un grand écrivain n'a pas, dans le sens courant, à l'inventer puisqu'il existe déjà en chacun de nous, mais à le traduire. Le devoir et la tâche d'un écrivain sont ceux d'un traducteur ».

5 Confronté à une situation similaire, face à un prosimètre pastoral espagnol du XVIe siècle, François Géal, après un premier essai infructueux, a finalement renoncé à l'emploi de vers mesurés et rimés, estimant que semblable contrainte l'obligeait à trop d'écarts avec le sens.

LA RELATION AUX TRADUCTIONS PRÉCÉDENTES

L'entreprise de Baudouin Millet ressemble à une plongée archéologique au sein de plusieurs couches traductives accumulées : elle comporte ainsi une dimension de révision et de correction. Pour *Robinson Crusoé*, il donne des exemples précis de faux-sens, voire de contresens ou de maladresses de traduction qu'il s'agit de rectifier. Il est parfois préférable de revenir à la version de Petrus Borel de 1836, plutôt que d'entériner les modifications postérieures de Ledoux dans les années 1950, discutables voire erronées : un tel cas de figure plaide contre l'idée, avancée par Berman, selon laquelle la qualité des traductions suivrait systématiquement une progression linéaire… Plus encore, l'opération s'apparente parfois à un geste de *restauration*, en particulier du *paratexte* originel – à commencer par cette entrée fondamentale dans le livre que constitue son *titre*. Rétablir celui de *Robinson Crusoe*, quelle que soit sa longueur originelle, c'est rendre parfaitement compte de la dénégation fictionnelle de Defoe[6] ; inversement, des titres de chapitres absents de l'original, rajoutés plus tard en anglais dans la perspective d'éditions destinées à un jeune public, doivent être supprimés.

Comme souvent, l'histoire de ces traductions est, en tant que telle, un bon indice de la *réception* des auteurs en jeu. Le contraste entre Defoe et Haywood est saisissant : outre Defoe, les grands romanciers anglais tels que Swift, Richardson ou Fielding furent rapidement traduits en français au XVIIIe siècle, et ils ne cessèrent pas d'être retraduits au cours des siècles suivants. À l'inverse, si Haywood connaît un certain succès éditorial de son vivant et est partiellement traduite, il faut attendre la fin du XXe siècle pour que son talent et celui d'autres romancières de la même veine (en particulier Aphra Behn) soit reconnu et donne lieu à un frémissement éditorial et un début de reconnaissance critique.

La confrontation de Jean-Charles Perquin à la première traduction en prose de *Aurora Leigh*, à la fois incomplète et d'une qualité médiocre, semble avoir été moins fructueuse. De même, l'examen par François Géal des traductions françaises, anglaises ou encore latine du roman espagnol de Gil Polo parues aux XVIe et XVIIe siècles, d'un intérêt inégal, s'est avéré peu utile pour éclairer la signification des passages problématiques.

6 À ce sujet, une intéressante réflexion sur le surprenant destin de l'orthographe du nom du célèbre héros (Crusoe/Crusöe/Crusoé) nous est livrée.

Dans le cas de Sylvie Protin, il semble que la présence d'une traductrice officielle de Cortázar, Laure Bataillon, jusqu'à sa disparition en 1990, ait eu un impact direct à la fois sur le corpus délimitant ce qui restait à traduire (œuvres de jeunesse, fragments confidentiels...) – Sylvie Protin se définit comme « traductrice des marges » cortazariennes – et sur la façon de le traduire (dans une relation ambivalente, semble-t-il, à l'égard de la traductrice reconnue qui la précédait). Pour sa traduction française des nouvelles de Liu Na'ou, Marie Laureillard a consulté une traduction anglaise récente qui l'a confortée dans certains de ses choix traductifs, laissant d'autres points dans l'ombre.

Il ressort en tout cas de la plupart de nos contributions que la retraduction procède très souvent d'une *insatisfaction* face à la traduction ou aux traductions existantes.

DIFFÉRENTS RÔLES ASSUMÉS PAR LE TRADUCTEUR

Le traducteur-éditeur

Le traducteur-éditeur (au sens intellectuel du terme) constitue le cas le plus fréquent parmi nos traducteurs-universitaires, et ce d'autant plus qu'il s'agit d'ouvrages anciens.

Chez Baudouin Millet, l'on observe une parfaite convergence de l'opération traductive et de l'exégèse textuelle. Dans les deux cas qu'il expose, il assume en effet les deux opérations à la fois, adoptant toutefois des procédures différentes (traduction en solo d'Haywood pour les Classiques Garnier *vs* révision de traductions antérieures de Defoe pour la Pléiade). Mais un vrai travail d'édition critique accompagne son travail de traduction et les deux opérations potentialisent mutuellement leurs effets. Une bonne traduction du titre du roman d'Haywood (*Love in Excess*) suppose déjà, au préalable, une réflexion sur l'ensemble du roman, afin de restituer le projet littéraire originel[7]. En retour, on observe un *feed-back* de la traduction sur l'examen critique : par exemple, les problèmes posés par la traduction des noms de personnages, chez Haywood, mettent en évidence la récurrence des prénoms d'héroïnes terminés par la voyelle a dans ce roman anglais du XVIIIe siècle.

---

7 Baudouin Millet signale au passage que cette romancière est l'une des premières à utiliser le terme *novel*, qui va s'imposer sur celui de *romance*.

Chez Jean-Charles Perquin, le travail éditorial a surtout conduit à l'ajout de nombreuses *notes* destinées à rendre compte de l'immense culture de Mrs. Barrett Browning, quitte à « briser le rythme de lecture » : on sait la défiance qu'éprouvait Umberto Eco à l'égard des notes du traducteur qui, à ses yeux, constituent toujours un aveu d'échec, une position sans doute à relativiser en fonction de la nature des textes traduits[8]. Cet usage est également perçu comme indispensable par Marie Laureillard pour éclairer certaines données propres à la métropole de Shanghai dans les années 1920, pour le compte d'un lectorat français contemporain.

Chez François Géal aussi, lorsqu'il s'est lancé dans la retraduction de la *Diana enamorada* de Gil Polo (1564), le travail d'édition critique a été totalement indissociable du travail de traduction proprement dit. D'une façon générale, François Géal attache la plus grande importance aux *préfaces* ou *postfaces* qu'il rédige pour compléter les traductions dont il a la charge[9].

Quant à Sylvie Protin, qui a traduit Cortázar tout en consacrant en parallèle une Thèse aux traductions de textes français ou anglais effectuées dans un premier temps par cet auteur, elle montre à quel point ces travaux ont servi de propédeutique à la révolution poétique et stylistique opérée ensuite par le romancier argentin. Il est singulier que ce même mouvement se soit reproduit chez Sylvie Protin elle-même : ajoutant à sa double casquette d'universitaire-traductrice une dimension supplémentaire, elle a en effet publié ces dernières années, sous le pseudonyme d'Irma Paletan, plusieurs récits ; nous faisant ici pénétrer au plus intime de son atelier d'écrivaine, elle nous en offre quelques clés de lecture…

8 Lors de la rentrée officielle à l'Université Lumière Lyon 2 de l'École Doctorale ED3LA, le 19 janvier 2022, Charles Zaremba, prolifique traducteur du hongrois, soulignait la nécessité d'ajouter des notes dans le cas d'ouvrages mettant en œuvre des connaissances encyclopédiques, et parallèlement, son rejet des mentions banales du genre : « jeu de mots intraduisible ».

9 Philippe Jaworski souligne chez un Pierre Leyris, traducteur de textes anglais tout au long d'une carrière de plus de 65 ans, un véritable « art de la préface » : « Il n'est guère de texte traduit par lui qu'il n'ait fait précéder d'une réflexion, intitulée, selon les cas, introduction ou avant-propos. Que dire de ces préfaces, ou plutôt de cette activité de préfacier, qui fait de chaque volume publié un peu plus et autre chose qu'un "texte traduit de l'anglais" ? » (*Pierre Leyris. La chambre du traducteur*, éd. B. Cournut, Paris, José Corti, 2007, postface, p. 271). Chez Leyris, l'érudition servait à « affiner et affermir sa vision de l'œuvre », poursuit Philippe Jaworski (*ibid.*).

La « simple » traduction

En l'absence d'édition critique, la traduction relève plutôt d'un geste de transmission (c'est la métaphore galvaudée du « traducteur-passeur », si prisée des médias), voire de vulgarisation. Malgré tout, le traducteur-universitaire reste fondamentalement un *herméneute*.

C'est particulièrement sensible dans les traductions étudiées à la loupe par Axel Nesme : son propos est précisément d'appréhender comment la dimension de traduction, au cœur de la construction du poème inaugural de Whitman (son *sujet* principal, en un sens), interfère avec le travail des traducteurs qui le prendront à leur tour pour *objet*. Roger Asselineau, Pierre Messiaen ou Jacques Darras n'entendent pas tous les vers du poète américain de la même façon, et par conséquent, ne les rendent pas pareillement : pour rendre la forme en –ING, Asselineau fait le choix de l'imparfait, Messiaen celui du participe présent (au risque d'un littéralisme peu audible dans la langue-cible), et Darras celui de la proposition relative. Axel Nesme explicite scrupuleusement les effets des choix traductifs opérés par chacun, suggérant en creux une lecture plus ou moins fine du texte originel. Sans appuyer, il donne ici et là des exemples de traductions contestables, voire erronées. Mais il met aussi en évidence de belles trouvailles, en particulier chez Darras, sous des dehors parfois surprenants ou énigmatiques (Nesme qualifie l'une d'elles de « *felix culpa* », illustration d'un authentique « geste critique »). Ces trouvailles éclairent parfois le sens du texte-source d'une lumière neuve, à la façon dont Goethe voyait dans les traductions étrangères de ses propres poèmes une fontaine de jouvence. En outre, Darras a entrepris un travail sur le rythme qui faisait défaut à ses deux prédécesseurs, afin d'« épouser à la lettre les fluctuations » du poème.

Chez Marie Laureillard, pour laquelle l'opération traductive peut s'apparenter à un véritable transfert culturel (François Ost) en raison de l'éloignement de la sphère asiatique, la prise en compte de tout un intertexte, notamment les nouvelles de Paul Morand, bien connues de Liu Na'ou, et de tout un patrimoine cinématographique occidental, en particulier le cinéma hollywoodien, permet d'enrichir la traduction. Dans la même perspective, laisser tels quels les termes anglais ou français qui parsèment l'original, quitte à les mettre en italiques, semble aussi constituer une solution des plus légitimes.

LA DÉMARCHE TRADUCTIVE

Critères d'évaluation

Tous s'accordent à souligner la nécessité (« empirique », précise Sylvain Trousselard), pour un bon traducteur, de s'adapter à l'objet précis qui, à chaque fois, lui posera des problèmes spécifiques (Edmond Raillard et Baudouin Millet y insistent tout particulièrement).

Pour évaluer les traductions poétiques qu'il commente, Axel Nesme vante la capacité à mobiliser, par-delà les strictes limites du poème à traduire, *l'ensemble du recueil et de l'œuvre* de l'auteur considéré. Il met aussi en évidence leur degré plus ou moins poussé de *cohérence*. François Géal y insiste également, s'attribuant en quelque sorte un rôle unificateur au sein des ateliers de traduction qu'il dirige.

Si, dans sa pratique personnelle de la traduction tout comme dans son enseignement au sein du Master TLEC (désormais rebaptisé TEL) qu'elle a contribué à créer à l'Université Lumière Lyon 2, Sylvie Protin entend s'affranchir d'un certain usage académique de la langue écrite et faire de la traduction une véritable pratique d'écriture, la plupart des contributeurs mettent en avant, sous des vocables un peu différents, un souci de *lisibilité*. Pour faciliter le confort de son lecteur, Baudouin Millet choisit de lever certaines ambiguïtés et refuse les anachronismes autant que les archaïsmes, tout en s'appuyant sur les auteurs français de l'Age classique (notamment Mme de Lafayette, dont *La Princesse de Clèves* constitue un important intertexte de *Love in Excess*). Des options analogues animent François Géal. Edmond Raillard loue quant à lui une forme de transparence : « On devrait faire l'éloge d'une traduction parce qu'on ne la voit pas, parce que le texte s'impose, dans toute sa richesse, toute sa beauté. » Et il s'en prend même au *topos* selon lequel le traducteur serait censé ne *jamais* améliorer le texte. Il faut toujours s'efforcer de traduire du mieux qu'on peut : en lecteur minutieux, le traducteur s'aperçoit parfois de telle ou telle maladresse qu'il peut signaler à l'auteur, si ce dernier est toujours en vie !

Les pratiques traductives évoquées ici restent ainsi – à mon sens, c'est heureux – majoritairement ciblistes, pour reprendre la terminologie célèbre de Jean-René Ladmiral.

De façon plus singulière, Edmond Raillard met en avant un autre critère : celui de la *rapidité*, tout au moins dans une première approche, de façon à mieux capter le flux signifiant qui émane du livre à traduire. C'est du reste, notons-le, un des principes traductifs que défendait le regretté Bernard Hoepffner.

Un autre aspect revient souvent sous la plume des contributeurs : la dimension *éthique*. C'est sur ce terme que s'achève la contribution de Sylvie Protin, et c'est ce concept qui est d'emblée souligné par le joli néologisme forgé par Jean-Charles Perquin pour le titre de sa communication – « poéthique » – pour pointer sa *fidélité* à un certain nombre de règles, par-delà les années. François Géal les rejoint lorsqu'il souligne la permanence d'une même approche applicable à tous les genres littéraires (fiction, fragment, poésie…) voire extra-littéraires (essai philosophique ou traductologique), bref à toute « œuvre de pensée », pour reprendre une autre expression chère à Ladmiral, quelles que soient les époques considérées (du XVIe au XXe siècle) et la provenance géographique des auteurs en jeu (Espagne / Amérique latine). François Géal estime en outre que l'expression « éthique de la traduction », quelque peu emphatique, recouvre bien une vérité, si l'on entend par là le refus de *tricher* avec le texte source. Jean-François Pérouse, assimilant la traduction à une « forme exacerbée d'attention », y voit plus largement « une des conditions *sine qua non* d'une relation scientifique et culturelle plus saine ».

La traduction, impossible défi ?

François Géal n'est pas le premier à évoquer des « aspérités » sur la route du traducteur, en particulier ces situations où l'on s'avère incapable de formuler un équivalent acceptable de tel ou tel fragment, pour un lecteur ignorant tout du texte de départ. Certaines difficultés se résolvent avec le travail et le temps, mais l'on peut faire crédit à Ricœur, qui défendait en même temps l'idée de « plages d'intraduisibilité » et la nécessité de faire son deuil de l'idéal d'une traduction parfaite.

Axel Nesme met pour sa part l'accent sur les limites spécifiques de la traduction de textes poétiques, soulignant la quasi-impossibilité de rendre compte de tel effet d'écho présent chez Whitman, par exemple l'adjectif *melodious* (à propos du bruit de la mer) annoncé en filigrane par la modulation « *Lisp'd to me the low and delicious word death* », deux vers plus haut.

Jean-Charles Perquin apparente quant à lui la traduction (et tout particulièrement celle des textes auxquels il s'attaque) à un *défi*, voire une tâche impossible et même peut-être paradoxale (E. Browning et son mari ne lisaient les œuvres étrangères qu'en VO, et n'auraient peut-être pas apprécié d'être traduits !). Avec le sens de la métaphore qui le caractérise, Jean-François Pérouse fait pour sa part du traducteur un « alchimiste de l'ombre »…

C'est une autre forme de paradoxe que pointe Edmond Raillard lorsqu'il fait du traducteur un écrivain – ce n'est pas pour rien que le Code de la propriété intellectuelle français le reconnaît comme un auteur à part entière – mais un « écrivain qui n'a rien à dire », également enclin, en raison de ce qu'on pourrait appeler déformation professionnelle, à repérer d'instinct les difficultés de traduction dès la première lecture d'une page en espagnol ou catalan, et même à subodorer des problèmes irrésolus dans des traductions effectuées à partir de langues qu'il ignore.

QUELQUES MOTS SUR LES RÉPONSES AU QUESTIONNAIRE

Alors que chacun avait été laissé parfaitement libre en termes de contenu et de longueur pour rédiger sa contribution, j'ai au contraire proposé un cahier des charges assez précis pour remplir le questionnaire annexe, constitué de 10 rubriques. On y retrouve pourtant la même *diversité* d'approches déjà soulignée précédemment. Le plus simple est de reprendre dans l'ordre les questions posées et de tenter une brève synthèse des réponses formulées.

1. Quelles sont vos langues de traduction ?

La plupart des intervenants traduisent à partir d'une seule langue (comportant parfois des variantes : espagnol d'Espagne et d'Amérique latine), et dans un seul sens : langue étrangère > français, et ponctuellement en sens inverse (Sylvain Trousselard, Axel Nesme, Florence Serrano, Edmond Raillard…). Mais plusieurs opèrent dans plus d'une langue : anglais et allemand, pour Axel Nesme (qui paradoxalement, a davantage traduit dans la langue qui n'est pas sa spécialité universitaire officielle) ; catalan et espagnol, pour Edmond Raillard[10]. Le cas de Sylvain Trousselard est particulier dans la mesure où il travaille sur des textes rédigés dans des dialectes d'Italie centrale antérieurs à la naissance officielle de l'italien.

2. Combien de traductions avez-vous publiées, et dans quels domaines ? (vous pouvez indiquer les références, si vous le souhaitez)

Si certains, telle Marie Laureillard, livrent un compte rendu chronologique exhaustif de leur production traductive, d'autres fournissent plutôt un aperçu global. D'autres encore, telle Sylvie Protin, établissent une hiérarchie au sein de leurs traductions. Mais il s'agit de l'item qui met sans doute en évidence les plus grands contrastes : Edmond Raillard, il est vrai doyen des intervenants, fait état de plus de soixante traductions. D'autres, tels Sylvain Trousselard, font état d'une production abondante et ont en chantier un grand nombre de traductions à paraître prochainement. D'autres encore (en particulier Jean-Charles Perquin) ne mentionnent que deux ou trois ouvrages, mais parfois fort volumineux.

La variété se retrouve également au niveau des *genres* en jeu : la littérature occupe certes une place privilégiée (et en son sein, il faudrait reprendre les subdivisions génériques traditionnelles : théâtre, roman, poésie...), mais il faut aussi faire la part des sciences humaines (notamment chez Baudouin Millet ou Axel Nesme), de l'histoire de l'art (François Géal), voire de la BD. Marie Laureillard déploie ainsi une vaste panoplie générique, en matière de traduction, littéraire ou non. Florence Serrano est la seule à se prévaloir, parallèlement à ses traductions littéraires, d'une expérience nourrie dans le domaine de la traduction technique, sur des « niches » aussi spécifiques que la construction navale.

En aval, lorsqu'il est question des débouchés éditoriaux, on assiste à la récurrence d'un petit nombre d'éditeurs universitaires qui sont aussi, le plus souvent, de grands éditeurs généralistes : Classiques Garnier, Champion, ou encore ENS éditions.

10 Edmond Raillard souligne du reste la spécificité de cette culture « dominée » ou du moins « en contact » que constitue la culture catalane (l'imprégnation castillane pouvant parfois poser problème).

3. S'agissait-il de commandes éditoriales ou bien de propositions spontanées ?

Nos intervenants se partagent de façon sensiblement égale en deux groupes : ceux qui ont recours ou ont recouru à des commandes (notamment Jean-Charles Perquin, Axel Nesme, ou Edmond Raillard), et ceux qui prennent l'initiative de proposer à un éditeur la traduction d'un ouvrage de leur choix. Ce partage peut recouper une dimension économique (chez François Géal, la traduction de catalogues d'exposition relève de travaux alimentaires tandis que celle, plus fréquente, d'ouvrages littéraires ou d'essais, n'obéit pas aux mêmes impératifs).

Jean-Charles Perquin suggère que le poids des commandes est vraisemblablement plus grand chez le traducteur-universitaire. En effet, on va spontanément faire appel à lui parce qu'il est déjà *reconnu* comme spécialiste de tel auteur. Le traducteur *free-lance* n'est pas requis pour les mêmes raisons et bénéficiera peut-être de davantage de liberté en matière de propositions. Mais dans le même temps, Sylvain Trousselard ou François Géal soulignent l'avantage, voire le privilège, que constitue l'indépendance financière assurée par le métier d'enseignant-chercheur et la possibilité de consacrer une part de son temps à la traduction.

4. Quelles ont été jusqu'ici vos relations avec vos éditeurs (délais, rémunération…) ?

Là encore, un partage se fait sentir entre les intervenants qui peuvent se prévaloir de bonnes relations avec leurs éditeurs respectifs, louant une collaboration fructueuse (à l'image d'Axel Nesme avec les éditions Hachette ou de Marie Laureillard avec les éditions Circé), et ceux qui se montrent plus critiques. Fort d'une longue expérience, Edmond Raillard qualifie ces relations de « peu satisfaisantes », dès qu'on s'éloigne du terrain proprement intellectuel (par exemple pour le choix de la 4e de couverture ou de l'illustration principale). Il souligne en outre la difficulté des traducteurs-universitaires à faire valoir leur expertise auprès des éditeurs : ces derniers ne reconnaissent pas aisément leur dette à l'égard de celui qui leur a proposé un ouvrage qui connaît ensuite le succès en VF…

À mi-chemin entre ces deux positions antagonistes, certains font état de situations contrastées. Baudouin Millet a été choyé par la Pléiade, les PUL ou ENS Éditions, mais sa contribution à la traduction Folio de l'*Anatomie de la mélancolie* de Burton, à laquelle se sont attelés une dizaine de traducteurs, n'a pas été rétribuée. Il met également en évidence tout un travail caché, non stipulé dans son contrat, pour la publication d'un manuel, lié notamment à des demandes de reproduction auprès des ayants droit anglo-saxons. Sylvain Trousselard, globalement élogieux à l'égard de ses éditeurs, déplore quant à lui la lenteur du processus éditorial, entre la correction des différentes épreuves et le BAT (Bon à tirer).

Si la question des *rémunérations* n'est pas absente, elle fait également l'objet d'appréciations contrastées : alors qu'Edmond Raillard tient à une rémunération encadrée par un contrat préalable signé en bonne et due forme, Sylvain Trousselard n'a jamais cette perspective en vue, dans la mesure où ses objets, des textes médiévaux méconnus, ne sont pas appelés à une très large diffusion. Quant à François Géal, il fait état d'une double pratique voire d'une double éthique en fonction du contexte : rémunération pour ses traductions individuelles et refus d'un gain quelconque pour ses ateliers de traduction collectifs.

5. Si vous avez traduit des auteurs vivants, quelles relations avez-vous entretenues avec eux ?

La question ne se pose évidemment pas pour Sylvain Trousselard, qui ne traduit que des textes médiévaux, ni pour Sylvie Protin ou François Géal, qui ont surtout traduit des textes d'auteurs défunts.

Lorsqu'elle se pose, elle donne lieu à des approches différentes : ces relations sont qualifiées de bonnes voire de très bonnes par Baudouin Millet ; Edmond Raillard a noué quant à lui d'étroites relations avec « ses » auteurs, au point de s'être senti véritablement « en famille aux éditions Quaderns Crema de Jaume Vallacorba ». Cela ne l'empêche pas de mentionner le contre-exemple d'un auteur qui coupa tout contact après réception d'une longue liste de questions qui laissaient apparaître de nombreuses incohérences dans son roman ! Mais il précise que, plus fréquemment, les éventuelles approximations rencontrées sont rectifiées grâce à une fructueuse collaboration avec l'auteur. À l'image de Jean-Charles Perquin, la plupart estiment que les contacts pris avec les auteurs vivants ont surtout pour objectif de dissiper des ambiguïtés de signification. Mais traduire des auteurs vivants n'est pas forcément synonyme de contacts suivis, comme l'illustre notamment l'exemple de Marie Laureillard…

6. Faites-vous partie d'une association de traducteurs (ATLF, ATLAS…) ?

Parmi les intervenants, moins de la moitié adhèrent à une association française de traduction. La plus souvent citée est l'ATLF (Association des Traducteurs Littéraires de France), dont Edmond Raillard souligne qu'elle est d'une grande utilité en matière de défense juridique des droits des traducteurs. François Géal lui donne raison, tout en déplorant la substantielle augmentation du tarif annuel qui s'est récemment produite.

Les autres associations le plus citées sont ATLAS (Association pour la Promotion de la Traduction Littéraire, qui organise chaque année depuis 40 ans à Arles les fameuses Assises de la traduction littéraire), et la SoFT (Société Française de Traductologie). Toutes combinent, dans une certaine mesure, légitime souci de promotion corporatiste et vocation théorique.

7. Quelles sont vos relations avec d'autres traducteurs ?

Là encore, la nature et la fréquence des relations avec les pairs sont fort variables. Pour Baudouin Millet, leur périmètre se confond pratiquement avec le personnel universitaire des Départements d'Études Anglophones avec lesquels il est en relations suivies. Chez Sylvain Trousselard, il s'agit avant tout de partager ses doutes philologiques avec des confrères traducteurs français ainsi qu'avec les universitaires italiens férus du domaine qui lui est cher. Dans certains cas, cette coopération peut donner lieu à un travail de traduction à quatre mains (Jean-Charles Perquin, Florence Serrano ou encore Jean-François Pérouse) voire à six (François Géal)[11].

Edmond Raillard souligne toutefois l'*ambivalence* de ces relations : une bonne entente globale n'interdit pas aux egos, souvent bien présents chez les traducteurs, volontiers convaincus d'être les meilleurs de leur catégorie, de se manifester. Quant à François Géal, il observe que ses liens avec des traducteurs des deux sexes sont d'ordre plus amical que professionnel.

11 José Antonio Ramos Sucre, *La substance du rêve. Poèmes en prose (1912-1930)*, trad. Philippe Dessommes, Michel Dubuis et François Géal ; préf. Gustavo Guerrero ; introd. François Delprat, Lyon, PUL, 2020, 288 p.

8. Quelle part de votre temps a été jusqu'ici mobilisée par vos activités de traduction ?

Certains intervenants tentent de *quantifier* leur investissement dans l'activité traductive : Baudouin Millet estime qu'elle est passée de 20 à 30 % ces derniers temps ; Sylvie Protin l'évalue jusqu'à 50 % de son temps, à une époque, mais en consacre désormais 40 % à l'écriture ; François Géal l'évalue entre un quart et un cinquième, soulignant surtout la continuité de cette activité depuis le début de sa carrière. Mais d'autres (en particulier Jean-Charles Perquin ou Sylvain Trousselard) se refusent à donner des chiffres précis, l'estimant trop variable selon les périodes.

Dressant le bilan de plusieurs décennies de travail, Edmond Raillard confirme que la traduction a progressivement pris le pas sur sa carrière universitaire – sur celle de chercheur plus que celle d'enseignant, puisqu'il a constamment enseigné le thème et la version à tous les niveaux –. Maintenant qu'il est à la retraite, c'est encore plus évident. À l'inverse, Axel Nesme situe l'essentiel de cette activité dans la première partie de sa carrière, si l'on fait abstraction des tâches quotidiennes liées à l'enseignement de la version et du thème, non destinées à la publication.

Tous se rejoignent néanmoins pour en souligner l'importance en termes de labeur, d'énergie dépensée : ces travaux les mobilisent pendant des mois, voire des années (Axel Nesme évoque ainsi cinq étés de travail régulier sur Kafka).

9. Dans votre formation à la traduction, y a-t-il des ouvrages qui aient joué un rôle important ?

Les réponses à cette question suggèrent que la plupart des intervenants sont des *praticiens* de la traduction plus que des *théoriciens* au sens plein du terme. Assez logiquement, l'essentiel du corpus théorique connu des traducteurs universitaires spécialistes d'une langue et d'une littérature étrangère est constitué par des ouvrages classiques à vocation plus pragmatique que proprement théorique (c'est le cas notamment chez Baudouin Millet ou Jean-Charles Perquin). Plusieurs justifient ce faible intérêt en mettant en avant le caractère à leurs yeux trop *abstrait* de la démarche théorique. C'est notamment l'avis de Sylvain Trousselard, qui dirige actuellement le Master TEL à Lyon 2 et anime en parallèle un atelier de traduction consacré à des textes anciens lui permettant de confronter sa vision des œuvres à celle de ses étudiants.

Malgré tout, certains évoquent le caractère stimulant qu'ont eu sur eux des ouvrages fondateurs plus généraux, qui ne se limitent pas à une seule aire culturelle, à l'image de ceux de Meschonnic ou de Berman, cité notamment par Axel Nesme et Sylvie Protin, ou encore d'Ortega, mentionné par Marie Laureillard. Florence Serrano mentionne pour sa part les travaux du linguiste basque José María Sánchez Carrión, encore méconnu en France.

François Géal, très marqué par le séminaire Masson/Ladmiral qu'il a suivi au début des années 2010 à Paris, consacre même depuis plusieurs années une partie de son enseignement en Master à l'histoire et à la théorie de la traduction. Edmond Raillard, qui, tout en archivant depuis quelque temps ses *brouillons* de traducteur, pour garder ainsi en mémoire les différentes phases du processus traductif, donne régulièrement des cours à l'Institut Llull et au CETL (Centre Européen de Traduction Littéraire) de Bruxelles, évoque son admiration pour Valery Larbaud. Tous deux semblent de fervents lecteurs d'ouvrages relevant de cette discipline encore jeune.

10. Quel est à vos yeux le principal intérêt de la traduction et quels sont ses liens avec – voire son influence sur – votre métier d'enseignant-chercheur ?

La majorité des intervenants sont des « linguistes » et, dans ce cadre, amenés à *enseigner* au quotidien la version, voire le thème. S'ils relient ces activités à leur activité traductive, ils en soulignent aussi les différences : pour Edmond Raillard, qui a en outre enseigné l'interprétation et le sous-titrage, leur agrément fait de ces enseignements une « promenade dans les langues », sans les implications d'un ouvrage destiné à la publication. Baudouin Millet (tout comme François Géal) souligne la vertu de la version, non seulement pour approfondir sa connaissance de la langue-culture étrangère, mais pour améliorer sa maîtrise de la langue maternelle ; à ses yeux, la traduction de textes anciens (entendons par là : antérieurs au XIXe siècle) constitue pour les étudiants un défi supplémentaire dont ils tirent grand profit lorsqu'ils parviennent à le relever.

En outre, est le plus souvent souligné un lien assez étroit entre *domaine de recherche* et textes traduits. Haywood fait pleinement partie du champ universitaire de Baudouin Millet. Ce lien est encore plus net chez Sylvain Trousselard, qui ne se consacre qu'à la traduction de textes en poésie ou en prose des XIIIe et XIVe siècles et déclare en règle générale : « travaille[r] sur des textes qu'[il a] également envie de traduire », dans une étroite convergence entre deux activités qui « se nourrissent vraiment l'une et l'autre ». De la même façon, Marie Laureillard souligne le lien étroit entre ses traductions poétiques et ses recherches en matière de poésie contemporaine et d'arts visuels.

Quelles que soient leurs bases théoriques respectives, peu éprouvent le besoin d'*expliciter* les principes qui sous-tendent leur activité traductive. En revanche, la plupart accompagnent leurs traductions de *paratextes* à vocation critique, sous des formes plus ou moins savantes et plus ou moins canoniques : plus l'ouvrage à traduire est ancien, plus cet effort d'accompagnement semble nécessaire (ne serait-ce que parce qu'un travail de contextualisation, pour un public français contemporain, s'impose). Chez Jean-Charles Perquin, d'abondantes annotations assurent la jonction entre recherche et traduction. Sylvain Trousselard va dans le même sens, mettant en avant une même démarche herméneutique, que les textes étudiés soient traduits ponctuellement, intégralement, ou envisagés simplement en VO. Chez François Géal, on observe même une quadruple convergence entre traductions personnelles, enseignement de la traduction (sous la forme d'ateliers), traductologie (séminaires), et exégèse littéraire. Conformément à son goût pour les métaphores, il assimile la traduction à une loupe grossissante ou à un projecteur mettant en lumière certains phénomènes littéraires importants.

Pour Axel Nesme qui, dans ce 10e item, se livre à une ambitieuse réflexion théorique, l'enseignement de la traduction à l'université tout comme la pratique personnelle de cette activité ont tous deux pour mérite de renvoyer à la question fondamentale, pour le littéraire aussi bien que pour le traducteur, de la *signification* : elles engagent la personnalité du lecteur ou du traducteur sans masquer une pluralité, un « éventail » de significations non immuablement inscrites dans l'immanence première du texte-source. Dans ces conditions, c'est une ligne de crête fragile qui s'impose entre « herméneutique littéraire » et « délire interprétatif ». Axel Nesme mobilise les catégories de la psychanalyse pour suggérer la part d'obscurité et de contradiction entre « les forces opposées d'appropriation et d'expropriation qui s'y exercent ». Le *désir* voire l'injonction de traduire ou de retraduire s'avèrent irréductibles à des fins purement communicationnelles ou commerciales : divers fantasmes sont visiblement à l'œuvre dans les approches traductives plus ou moins franchement ciblistes ou sourcières…

François GÉAL
Université Lumière Lyon 2

TRADUIRE LES *DOUZE CONTES MORAUX*

Du récit en construction à la construction du récit

LES SOURCES MANUSCRITES

Le recueil des *Douze contes moraux* est le fruit d'une tradition manuscrite très particulière puisqu'un seul témoin nous est parvenu, un *codex unicus* donc, le manuscrit de la Bibliothèque Universitaire de l'*Alma mater studiorum* sous la cote 2650, tome 1. Les seules indications concernant ces textes proviennent de ce manuscrit en deux tomes de la fin du XIIIe siècle, ou du tout début du XIVe siècle (les avis sont partagés). La seule édition critique établie à ce jour est celle de Francesco Zambrini publiée à Bologne chez Romagnoli en 1862[1], corrigée, amendée, par trois fiches produites par l'Accademia della Crusca, mais sans indications de date, et quelques autres informations publiées par Cesare Segre dans ses *Volgarizzamenti* en 1953[2].

Les corrections et les précisions successives ont permis de préciser certains aspects de l'édition critique originelle du milieu du XIXe siècle indiquant, entre autres, des erreurs de transcription de Zambrini, ce malgré son approche très conservative du texte manuscrit. Nous nous trouvons en outre face à un document dont les seules formes verbales pourront nous renseigner sur l'origine du texte. Ainsi, les formes proprement siennoises tendent à indiquer l'origine toscane du texte, de son auteur, ou alors de son copiste, puisqu'il s'agit d'un manuscrit apographe.

1 Francesco Zambrini, éd., *Dodici conti morali d'anonimo senene, Testo inedito del sec. XIII*, Bologne, Romagnoli, 1862, XVI-152 p.

2 Cesare Segre, *Volgarizzamenti del Due e Trecento*, Torino, Utet, 1953, 642 p.

LA VEINE MORALE ET DIDACTIQUE ET LA FORTUNE LITTÉRAIRE DU RECUEIL

Au-delà des aspects strictement codicologiques et philologiques du texte se pose la question de l'origine de ces textes dans notre cas regroupés en recueil et parfois incomplets dans son unique témoin manuscrit, c'est le cas de deux d'entre eux. Il nous reste alors la lecture pour trouver les éléments textuels qui nous permettront d'en définir à la fois la nature et la structure. Ces contes appartiennent à la veine dite 'morale et didactique' de la littérature italienne des Origines tout en précisant au passage que cette veine littéraire regroupe des formes très différentes, bien au-delà de la question de la langue utilisée. Face à une production régulièrement poétique, nous trouvons également des traités qui suivent des modèles classiques comme par exemple la *Psychomachie* de Prudence pour ce qui est du *Livre des vices et des vertus* de Bono Giamboni[3], auteur appartenant à la tradition des intellectuels florentins de la seconde moitié du XIIIe siècle ; nous nous trouvons ici face à une génération précédant immédiatement l'expérience de Dante.

Dans la littérature italienne des Origines, la production morale et didactique s'emploie à livrer un enseignement à travers un récit fictionnel dont l'objectif est d'élever le groupe des fidèles et qui donne lieu, très souvent, à une glose qui prolongera un récit initial servant, en quelque sorte, de matrice, de point de départ, pour un discours autre, hors texte et renouvelé par l'acte de lecture.

---

3 Bono Giamboni, *Le livre des vices et des vertus*, éd. Cesare Segre ; trad. Elisabetta Vianello et Sylvain Trousselard ; introd., notes et index Sylvain Trousselard, Paris, Classiques Garnier, 2013, 258 p. Il est donc contemporain de Brunet Latin, bien connu des médiévistes français pour son *Livre dou trésor* rédigé en français lors de son exil de Florence.

LANGUE ET STRUCTURE NARRATIVE

La caractéristique de ces brefs récits nous est livrée par Cesare Segre dans sa rapide présentation publiée à la fin des années 50. En effet, ce modeste recueil constitue une traduction du latin et du français, en particulier *La vie des Saints Pères* dont l'auteur ne serait autre que saint Jérôme, mais rien n'est attesté sur ce point. Nous nous trouvons donc face à une traduction, mais quelle traduction ? On sait qu'au Moyen Âge, les textes sont régulièrement traduits, je vous ai mentionné Bono Giamboni, intellectuel florentin contemporain de Brunet Latin, traducteur d'Orose et de Végèce vers le florentin. Les récits des *Douze contes moraux*, bien qu'étant largement colorés de formes siennoises de la fin du XIIIe siècle, sont également largement teintés de gallicismes qui doivent être sans nul doute les scories d'un travail de traduction de notre auteur anonyme. On se trouve donc face à un texte très nettement siennois dans sa forme, certes, mais qui, finalement, ne pose pas de problèmes majeurs pour la compréhension vu que les formes linguistiques sont toscanes. Le lecteur est donc davantage habitué à ces formes étant donné l'importance de la production littéraire toscane de l'époque, non seulement en prose mais aussi, et surtout, en poésie. Au-delà des aspects linguistiques régionaux, c'est la syntaxe qui pose problème, une syntaxe propre à la période, entendons, en marge des variations morphologiques propres au siennois, qui se caractérisent par des structures régulièrement enchâssées les unes dans les autres[4] (Zambrini, 1862, p. 35) susceptibles de produire une certaine confusion pour un esprit du XXIe siècle. Il faudra ainsi procéder à diverses analyses pour retrouver une structure qui souvent va nous échapper de prime abord, ce d'autant lorsqu'on rapproche les dites structures des formes linguistiques non stables dans un

4 Conte septième (conclusion) : *Uno assempro dire vi vollio ;* che, secondo che *'l forniere traie la bragia del forno,* quando *ene caldo,* e puoi *lo tura inmantenente* perché *'l caldo non esca fuore ; tutto altro fae el nemico, del peccato,* quando *àne preso l'anima* e *'l corpo ;* che, *cosa* ch'*elli possa, none iscirà già fuore,* ma *tiello sì corto* e *lo 'ntosca,* che *confessione già no li puote uscire di bocca,* e *non ne mette cura :* et *in questo s'addormenta lo folle tanto,* che *la morte lo prende,* e *'l nemico l'anima prende,* che *nello 'nferno la mette :* e così *prende el nemico el suo guadagno,* chi *misfae al suo creatore* e chi *non si confessa spessamente.*

témoin manuscrit où l'auteur, ou alors le copiste, ne semble pas très systématique dans les formes qu'il adopte : je fais référence à des pronoms compléments, des formes conjuguées, des enclises qui n'ont plus cours de nos jours (*lassolla* pour *la lasciò*, ou encore *isaminallo*, pour *lo esaminò*) ou encore des connecteurs qui semblent indiquer une opposition, une conséquence, ou tout simplement une coordination et que la logique ordinaire ne peut admettre, notamment d'un point de vue strictement chronologique ou encore dans la perspective d'une simple relation de cause à effet.

L'organisation du récit est, quant à elle, bien régulière et somme toute assez simple. Chaque conte est précédé d'un chapeau, comme on dit, désignant très succinctement les protagonistes et l'action principale, réduit à sa forme la plus élémentaire du type :

> *Qui conta d'uno Romito, che fue per rinnegare Domeneddio, la Vergine Maria e 'l santo Battesimo, e come poi tornoe a penitentia.* (*ibid.*, p. 1)
>
> « On parle ici d'un ermite qui faillit renier Dieu, la Vierge Marie et le saint baptême, et de la manière dont il se repentit. »

Le conte proprement dit se déploie rapidement et, après une brève présentation de la situation initiale désignant le/les protagoniste.s et leurs conditions ordinaires, nous passons au nœud du récit. S'agissant de contes, la présence du merveilleux se concrétise par une intervention directe du divin, entendons du Christ, de la Vierge ou de Dieu. On assiste donc à des situations très classiques d'un personnage positif, entendons très pieux, qui sera mis à l'épreuve soit par des personnages négatifs soit par la fortune qui leur sera cruelle le temps de la mise à l'épreuve. L'intervention divine quant à elle y mettra bon ordre : elle convertira les personnages négatifs pour en faire des personnages exemplaires, ou récompensera le personnage mis à l'épreuve pour son attitude forcément exemplaire. Le schéma est donc assez classique, on passe d'une situation négative et contraire à la morale à une situation positive en chevauchant les obstacles jalonnant le récit.

Pour ce qui est des personnages, leur mode d'inscription dans les textes est assez sommaire, cela renvoie à d'autres recueils, notamment le *Novellino*, car seuls les éléments indispensables à la diégèse sont évoqués. Nous ne disposons donc d'aucune information qui ne soit pas en lien direct avec l'anecdote. L'identité du personnage n'est pas forcément nécessaire, sa qualité l'est davantage, car elle renvoie à une situation initiale qui pourra dispenser d'une présentation spécifique. Ainsi nous trouvons-nous davantage face à des *types*, ou encore des *actants*, dont la présence dans le texte se justifie par les actions qu'ils réalisent. Dans le troisième conte, nous avons ainsi une *mala femmina* (*ibid.*, p. 10) / « une femme de mauvaise vie » dont nous ne savons rien en dehors du fait qu'elle traîne dans une taverne en compagnie de *uomini di malo affare*, des malandrins donc. Et c'est elle qui se révélera la plus scélérate du groupe, avec un choix évident pour un personnage féminin renvoyant au mal et, pourquoi s'en priver, au péché originel. Bref, cette femme, particulièrement malhonnête, tentera l'ermite présenté comme un saint homme pour lui faire rompre son vœu de chasteté. La sainteté de ce dernier étant plus forte que sa chair, il se brûlera la main en guise de pénitence, sans doute pour avoir péché par la pensée … et c'est cet acte qui transformera définitivement la *mala femmina* qui, tombée morte à la vue de la pénitence que s'inflige l'ermite, reviendra à la vie par la volonté de Dieu. On constate ainsi que les raccourcis narratifs sont nombreux, et même systématiques ; l'anecdote, quant à elle, tend à se limiter à l'essentiel. De cette femme nous ne saurons rien d'autre, mais sa présence dans la taverne suffit à en faire une prostituée ou, tout au moins, une femme qui fréquente les hommes avec qui elle semble vivre et se comporter comme leur égale. Elle est donc aussitôt transformée en un type dès lors qu'on la compare à l'image de la femme médiévale où deux modèles prédominent : la sainte et la mère. La difficulté de ces contes réside donc également dans ce qui est hors texte, dans les référents ordinaires qui renvoient à une culture, à une société communale toscane et à l'empreinte religieuse qui constitue le cœur de ces anecdotes. Chaque conte se clôt enfin par une formule sentencieuse, proverbiale, reprenant l'ensemble de l'anecdote pour en révéler les enjeux moraux et présenter l'enseignement édifiant qu'il faut en tirer et qu'il faut évidemment retenir. Et là se pose le problème de la formulation, entendons, là où se trouvera régulièrement une construction qui va reprendre sur le mode de la démonstration les éléments de la diégèse et montrer dès lors le sens à donner au texte qui précède :

> *Per questo assempro potete vedere, che molto piace a Dio la salutazione de la Donna ; e imperciò con tutto nostro intendimento ci brighiamo di lei servire, per la quale potiamo avere buono fine.* (*ibid.*, p. 19)

« Par cet exemple, vous pouvez voir à quel point les hommages à la Vierge plaisent à Dieu, et c'est pour cette raison que nous nous soucions de la servir avec toute notre ferveur pour que nous ayons une fin heureuse (pour notre plus grand bénéfice, pour être sur la bonne voie). »

Per questo Contio potemo vedere, che, chi serve a tale Donna, non può fare se none buona fine. (*ibid.*, p. 21)

« Par ce conte, nous pouvons voir que celui qui sert la Vierge ne peut qu'en tirer bénéfice (connaître une fin heureuse). »

TRADUIRE LA LITTÉRATURE DES ORIGINES

Tout cela pourra sembler plutôt éloigné de la question de la traduction, mais pas tout à fait dès lors qu'on décide de traduire un texte ancien, un texte dont la nature n'est pas forcément clairement définie et, surtout, dont les origines restent obscures à bien des égards. En effet, il ne reste, pour le lecteur contemporain, que l'exercice de la lecture et de l'analyse du texte en langue originale pour envisager une traduction en langue française, en langue contemporaine donc et, autant que faire se peut, lisible. Parallèlement, la connaissance de cette période de la culture italienne est très révélatrice de notre travail de traducteur, mais dans une logique différente il va de soi, car elle consiste, pour un certain nombre d'intellectuels, à traduire des textes classiques en langue vulgaire. On se trouve donc face à une volonté d'inscrire une langue jusque-là vernaculaire au rang de langue littéraire, même si Dante définira dans son *De vulgari eloquentia* la *canzone* (la chanson) comme la forme poétique la plus digne et la plus noble[5]. Nous sommes face à une hiérarchisation de l'expression, la poésie caracolant en tête face à une prose considérée comme plus ordinaire, dès lors que nous sommes en dehors du traité et de ses traductions du latin. Ici la langue permet de diffuser, la traduction a pour vertu de porter à la connaissance des textes inaccessibles pour le plus grand nombre, mais face à ces aspects liés à la langue apparaît celui de la

5 Dante Alighieri, *De vulgari eloquentia*, dir. Vittorio Coletti, Milan, Garzanti, 1991, III, p. 60-63.

lecture, celui du livre comme objet précieux et réservé à une élite à la fois intellectuelle et économique.

De nos jours, pour le médiéviste, le travail de la traduction s'insère dans une logique fort différente qui est celle d'une diffusion élargie, pour un public lettré certes, pas en siennois du XIIIe siècle, et éloigné de la réalité historique des *Comuni* qui a généré ces textes. Le choix de la traduction de textes souvent peu connus même des médiévistes italiens s'insère dans une logique qui va consister à rendre à nouveau accessibles des textes que la tradition de l'histoire littéraire a volontairement mis de côté, car ils constituent autant de témoins d'une production médiévale importante qui dessinent une réelle continuité dans la création littéraire. Les « Trois couronnes » (Dante, Boccace, Pétrarque) ont cette tendance à écraser ce qui précède et ce qui suit et leur qualité d'*auctor* tend à estomper, sinon à gommer, les autres réalités littéraires qui leur étaient contemporaines.

QUELQUES EXEMPLES DE TRADUCTION

Mais attardons-nous à présent sur les textes, car ils sont l'objet de notre attention et du travail de traduction. Nous sommes en présence de contes, c'est-à-dire de récits courts dans lesquels la dimension miraculeuse constitue un élément essentiel dans les ressorts utilisés et constitue régulièrement le moment grâce auquel le récit va basculer. La difficulté qui émerge très rapidement est, comme je l'ai indirectement indiqué plus haut, celle de la 'structure' des textes au-delà même de la difficulté liée au genre, car ici la dimension fictionnelle est évidente, comme c'est le cas du conte populaire, mais c'est la dimension merveilleuse, miraculeuse, qui finit par présenter certaines difficultés.

La tradition du roman contemporain nous a habitués à des élaborations spécifiques où le récit a tendance à se dilater, parfois de manière inconsidérée, donnant lieu à des digressions importantes. Le décalage est donc saisissant et, pour faire court, on a tendance à rester sur sa faim face à certaines formulations régulièrement très elliptiques ; se pose alors le problème de la traduction : doit-on inclure des éléments hors texte, entendons des éléments de sens qui seraient contextualisants pour un lecteur moderne ? Ils étaient, selon toute vraisemblance, évidents pour le lecteur médiéval, mais qu'en est-il de nous ? Quand on y songe, une femme dans une taverne n'a rien d'extraordinaire de nos jours et cela n'implique pas à priori qu'il s'agira d'une prostituée, à moins que ladite taverne ne soit un « bar à champagne ». La question qui se pose dès lors est celle de savoir si, une fois le texte traduit, le lecteur sera en mesure de le comprendre, s'il pourra établir tous ces liens suggérés dans le texte, la femme dans la taverne, pour rétablir un sens évident pour l'auteur du conte. La stratégie de traduction relevant davantage de l'empirisme, il arrive régulièrement d'émailler un travail de traduction d'éléments supplémentaires qui ne figurent pas dans le texte, mais qui sont suffisamment suggérés par une formulation elliptique ou encore un effet de sens immédiat pour lequel la logique ne semble pas clairement établie pour un lecteur moderne. De ce point de vue, le second conte est très significatif : nous sommes face à un protagoniste qui décide de se rendre dans un monastère pour dépouiller les frères et ainsi aller jouer et manger son pactole. Sauf qu'il y reste dix ans, jusqu'au jour où il décide de partir :

> *volse escire fuore, e puoi* si pose en quore *d'udire una messa* (Zambrini, 1862, p. 7)
>
> « il voulut sortir, mais *il décida* d'aller écouter une messe »

après quoi il resta vingt années de plus, jusqu'au jour où :

> *Venne mattina, che fermamente* si pose in quore *d'andare un poco per lo mondo : e quando venne all'uscio, si pensò che prima direbbe una messa del Santo Spirito* (*ibid.*)
>
> « Un beau matin *il décida* d'aller un peu par le monde et lorsqu'il arriva à l'entrée, il pensa donner une messe pour l'esprit saint »

Ces deux moments qui se succèdent à un rythme soutenu dans la diégèse (à peine quelques lignes) sont pour le moins surprenants. En effet, on comprend mal comment un petit filou basculera instantanément de l'envie de partir à celle d'entendre une messe ou, mieux encore, dire une messe, car cette envie pressante n'est motivée par aucun élément dans le texte et on peine à trouver la logique qui va motiver ce revirement, à moins que ce ne soit celle de pouvoir aller d'un pas plus léger… On pourra trouver dans les choix *si pose in quore* ou encore *pensò* des éléments suggérant un doute qui s'installe, l'évocation du *quore* n'étant pas si anodine de ce point de vue quand on sait qu'il s'agit du lieu où se trouvent les sentiments et les passions. Et si nous examinons la proposition de traduire *porre in quore* par « décider », au lieu de « avoir à cœur », plus familier en français, elle semble plus fidèle à l'image qu'on peut se faire à la lecture de ces phrases capitales dans la diégèse. Le lien devait donc sembler clair au lecteur et à l'auditeur médiévaux, mais il nous semble difficile de voir se régler trente années d'existence en moins de trois lignes. Les informations présentes dans le récit, trop parcimonieuses, finissent donc par devenir quelque peu problématiques, à moins qu'il ne faille les envisager dans une optique différente consistant à insérer des gloses régulières pour générer un autre discours, hors texte cette fois, qui pourra proposer une digression édifiante dénonçant le vice d'un protagoniste qui, régulièrement, va se trouver sur le fil du rasoir. Pour le traducteur, le problème restera entier, il ne peut être envisageable d'ajouter des éléments ne figurant pas dans le texte, d'autant que dans le cadre de la traduction, la réécriture du texte est censée se limiter, dans sa définition la plus simple, à transcrire en langue française un texte rédigé en siennois.

Un autre élément surprenant dans ces textes concerne la figure du narrateur. Alors qu'il s'exprime régulièrement à la première personne du singulier, il intervient également à la première personne du pluriel, incluant *de facto* son lecteur ou son auditeur, auquel il ne s'adresse quasiment qu'à la deuxième personne du pluriel, un groupe donc, un destinataire choral clairement désigné comme celui des chrétiens, même si cette désignation n'est jamais explicitée dans les contes. S'agissant de contes moraux, cette caractéristique reste somme toute fort naturelle. La présence du narrateur devient surprenante dès lors qu'il sort de son récit pour intervenir de manière directe en s'adressant au destinataire du texte. Ainsi les *che v'andrei contiando* qu'on aimerait traduire par « que voulez-vous que je vous dise », ou encore le *che non ve lo potrei contare* (« que je ne pourrais vous raconter ») permettant de couper court à un récit qui semble un peu s'éterniser pour un narrateur pressé d'en finir avec sa présentation (un bien grand mot finalement). L'impression qui se dégage de cette première intervention du narrateur semble être celle d'un récit en construction, un récit qui semble s'élaborer simultanément sur le papier et dans l'esprit du narrateur. Aussi l'interrogation marque-t-elle à la fois un questionnement direct et la fin annoncée dans l'énoncé de certains éléments du récit, comme s'il s'agissait de passer rapidement à autre chose. La nécessité de « faire court », pour désigner la *brevitas*[6] qui caractérise bien des textes médiévaux, l'emporte au profit de l'anecdote principale dont il semble impossible de se détacher pour voir se déployer une présentation plus précise autour d'un personnage ou d'une situation. Ce commentaire direct, marquant une pause dans le récit qui se déploie, semble acquérir une fonction phatique permettant de solliciter directement le destinataire du texte, comme pour lui indiquer qu'il ne sera pas question ici de s'éterniser sur le point à peine énoncé, mais plutôt de se concentrer sur l'essentiel. Une certaine oralité apparaît dès lors pour indiquer une des finalités de ces textes, celle d'un type de récit connu si on se réfère à la longue tradition qui précède, notamment à travers les exemples issus de l'importante production arabo-musulmane qui finira par arriver dans l'Occident chrétien pour s'y installer et s'y développer. Mais cette pause dans le récit finit par poser problème dès lors qu'elle se trouve confrontée à l'exercice de la traduction : le futur lecteur doit entendre un mode d'expression différent dans lequel les éléments extratextuels sont non seulement multiples, mais également polymorphes. Les référents de ces textes étant plus naturels pour un public médiéval, à la fois dans le fond et dans la forme, le bagage culturel du lecteur renouvelé par la traduction doit trouver un espace qui lui permettra d'entrer dans celui de notre auteur anonyme ou encore dans cette vaste tradition des récits. Ce d'autant qu'« avec l'apparition de la nouvelle, la vieille typologie des genres entre au musée et oblige à repenser les rapports entre fiction et vraisemblance ou entre édification et distraction, tout en jouant sur une autre scène les tensions entre oralité et écriture ou entre longueur et brièveté par l'adjonction de récit-cadres qui contribuent à brouiller » (Gingras, 2011, p. 179) les frontières.

---

6 Francis Gingras, « Pour faire court : conscience générique et formes brèves au Moyen Âge », p. 176 : « Il [le texte] s'adresse donc à l'homme capable d'entendre la glose et la révélation du sens caché [...] d'un texte qui se présente clairement comme un concentré de sagesse chrétienne où l'auteur avoue avoir "enclose / grande matere en ches briés mos" (IX, v. 2-3). La brièveté est, ici encore, au service d'un projet qui la dépasse. Ce qui en elle appelle la glose se marie bien avec les méditations sur la condition de l'homme face aux mystères de la Rédemption. », dans *Faire court. L'esthétique de la brièveté dans la littérature du Moyen Âge*, dir. Catherine Croizy-Naquet, Laurence Harf-Lancner et Michelle Szkilnik, Paris, PSN, 2011.

La *brevitas* qui caractérise ces contes renvoie également à un type de constructions dans lequel les connecteurs sont nombreux, très nombreux, voire trop nombreux. Outre les formes laissées en latin, la plus courante étant *unde* qui ici indique souvent une conséquence directe de ce qui précède immédiatement, l'usage abusif de la conjonction *et* rend la traduction souvent hasardeuse, car même s'il est aisé de voir si la conjonction marque une opposition ou non, la fréquence importante dans l'usage qui en est fait devient rapidement problématique pour un lecteur contemporain. Aussi certains connecteurs ont-ils tendance à disparaître lorsque l'opposition, prenons cet exemple, est suffisamment significative dans son contenu et deviendrait caricaturale et inutilement insistante dès lors qu'on l'indiquerait en français, comme c'est le cas dans le texte source. Parallèlement, les conjonctions *et* débutant la phrase sont légion dans les contes et doivent faire l'objet d'un 'nettoyage' important pour que le texte cible puisse rester lisible. Sur ce point, c'est le problème du découpage du texte, celui de la ponctuation insérée par l'éditeur du texte, qui peut faire l'objet de discussions interminables sans que, pour autant, des solutions définitives puissent être systématiquement élaborées. Le passage d'une langue à l'autre doit ainsi se conformer d'une part à des usages d'expression différents, et de l'autre, à une construction nouvelle dans l'énoncé de l'anecdote. La question qui se pose constamment pour ce qui est des textes anciens est celle consistant à reproduire le texte source le plus fidèlement possible, tout en procédant à une réécriture du texte en adaptant des schémas syntaxiques et stylistiques plus courants en français contemporains. Il s'agit là de maintenir un équilibre délicat afin de ne pas (pas trop ?) dénaturer un texte avec, dans notre cas, cette spécificité de la prose qui autorise bien moins de licences face à la syntaxe que ne l'autorise l'expression poétique. On a recours alors à une écriture archaïsante ou, le plus souvent, pseudo-archaïsante.

Sylvain TROUSSELARD
Université Lumière Lyon 2

RÉFÉRENCES BIBLIOGRAPHIQUES

ALIGHIERI, Dante, *De vulgari eloquentia*, dir. Vittorio Coletti, Milan, Garzanti, 1991, III, p. 60-63.

BRUNETTO, Latini, *Trésor*, dir. Pietro Beltrami *et al.*, Turin, Einaudi, 2007.

DEL MONTE, Alberto, *Volgarizzamento senese delle "Vies des pères"*, dans *Studi in onore di talo Siciliano*, Florence, Olschki, 1966, p. 329-383.

FOLGORE DA SAN GIMIGNANO et CENNE DA LA CHITARRA D'AREZZO, *Couronnes et autres sonnets*, dir. Sylvain Trousselard, Paris, Classiques Garnier, 2010.

GIAMBONI, Bono, *Le livre des vices et des vertus*, éd. Cesare Segre ; trad. Elisabetta Vianello et Sylvain Trousselard ; introd., notes et index Sylvain Trousselard, Paris, Classiques Garnier, 2013.

GINGRAS, Francis, « Pour faire court : conscience générique et formes brèves au Moyen Âge », *Faire court. L'esthétique de la brièveté dans la littérature du Moyen Âge*, dir. Catherine Croizy-Naquet, Laurence Harf-Lancner et Michelle Szkilnik, Paris, PSN, 2011, p. 155-179.

SEGRE, Cesare, *Volgarizzamenti del Due e Trecento*, Turin, Utet, 1953.

Studi su volgarizzamenti italiani due-trecenteschi, dir. Paolo Rinoldi et Gabriella Ronchi, Rome, Viella, 2005.

ZAMBRINI, Francesco, éd., *Dodici conti morali d'anonimo senene, Testo inedito del sec. XIII*, Bologne, Romagnoli, 1862, XVI

ANNEXE
Questionnaire : réponses de Sylvain Trousselard

1. Quelles sont vos langues de traduction ?

De l'italien vers le français uniquement. Je traduis également vers l'italien, mais cela reste strictement lié à des nécessités scientifiques éloignées de la publication dans la mesure où il s'agit de traduire des citations, des passages très brefs et non pas un texte dans son intégralité.

2. Combien de traductions avez-vous publiées, et dans quels domaines ? (vous pouvez indiquer les références, si vous le souhaitez)

Je traduis de la poésie et de la prose des XIIIe et XIVe siècles. J'ai traduit des poètes comiques : Rustico Filippi, publié en 1998 chez Rumeur des Âges à La Rochelle, Folgore da San Gimignano et Cenne da la Chitarra d'Arezzo, publié en 2010 chez Classiques Garnier. J'ai également traduit un traité sur les vices et les vertus de Bono Giamboni, publié chez Classiques Garnier en 2013. Ensuite j'ai traduit des textes plus isolés comme le *Detto del gatto lupesco*, publié aux ELLUG et le *Favolello* de Brunetto Latini, publié à ENS-Éditions. Une traduction du *Bestiaire moral dit « de Gubbio »* est parue chez Champion en janvier 2022. Parallèlement, j'anime un séminaire de traduction des *Trois cents nouvelles* de Franco Sacchetti dont le premier tome est paru en 2024. Personnellement, j'ai également entamé la traduction des *Douze contes moraux de l'anonyme siennois* dont l'édition critique sera réalisée par un collègue philologue italien, et que nous publierons en version bilingue chez un éditeur français.

3. S'agissait-il de commandes éditoriales ou bien de propositions spontanées ?

Il ne s'agit que de propositions spontanées. Comme la traduction intervient dans un processus plus large, celui d'une production académique d'analyse des textes, la cohérence entre traduire et analyser concerne, pour l'essentiel, le travail du traducteur. Cela étant – je suis peut-être chanceux –, je n'ai jamais rencontré de difficultés particulières pour publier mes traductions. Mais il me faut préciser tout de même au passage que mon travail de traduction n'est pas conditionné par une publication et, surtout, un revenu qui en découlerait. Ma position d'enseignant-chercheur m'épargne cette contingence strictement financière et rend les perspectives liées à cette activité fort différentes. Mon approche s'inscrit donc davantage dans une logique critique et de diffusion des textes, l'enseignant-chercheur que je suis reste donc bien présent…

4. Quelles ont été jusqu'ici vos relations avec vos éditeurs (délais, rémunération…) ?

Mes relations avec les éditeurs sont toujours très cordiales, mais je traduis des auteurs et des textes très particuliers pour lesquels aucune rémunération n'est prévue. Les délais sont parfois longs, pour ce qui est de Classiques Garnier et Champion, par exemple, il faut attendre six mois après l'envoi des dernières corrections et du BAT. Cela étant, la publication de textes plus rares est conditionnée par les choix que l'éditeur va opérer ; c'est d'ailleurs le cas pour tous les textes, mais l'enjeu devient rapidement autre. En effet, il s'agit de proposer des textes inédits, des réalités littéraires inconnues ou, c'est souvent le cas, très mal connues. Le travail du traducteur consiste dès lors à adopter une posture très didactique afin de montrer l'intérêt du texte au sein d'une production plus large et mettre en avant la pertinence des choix.

5. Si vous avez traduit des auteurs vivants, quelles relations avez-vous entretenues avec eux ?

Les auteurs sur lesquels je travaille sont tous très morts !

6. Faites-vous partie d'une association de traducteurs (ATLF, ATLAS…) ?

Non aucune, car je ne me sens que fort peu légitime du fait de mes choix de textes. Les traducteurs littéraires travaillent pour l'essentiel autour d'une production récente, pour ne pas dire très contemporaine de la littérature mondiale. S'agissant, dans mon cas, de littérature médiévale, les réalités sont bien différentes : les textes ne sont pas en italien, puisque l'italien n'existe pas encore, mais écrits en vernaculaire, en dialectes qui, même s'ils peuvent avoir des similitudes parfois importantes du fait de leur proximité géographique, comportent néanmoins des variations lexicales, morphologiques et syntaxiques importantes.

7. Quelles sont vos relations avec d'autres traducteurs ?

Il y a deux types de traducteurs avec lesquels j'échange ponctuellement. Les premiers traduisent de la littérature contemporaine et nous échangeons autour de la posture que nous adoptons face aux textes ; le discours reste néanmoins très général dans la mesure où la langue que je traduis n'est pas de l'italien, mais des dialectes de l'Italie centrale uniquement (l'italien n'existe pas encore à l'époque). La seconde catégorie est celle des collègues/amis qui traduisent de la littérature ancienne et nous discutons philologie et traduction. Les choses deviennent dès lors très techniques et s'articulent autour de formes linguistiques que je ne comprends pas ou pour lesquelles j'ai des doutes qui persistent. J'ai ces mêmes discussions avec mes collègues/amis philologues en Italie, surtout quand je traduis des textes anonymes très isolés pour lesquels les critiques restent très partagés, quand ils ne s'opposent pas franchement.

8. Quelle part de votre temps a été jusqu'ici mobilisée par vos activités de traduction ?

J'ai toujours associé la traduction à mon travail d'édition critique (mais là c'est plus récent) et à mon travail d'analyse littéraire sur les textes de la production comique des Origines et ceux de la veine morale et didactique. Le travail est donc double, pour l'essentiel, car il débute par une analyse littéraire et linguistique, mais chaque exemple cité est régulièrement traduit en note de bas de page et c'est de cette manière que je décide, ou non, d'entamer une traduction systématique de l'ensemble de l'œuvre, des œuvres de l'auteur, etc. S'il me fallait dessiner les contours d'une règle plus générale, j'aurais tendance à dire que je travaille sur des textes que j'ai également envie de traduire. C'est en effet la forme du texte qui me guide dans mes choix et dans ma stratégie d'analyse et de traduction.

Pour ce qui est du temps que j'y consacre, j'avoue que j'aurais bien du mal à le quantifier, car les deux activités se font en parallèle et elles se nourrissent vraiment l'une et l'autre. Les traductions que je publie sont souvent le résultat d'une stratification plutôt longue de tentatives, d'essais, d'expérimentations pour lesquels un travail critique reste indispensable.

9. Dans votre formation à la traduction, y a-t-il des ouvrages qui aient joué un rôle important ?

Le discours théorique me semble toujours très éloigné de ce que je ressens quand je traduis un texte ancien. Certains éléments résonnent régulièrement dans mon esprit, mais l'ensemble du discours demeure distant de la réalité des textes médiévaux auxquels je m'attache. En réalité, je ne suis pas attiré par une théorisation de la pratique de traduction : je me sens traducteur et non pas théoricien de la traduction. J'avoue par ailleurs que je connais mal la théorie, je traîne des pieds dès lors qu'il me faut l'aborder. Le discours théorique semble, à mes yeux tout au moins, se situer dans un au-delà de la réalité de traduction dans la mesure où les textes cités en exemple, les exemples mentionnés concernent des auteurs et des textes qui restent, tout au moins pour l'essentiel, connus du lecteur ou alors balisés par un ensemble de repères littéraires plus aisément situables dans le panorama général de la production. Les auteurs et les textes sur lesquels je travaille restent, pour l'essentiel, très confidentiels, même pour un public de médiévistes.

10. Quel est à vos yeux le principal intérêt de la traduction et quels sont ses liens avec – voire son influence sur – votre métier d'enseignant-chercheur ?

Ma pratique de la traduction étant très particulière, elle est étroitement associée à une activité de critique et d'analyse littéraires. La traduction est souvent davantage une activité complémentaire et une recherche supplémentaire autour de mes activités universitaires classiques. La traduction me permet également de diffuser en langue française des textes ayant échappé à la lecture du fait qu'ils n'avaient jamais été traduits en français (je ne traduis pas des textes déjà traduits en français ou, si c'est le cas, ce sont des traductions partielles). On remarque en effet que les textes et auteurs dits « mineurs » ne sont pas l'objet d'un travail d'analyse systématique, contrairement aux auteurs dits « majeurs ». Dans la production italienne médiévale, les cas de Dante, Boccace et Pétrarque sont révélateurs d'une tradition critique bien ancrée depuis les travaux de De Sanctis au XIXe siècle. Mes activités d'enseignement croisent régulièrement mon travail de traducteur. En effet, au sein du Master de traduction et d'édition que je dirige, je m'occupe de l'atelier de traduction vers le français, mais il s'agit de traduction ancienne et classique : je propose aux étudiants de traduire des textes sur lesquels j'ai déjà travaillé afin de confronter ma vision du texte, de discuter mes choix avec les leurs. Même si les erreurs sont inévitables face à ce type de textes, les options qu'ils adoptent sont régulièrement très heureuses et originales.

À SAUTS ET À GAMBADES ENTRE TRADUCTION LITTÉRAIRE EN RÉSEAU, TRADUCTION SPÉCIALISÉE ET RECHERCHE

La traduction comme exploration hololinguistique

À Véronique Duché-Gavet
et aux étudiants du Master de Traduction
et Interprétation de l'Université Lumière Lyon 2.

Je ne peux que souscrire à l'idée énoncée par Corinne Mencé-Caster selon qui « le rapport qu'un chercheur entretient à son sujet de recherche a quelque chose à voir avec son histoire personnelle, entendue au sens large ». À ce sujet, elle ne fait qu'« énoncer là une forme d'évidence » et poursuit : « il n'est pas rare que le chercheur découvre que l'intérêt qu'il a manifesté pour tel ou tel sujet de recherche n'est pas sans lien avec une quête plus profonde liée à son identité ou à son histoire personnelle[1] ». Si je devais résumer la quête qui n'anime en tant que traductrice et enseignante-chercheuse, je dirais que j'ai toujours perçu que la traduction pouvait être un moyen d'exploration hololinguistique et, ce qu'il me tenait à cœur de mettre en évidence, c'était qu'au-delà de la traduction, les contacts entre les langues étaient le produit de leur contexte culturel. Autrement dit, l'*homo translator*[2] (le propre de l'homme

1 Corinne Mencé-Caster, *Pour une linguistique de l'intime. Habiter des langues (néo)romanes, entre français, créole et espagnol*, Paris, Classiques Garnier, 2021, p. 65.

2 J'emprunte ce terme à Antonio Lavieri. *Cf.* Antonio Lavieri, « *Homo translator.* Notes pour une anthropologie comparative de la traduction », *Translatio in fabula : Enjeux d'une rencontre entre fictions et traductions* [en ligne], Bruxelles, Presses universitaires Saint-Louis Bruxelles, 2010, http://books.openedition.org/pusl/1506 (consulté le 18/02/2024) ; ISBN : 978-2-8028-0472-7. DOI : https://doi.org/10.4000/books.pusl.1506.

évoluant dans un environnement bilingue serait de traduire) marchait sur deux jambes, ses deux langues, en s'adaptant aux sinuosités de son chemin mises pour la dimension culturelle dans un *ici* et *maintenant*. La traduction était pour moi une invitation à explorer la langue, tant son fonctionnement que son contexte culturel.

Même sans connaître de manière exhaustive les théories linguistiques, l'étymologie suffit dans un premier temps pour comprendre que l'exploration de la traduction se veut totale, l'élément formant holo- signifiant « entier ». Or, ce que cet élément formant peine à traduire, c'est que pour explorer entièrement la traduction, il faut inclure des éléments extérieurs mais qui y sont connectés. La seconde interprétation que nous souhaitons donner à ce terme est une référence à la théorie du linguiste basque José María Sánchez Carrión fondée sur des données sociolinguistiques qui intègrent une dimension sociale, éthique, psychologique, etc., à savoir des éléments externes aux données proprement linguistiques[3] et que nous assimilons quant à nous à l'intégration pleine et entière de la dimension culturelle pour comprendre les phénomènes linguistiques.

Ainsi, la traduction s'est mue en quête hololinguistique dans mon parcours scientifique, et au-delà. Cela fait vingt ans qu'il se construit tel un écheveau entre traduction (tant spécialisée que littéraire) et recherche. Mais en réalité, cela a commencé il y a un peu moins de quarante ans, comme un besoin pratique de la vie quotidienne, où les langues étaient explorées dans une volonté de précision qui n'entravait pas une certaine dimension ludique.

En évoluant de part et d'autre de la frontière franco-espagnole et précisément sur le point de jonction entre les deux versants constitués par la Côte Basque nord (de Bayonne à Hendaye) et la Côte Basque Sud (d'Irun-Fontarabie à Saint-Sébastien), j'ai commencé à traduire dès mon plus jeune âge, avant même que le concept de traduction ne me soit connu.

À l'origine de la communication orale enfantine, il y avait l'interprétation consécutive entre pairs. Ces premières interprétations

3 Miren Jaione Apalategi Begiristain, *La conformación de la escuela y la hololingüística*, thèse sous la direction de Nicanor Ursua Lezaun, Université du Pays Basque, 1995. Le sociolinguiste qui inspire cette école, même si le terme d'hololinguistique n'y est pas encore employé (on trouve celui d'*ecolingüística*) est José María Sánchez Carrión, « Un futuro para nuestro pasado. Claves de la recuperación del euskara y teoría social de las lenguas », *Anuario Del Seminario De Filología Vasca « Julio De Urquijo »*, janvier 1991, https://doi.org/10.1387/asju.8593 (consulté le 18/02/2024).

sur le mode de la reformulation avaient pour combinaison l'espagnol vers le français (« Elle/Il dit que »). Du côté français comme espagnol, il y avait toujours un enfant non bilingue, hispanophone comme francophone, auquel il fallait expliquer les jeux et les propos tenus par les uns et les autres. Il est même fort possible que j'aie commencé à interpréter d'espagnol en français avant même de parler l'espagnol. Je n'ai pratiqué d'abord l'espagnol que dans la plus stricte intimité tant que mon niveau me valait des moqueries des enfants du quartier : je me souviens de mes « vocalises » (des exercices phonétiques improvisés), dans la solitude de ma chambre, pour parfaire mon accent et des conversations avec ma voisine et pour autant meilleure amie, qui me corrigeait en espagnol et que je corrigeais en français. J'ai donc moi-même bénéficié d'interprétations consécutives du français vers l'espagnol ou plutôt d'informations lexicales en réponse à ma question « *¿Qué significa* / Ça veut dire quoi + [mot en espagnol] ? ».

Au Lycée international Maurice Ravel de Saint Jean-de-Luz[4], un certain nombre d'élèves traversaient la frontière chaque jour pour venir, d'autres étaient internes, étaient des anciens élèves du Lycée Français de Bilbao et venaient des quatre coins de la Eurorégion Communauté Autonome Euskadi Pays Basque. Nous avions inventé une langue, le *raveliano*, un double pidgin espagnol avec des emprunts au français (souvent pour décrire les *realia* du système scolaire, *¿Qué notas sacaste en el* Bac français *?*) et français avec des mots d'espagnol (On *quède* à quelle heure ?). Sans le savoir, nous explorions en creux les limites de la traduction, des intraduisibles aux refus de traduction auxquels nous confrontent certains culturèmes.

Dans ce contexte culturel bilingue transfrontalier (et même trilingue, car certains enfants suivaient des enseignements en basque et je me souviens avoir préféré le parler plutôt que l'espagnol une fois la frontière franchie), nous avons grandi en pratiquant en toute simplicité ce qui ailleurs pouvait faire l'objet de pratiques professionnelles et était déjà institutionnalisé sous la forme de l'interprétation de conférence, par exemple.

4 Une enquête sociolinguistique de deux ans, commandée par Éric Di Spigno, principal adjoint du collège, à Marielle Rispail et Valeria Villa-Perez de l'Université Jean-Monnet, a permis d'étudier le trilinguisme au collège Irandatz d'Hendaye, la ville frontière. Elle a donné lieu au documentaire « Vivre et apprendre en plusieurs langues » réalisé par Fabien Ducasse.

La pratique a largement devancé la théorie et ce premier enjeu est toujours demeuré au premier plan dans mes pensées. Le moi traduisant cherchait à trouver un alter ego : plutôt que de voyager dans l'espace, pour découvrir d'autres usages de la traduction, je me suis résolument tournée vers le monde de l'écrit dans un voyage dans le passé. Il s'agissait d'un voyage qui remontait aux plus anciens témoignages de la traduction littéraire pour la combinaison ES>FR. De fait, la traduction littéraire était somme toute la seule pratique où des vestiges scripturaires pouvaient me faire connaître mes pairs d'un autre temps.

Dans l'acquisition de tout savoir, il y a des passeurs. Au carrefour entre littérature et histoire (qui étaient encore à leur zénith en cette aube du XXIe siècle), j'ai eu l'inestimable chance d'être accompagnée par Véronique Duché-Gavet. Dès ma deuxième année de licence de Lettres modernes, elle m'a orientée vers une des premières traductions littéraires d'espagnol en français, l'*Histoire d'Aurelio et Isabel* de Juan de Flores. Je décidais de préparer un mémoire de recherche sur cette traduction depuis l'Université de Salamanque en tant qu'étudiante en échange Erasmus, une université que je connaissais déjà pour y avoir rendu visite à une ancienne camarade de lycée, qui faisait justement ses études au sein de la Faculté de Traduction et d'Interprétation. Salamanque, c'était surtout la ville d'origine de « mon auteur », Juan de Flores, qui avait même été recteur de cette université. C'est là que ma vocation pour la recherche a fini de se révéler, après mes premières expériences de la traduction professionnelle dans mon territoire d'origine.

LA DÉCOUVERTE DE LA TRADUCTION TECHNIQUE

Habiter un territoire transfrontalier, c'est observer au quotidien la nécessité de traduire et interpréter. Pour autant, tous les habitants ne sont pas bilingues ni trilingues, et même si la proportion de plurilingues augmente au fil des décennies, être bilingue n'a jamais été la garantie de savoir traduire ni interpréter, au vu de la professionnalisation et de la diversification progressive des métiers de ce domaine.

Parallèlement à l'obtention de ma licence de Lettres modernes, une formation en langue et littérature françaises où je pratiquais notamment la version (cet exercice universitaire classique de traduction littéraire de l'espagnol et, dans une moindre mesure, de l'anglais), j'ai eu l'opportunité de travailler pour la première fois comme traductrice technique dans le domaine de l'ingénierie nautique. En effet, grâce à un contact commun, j'ai été contactée par une entreprise de construction navale basée sur la côte guipouscoane afin de traduire un manuel de propriétaire d'une embarcation d'espagnol en français. Je n'aurais pas pu relever ce défi sans une relecture et surtout sans obtenir des informations terminologiques de ce contact francophone qui était le destinataire de ma traduction (puisqu'il était l'acquéreur d'un des bâtiments en question). À ma différence, il connaissait parfaitement la terminologie nautique en français et nous avons pu discuter ensemble des choix de traduction.

J'ai alors fait l'expérience que c'est en partant des besoins directs des entreprises que le traducteur sera en mesure de trouver une niche prometteuse. Lors des journées d'étude 2023 du GERES (le Groupe d'Étude et de Recherche en Espagnol de Spécialité), Mar Fernández Núñez, une traductrice professionnelle qui a pour spécialité la traduction de textes de biologie marine, d'océanographie, d'aquaculture, a confirmé dans sa communication l'existence de la niche du monde maritime, nautique et halieutique pour la combinaison ES>FR (espagnol-français). L'Espagne est encore aujourd'hui (des siècles après les découvertes maritimes qui ont fait sa fortune) un pays tourné vers les activités côtières. Logiquement, pour cette niche, il y a davantage de besoins de traduction de l'espagnol au français, que du français à l'espagnol.

Pour autant, la traduction technique est parfois réduite à la spécialité la moins noble parmi les spécialités de la traduction, alors que les niches les plus techniques justifient l'existence de nombreux traducteurs qui ont fait des études scientifiques et ont d'abord travaillé comme biologistes, médecins, ingénieurs, notamment à l'étranger : ils ont d'abord développé les aptitudes nécessaires à la compréhension de textes techniques puis se sont ensuite formés à la traduction, parfois en transformant les acquis de l'expérience qui passent par la découverte de nombreux lexiques de spécialité en vivant dans un des pays de sa langue de travail. Il est possible que certains traducteurs dont la formation a été linguistique, culturelle ou littéraire y voient une activité « alimentaire », ne maîtrisant pas suffisamment les savoirs techniques (concernés par des niches). Mais de la même manière que des scientifiques deviennent des traducteurs, les linguistes peuvent devenir des experts traducteurs techniques pour une ou plusieurs niches, par le biais de la formation au long de la vie.

Cette expérience professionnelle extrêmement positive – bien qu'une relecture récente de cette première traduction professionnelle ait mis en évidence un manque de fluidité que je retrouve tout naturellement dans les productions de mes étudiants et étudiantes du master de Traduction et Interprétation de l'Université Lumière Lyon 2 – est intervenue avant ma découverte de l'enseignement et m'a incitée à façonner une posture professionnelle de traductrice. Les échanges avec d'autres étudiantes qui faisaient aussi leurs premières armes dans le domaine de la traduction en travaillant pour des agences de traduction m'a permis d'acquérir des connaissances sur ce microcosme.

Pour mes cours de traduction en master, je tiens à ce que les étudiants se confrontent à ce type de textes, techniques s'il en est, afin d'explorer les outils terminologiques en ligne qui sont aujourd'hui si nombreux (les univers des savoir-faire sont l'apanage des terminologues de l'AFNOR[5] qui travaillent au contact des spécialistes de chaque domaine afin de créer et d'actualiser les normes ISO) et qui étaient inexistants il y a vingt ans. L'activité du traducteur comme de l'enseignant-chercheur a connu l'introduction du numérique, ce qui s'apparente à la première étape d'une révolution en marche et dont on ne perçoit pas encore tous les contours, même s'ils sont souvent fantasmés par les non-traducteurs (la place de la TA, la traduction automatique, et l'utilité de l'IA).

Postérieurement, j'ai suivi le parcours de scientifiques vivant à l'étranger, en l'occurrence en Allemagne, et j'ai pratiqué la plupart des types de traduction (technique, scientifique comme je l'évoquerai maintenant, notamment la traduction médicale, une fois encore dans un contexte personnel), dans un environnement où j'étais au contact de nouvelles langues.

5 La plateforme COBAZ rassemble toutes les normes ISO. L'équivalent espagnol est la UNE – Asociación Española de Normalización.

LA TRADUCTION SCIENTIFIQUE, OU LA PARTIE IMMERGÉE DE L'ICEBERG DE L'ENSEIGNANTE-CHERCHEUSE TRADUCTRICE

Avant de commencer une étape plus internationale de mon parcours afin de devenir enseignante-chercheuse, j'ai découvert la traduction scientifique dans mon territoire d'origine. Pendant mon année de licence, j'ai accompagné Véronique Duché-Gavet à un colloque international à Pampelune, à l'Université de Navarre, une université qui ne ressemblait ni à l'Université de Pau et des Pays de l'Adour, ni à l'Université de Salamanque que j'avais visitée comme une touriste pendant ma licence, et que l'École Normale Supérieure de Lyon me rappellerait quelques années plus tard.

En plus d'une initiation idéale à la recherche, j'ai pu faire l'interprète auprès de Véronique, le temps d'une journée de colloque. Je l'ai fait en toute simplicité, comme je le faisais pour mes proches, même si c'était cette fois dans un contexte professionnel dont j'ignorais les codes, que je devinais nombreux. Au-delà de ces aspects socioculturels, j'ai surtout suivi la communication de ma future directrice : cela s'est avéré être une préparation documentaire à mon premier travail de traduction scientifique, puisque l'auteure de l'article en vue des actes du colloque m'a chargée de traduire son article de français en espagnol.

Cette expérience de l'interprétation mais surtout de l'assistance à la communication orale s'est donc révélée encore plus précieuse lorsque j'ai traduit un article scientifique en lien avec un sujet dont Véronique Duché m'avait déjà parlé par ailleurs. Cette connaissance minimale du sujet de l'article et ma formation en littérature française faisait de moi (à mon avis) une bonne candidate pour cette mission. Une collègue travaillant dans une université hispanophone a révisé ma traduction et l'auteure a fait le lien entre la traductrice et la réviseuse[6]. Le couple traducteur-réviseur fonctionne de manière idéale : c'est pourquoi les projets de traduction qui visent une haute qualité de réalisation s'organisent ainsi, parfois avec plusieurs traducteurs et réviseurs.

---

6 Véronique Duché, « El inicio del Siglo de Oro en Francia : la novela sentimental », *El Siglo de Oro en el nuevo milenio : Historia, Crítica y Teoría literaria*, dir. Carlos Mata et Miguel Zugasti, Pampelune, Eunsa, 2005, p. 591-601.

Depuis que ma carrière d'enseignante-chercheuse a débuté, je suis ma propre traductrice scientifique, puisque je traduis régulièrement des résumés du français vers l'espagnol et vice versa, et même du français ou de l'espagnol vers l'anglais. Je pratique donc, comme de nombreux enseignants-chercheurs, l'auto-traduction bilingue voire trilingue. Lorsque j'étais post-doctorante pour le projet ANR Aliento, une part importante de mes missions scientifiques visaient à la traduction trilingue EN-ES-FR. Souvent, je traduisais aussi du latin médiéval ou de l'espagnol médiéval vers ces trois langues.

Quelques années plus tard, j'ai souvent traduit des textes scientifiques de l'espagnol vers le français lorsque je co-organisais des événements culturels et linguistiques au Département d'Études Romanes de l'Université Christian-Albrecht de Kiel, dans le nord de l'Allemagne. Cela constituait un part non négligeable de mon activité et se combinait avec une activité de traductrice de la littérature hispanique contemporaine en réseau. J'y reviendrai plus loin. L'allemand est aussi devenu progressivement une langue de travail quotidienne, même si rares sont les textes scientifiques que je me suis hasardée à traduire vers cette langue, du fait de mon niveau de langue trop faible pour cela.

Une fois revenue en France, il y a une dizaine d'années, j'ai eu à cœur de défendre le plurilinguisme et me suis engagée dans ce sens en étant traductrice bénévole pour l'Observatoire Européen du Plurilinguisme[7] (OEP) : pendant deux ans, j'ai traduit les lettres de l'OEP vers l'espagnol. Une étape suivante a été de développer des recherches sur ce thème ainsi que sur l'interculturalité et la traduction.

LA RECHERCHE EN HISTOIRE DE LA TRADUCTION ET EN TRADUCTOLOGIE LITTÉRAIRE

Comme je l'ai annoncé, mon initiation à la recherche en histoire de la traduction et en traductologie littéraire a eu lieu entre mon université d'origine et l'université de Salamanque, où j'effectuais un séjour Erasmus. Je découvris autrement la ville de l'auteur sur lequel mon mémoire de recherche

7 http://observatoireplurilinguisme.eu/index.php?lang=fr (consulté le 2/03/2024).

de maîtrise (l'équivalent du master 1) de Lettres modernes portait : Juan de Flores, dont deux romans sentimentaux avaient donné lieu à une traduction vers le français, *Grisel y Mirabella* et *Grimalte y Gradissa*, et qui avait été recteur de l'université. Avant de me pencher sur des aspects traductologiques (autrement dit linguistiques), j'ai éprouvé le besoin d'explorer le contexte culturel et littéraire qui ont rendu possible cette translation. Je reste fascinée par le concept de « langue translative » que Mathilde Thorel a théorisé dans sa thèse de doctorat au sujet d'un corpus qui incluait ces traductions[8]. Le traducteur professionnel a parfois l'œil pour reconnaître un texte présenté comme un texte authentique alors qu'il s'agit d'une traduction (je pense à des demandes « frauduleuses » en traduction certifiée) : le texte translatif est constellé de marqueurs, souvent des hispanismes ou des gallicismes lexicaux (sans qu'il s'agisse de barbarismes, mais de calques avec une faible fréquence d'emploi) ou syntaxiques. Mon approche de la traduction est résolument interdisciplinaire : tout à la fois linguistique, culturelle (concept qui renferme une dimension historique, sociale, économique… selon les contextes), littéraire (dans le cas de la traduction littéraire). C'est ainsi que je comprends le concept « hololinguistique » cité plus haut. D'autres, comme Séverine Wozniak, évoquent aussi l'approche ethnographique[9].

Après avoir composé mon second mémoire sur ces traductions des romans sentimentaux de Juan de Flores (sans le sentiment d'avoir abouti à des résultats significatifs en lien avec un projet hololinguistique), j'ai commencé ma thèse de doctorat. Elle avait pour ambition de procéder à l'étude et à l'édition critique de la première traduction littéraire d'espagnol en français : le *Triunfo de las donas* de Juan Rodríguez del Padrón (vers 1438) traduit sous le titre de *Triumphe des dames* par Fernand de Lucène à la cour de Bourgnogne (vers 1459)[10]. En accord avec ma démarche hololinguistique, j'ai poursuivi le fil d'Ariane du *skopos* (la destination de cette

8 Mathilde Thorel, « 'Langue translative' et fiction sentimentale, 1525-1540 : renouvellement générique et stylistique de la prose narrative », sous la direction de Mireille Huchon et Marie-Hélène Prat, soutenue à l'Université Jean Moulin Lyon 3 en 2006. Le concept a été utilisé plus récemment par Aurélien Talbot, Camille Biros et Caroline Rossi, « Politiques du multilinguisme et traduction : de la "langue mondiale" à la "langue translative mondiale" », *Traduire, un engagement politique ?*, dir. Florence Xiangyun Zhang, Nicolas Froeliger, Berne, Peter Lang, p. 243-261, 2021.

9 Séverine Wozniak, *Approche ethnographique des langues spécialisées professionnelles*, Berne, Peter Lang, 2019.

10 « La Querelle des femmes à la cour, entre la Castille et la Bourgogne, au XVe siècle : étude et édition critique du *Triunfo de las donas* / *Triumphe des dames* de Juan Rodríguez

traduction) dans la reconstitution d'une histoire textuelle en partie perdue entre Castille, Belgique et France, des manuscrits des contemporains de l'auteur, de la première moitié du XVe siècle aux dernières évolutions du texte dans les presses parisiennes de la Renaissance. Une fois le contexte éclairci et l'édition critique bilingue en miroir constituée, j'en suis arrivée à une étude traductologique avec un modèle d'analyse ad hoc et la constitution de deux glossaires, l'un en castillan, l'autre en français. Après avoir suivi des formations à l'Atilf à l'occasion de mon second post-doctorat (pour le projet ANR Aliento porté par la MSH Lorraine), j'ai transcrit le texte traduit de mon édition au format XML-TEI et il a pu entrer dans le corpus du DMF (*Dictionnaire du Moyen Français*). J'ai utilisé LGeRM, l'outil glossaire développé par Gilles Souvay pour le DMF[11], et j'ai pu semi-automatiser mes recherches lexicales et analyser la présence d'hispanismes (ou de lusismes) dans le texte[12]. Mon doctorat s'était déroulé entre 2007 et 2011, mais ce n'était qu'un point de départ en termes hololinguistiques. Aujourd'hui, je travaille à la publication de cette édition critique dans la collection « Textes littéraires du Moyen Âge » (dirigée par Maria Colombo Timelli, Richard Trachsler) des éditions Classique Garnier, également éditeur du présent texte.

LA TRADUCTION LITTÉRAIRE ET TOURISTIQUE EN RÉSEAU

Pendant la période immédiatement postérieure à ma thèse de doctorat, Julia Roumier et moi avons traduit en binôme le récit de voyage de Pero Tafur[13], un texte parfaitement contemporain du traité que j'avais étudié dans ma thèse et qui en éclairait le contexte. Je n'étais

del Padrón », thèse de doctorat sous la direction de Carlos Heusch et Véronique Duché-Gavet, soutenue le 9 juin 2011 à l'ENS de Lyon, 644 p.

11 Gilles Souvay, LGeRM, l'outil glossaire, DMF (1330-1500), http://www.atilf.fr/dmf/glossaire/.

12 Florence Serrano, « Les néologismes et hapax issus de calques du castillan dans une traduction en moyen français », dossier « Linguistique textuelle et diachronie », *Revue de Linguistique romane*, n° 84, 2019, p. 57-69.

13 Pero Tafur, *Aventures et voyages*, éd. Jacques Paviot, Julia Roumier, Florence Serrano Toulouse, Presses Universitaires du Midi, 2022, Prix Guy Lasserre 2022 de l'Académie Nationale des Sciences, Belles-Lettres et Arts de Bordeaux.

plus dans la position d'une chercheuse qui analysait la traduction d'un alter ego médiéval, mais dans celle d'une chercheuse traductrice en réseau. Ce travail collaboratif où nous nous faisions traductrice puis réviseuse m'a toujours semblé extrêmement enrichissant. C'était un projet hololinguistique, avec une dimension historique, géographique, spirituelle, commerciale, politique qu'un historien médiéviste, Jacques Paviot, le commanditaire de notre traduction, avait prise en charge. Notre complémentarité scientifique a été manifeste lorsque nous avons écrit chacun et chacune une introduction, où les traductrices ont endossé leur rôle de chercheuse, l'une en littérature, l'autre en linguistique et traductologie, tandis que l'historien est resté historien mais s'est aussi fait quelque peu géographe pour satisfaire aux besoins scientifiques du projet[14]. Ce fructueux projet translatif et éditorial à six mains a été long mais un vide s'est installé une fois qu'il a été achevé.

Déjà, à l'Université de Kiel, j'avais participé avec enthousiasme à des projets de traduction en réseau. Il s'agissait d'une anthologie de textes en espagnol à la fois littéraires et touristiques, mais contemporains cette fois. Ils étaient aussi en lien indirect avec le concept de pèlerinage puisqu'ils portaient sur des expériences individuelles, autobiographiques ou fictives, du Chemin de Compostelle dans la province espagnole de Léon, à la frontière avec la Galice vers où convergèrent et convergent d'innombrables pèlerins de toute sorte depuis des siècles. Un groupe d'enseignants-chercheurs traducteurs traduisait le volume vers l'allemand ; un second groupe, dont je faisais partie, le traduisait vers le français[15]. J'ai traduit quatre récits en prose (il y avait aussi des poèmes dans l'anthologie, traduits par des spécialistes de poésie) et les coordinatrices du volume et moi-même en avons assuré la révision.

Dans ce contexte baltique, j'ai traduit presque quotidiennement des textes dans le cadre des projets culturels de mon équipe. Être enseignante-chercheuse en traduction m'a menée assez naturellement vers la pratique professionnelle de l'interprétation, cette activité que j'avais longtemps pratiquée dans un cadre personnel.

14 Jacques Paviot, « Pero Tafur et ses voyages », p. 9-20, « Chronologie des voyages de Pero Tafur », p. 21-26 ; Julia Roumier, « Originalités d'un récit de voyage : valeur du témoignage et fonctions de l'héroïsme », p. 27-38 ; Florence Serrano, « Étude de la langue et de la traduction », p. 39-54.

15 Melissa Lecointre, Javier Gómez-Montero, Béatrice Rodriguez, dir., *Là-bas dans le Nord-Ouest… Cartographie littéraire du Chemin de Saint-Jacques à Léon*, México, ADHEL, 2012.

L'INTERPRÉTATION POUR L'ÉVÉNEMENTIEL CULTUREL, OU LE DEVOIR DE VULGARISATION DE L'ENSEIGNANTE-CHERCHEUSE TRADUCTRICE

C'est certainement un poncif, mais on ne mobilise pas les mêmes qualités pour traduire ou interpréter, et pas les mêmes aptitudes pour une interprétation simultanée, chuchotée ou consécutive. Pour moi, devenir enseignante-chercheuse en traduction incluait le devoir de vulgariser en interprétant. Aussi, j'ai dû me plier à cet exercice familier sans même y réfléchir lorsque j'ai organisé des projets scientifiques à l'international, à l'Université de Kiel ou à l'Université de Lorraine, lorsque j'ai obtenu des fonds du *Center for Border Studies* de l'Université de la Grande Région, pour organiser un atelier pédagogique quadrilingue DE-EN-ES-FR de traduction de proverbes à l'Université de Trèves en Allemagne.

Parallèlement, j'ai régulièrement été sollicitée pour des services d'interprétation dans des festivals culturels (de théâtre, Ring à Nancy, de littérature, le Festival du Premier Roman à Chambéry, de cinéma, Images Hispano-américaines à Annecy…) : la plupart du temps, il s'agissait de satisfaire les exercices – ô combien exigeants cognitivement – de l'interprétation chuchotée FR>ES et consécutive ES>FR. Il y a aussi une dimension sociale importante, puisqu'il s'agit d'accompagner un invité étranger allophone dans un microcosme qu'il méconnaît.

LA TRADUCTION MÉDICALE ET JURIDIQUE, CLÉ DE VOÛTE DE MON ÉDIFICE HOLOLINGUISTIQUE

L'édifice hololinguistique implique une recherche d'exploration totale de la langue, et j'ai ressenti le besoin de me confronter à d'autres obstacles que la traduction littéraire. Pour moi, la clé de voûte de cet édifice était la compréhension des phénomènes translationnels et la pratique maîtrisée de la traduction médicale et de la traduction juridique. La même variété existe à l'intérieur de ces trois types de traduction, même si la nature des obstacles diffère. Si j'ai été sollicitée pour de l'interprétation dans ces domaines également, je me suis orientée de préférence vers les écrits les plus abscons d'un point de vue scientifique, nécessitant de se plonger dans de nouvelles disciplines et sous-disciplines. J'aurais encore beaucoup à écrire sur ce sujet, alors qu'il me semble avoir clos la page de certains des chapitres précédents.

À LA RECHERCHE DE LA DIDACTIQUE DE LA TRADUCTION SPÉCIALISÉE, OU LE DEVOIR D'UNE PASSEUSE

Bref, je crois avoir construit les fondements de mon édifice hololinguistique, et chaque traduction est une pierre qui vient le construire. Depuis longtemps, j'ai plaisir à co-construire cet édifice avec des groupes d'étudiants, en les confrontant aux textes que je traduis dans différents contextes dont je pressens le potentiel pédagogique pour la traduction. De mon côté, me confronter à leurs propositions de traduction (les fameuses trouvailles), découvrir les outils qu'ils aiment utiliser (qui sont tout autres que les outils « canoniques » que j'utilise) et les méthodes qu'ils développent est d'une grande richesse. Ce contexte brise l'isolement du traducteur et du chercheur. La didactique de la traduction est devenue le ciment qui scelle chaque pierre, dont la matière varie selon les méthodes expérimentales que j'explore avec les groupes d'étudiants, selon leur niveau, leur profil et leur future professionnalisation, leurs goûts… Il me semble que cette étape vient tout juste de commencer (tant ce domaine semble vaste). L'usage du numérique et des outils fournit de nombreuses activités exploratoires pour l'enseignement de la traduction spécialisée. Certains des fondements des traditionnels cours de version et de thème grammatical ou littéraires demeurent, mais il faut espérer que la didactique de la traduction attire l'attention de davantage d'enseignants-chercheurs traducteurs[16]. Si je suis une passeuse de mots traduits et à traduire, je m'évertue à n'oublier aucun des voyages qui me les ont fait découvrir.

16 Florence Serrano, « La complémentarité des besoins langagiers et des compétences professionnelles en cours de traduction juridique », *Cahiers du GERES*, nº 14, p. 130-147.

En l'état actuel de ces modestes réflexions d'enseignante-chercheuse traductrice, et parfois d'interprète sur mon projet hololinguistique tout en saut et en gambades (pour singer le style de Montaigne), je crois que notre communauté gagnerait à explorer conjointement la recherche, la pratique professionnelle et l'enseignement de la traduction, garantie d'une science ouverte sur la société dans un dialogue fécond entre université et société civile[17]. On l'aura compris, mon édifice hololinguistique par le biais de la traduction étant en perpétuelle construction, ce petit texte n'est qu'un instantané auquel je me suis prêtée en pensant spécialement à nos étudiants traducteurs, et en particulier à nos étudiantes traductrices.

Florence SERRANO
Université Lumière Lyon 2

17 Florence Serrano, « *Más vale la práctica que la gramática.* Fomentar la adquisición de competencias profesionales en traducción jurídica mediante la iniciación a la investigación en lingüística y traductología », *La traducción en español de especialidad : práctica, docencia e investigación*, éd. Stéphane Patin, Ismael Ramos, Cristian Valdez Grenade, Comares, à paraître.

RÉFÉRENCES BIBLIOGRAPHIQUES

Apalategi Begiristain, Miren Jaione, *La conformación de la escuela y la hololingüística*, thèse sous la direction de Nicanor Ursua Lezaun, Vitoria-Gasteiz, Université du Pays Basque, 1995.

Ducasse, Fabien, « Vivre et apprendre en plusieurs langues », documentaire, DFX Prod, 45'27, 2024, https://youtu.be/tJ6CKV1KR_E?si=yR6QKW5_PGAeEizH (consulté le 18/02/2024).

Duché-Gavet, Véronique, « El inicio del Siglo de Oro en Francia : la novela sentimental », *El Siglo de Oro en el nuevo milenio : Historia, Crítica y Teoría literaria*, éd. Carlos Mata & Miguel Zugasti, Pampelune, Eunsa, 2005, p. 591-601.

Gambier, Yves et van Doorslaer, Luc, *Handbook of Translation Studies*, 4 vol., Amsterdam, John Benjamins Publishing, 2010-2012.

Gómez-Montero, Javier, Lecointre, Mélissa et Rodriguez, Béatrice, dir., *Là-bas dans le Nord-Ouest… Cartographie littéraire du Chemin de Saint-Jacques à Léon*, México, ADHEL, 2012.

Lavieri, Antonio, « *Homo translator.* Notes pour une anthropologie comparative de la traduction », *Translatio in fabula : Enjeux d'une rencontre entre fictions et traductions* [en ligne], Bruxelles, Presses universitaires Saint-Louis Bruxelles, 2010, http://books.openedition.org/pusl/1506 (consulté le 18/02/2024). ISBN : 978-2-8028-0472-7. DOI : https://doi.org/10.4000/books.pusl.1506.

Mencé-Caster, Corinne, *Pour une linguistique de l'intime. Habiter des langues (néo)romanes, entre français, créole et espagnol*, Paris, Classiques Garnier, 2021.

Sánchez Carrión, José María, « Un futuro para nuestro pasado. Claves de la recuperación del euskara y teoría social de las lenguas », *Anuario Del Seminario De Filología Vasca « Julio De Urquijo »*, janvier 1991, https://doi.org/10.1387/asju.8593 (consulté le 18/02/2024).

Serrano, Florence, « *Más vale la práctica que la gramática.* Fomentar la adquisición de competencias profesionales en traducción jurídica mediante la iniciación a la investigación en lingüística y traductología », *La traducción en español de especialidad : práctica, docencia e investigación*, éd. Stéphane Patin, Ismael Ramos et Cristian Valdez, Grenade, Comares, à paraître.

SERRANO, Florence, « La complémentarité des besoins langagiers et des compétences professionnelles en cours de traduction juridique », *Cahiers du GERES*, n° 14, 2023, p. 130-147.

SERRANO, Florence, « Les néologismes et hapax issus de calques du castillan dans une traduction en moyen français », dossier « Linguistique textuelle et diachronie », *Revue de Linguistique romane*, n° 84, 2019, p. 57-69.

SERRANO, Florence, « La Querelle des femmes à la cour, entre la Castille et la Bourgogne, au XVe siècle : étude et édition critique du *Triunfo de las donas / Triumphe des dames* de Juan Rodríguez del Padrón », thèse de doctorat sous la direction de Carlos Heusch et Véronique Duché-Gavet, Lyon, ENS de Lyon, 2011, 644 p.

SOUVAY, Gilles, *LGeRM, l'outil glossaire*, DMF (1330-1500), http://www.atilf.fr/dmf/glossaire/ (consulté le 18/02/2024).

TAFUR, Pero, *Aventures et voyages*, éd. Jacques Paviot, Julia Roumier et Florence Serrano, Toulouse, Presses Universitaires du Midi, 2022.

TALBOT Aurélien, BIROS, Camille et ROSSI, Caroline, « Politiques du multilinguisme et traduction : de la "langue mondiale" à la "langue translative mondiale" », *Traduire, un engagement politique ?*, éd. Florence Xiangyun Zhang et Nicolas Froeliger, Berne, Peter Lang, 2021, p. 243-261.

THOREL, Mathilde, « 'Langue translative' et fiction sentimentale, 1525-1540 : renouvellement générique et stylistique de la prose narrative », thèse sous la direction de Mireille Huchon et Marie-Hélène Prat, Lyon, Université Jean Moulin Lyon 3, 2006.

WOZNIAK, Séverine, *Approche ethnographique des langues spécialisées professionnelles*, Berne, Peter Lang, 2019.

ANNEXE
Questionnaire : réponses de Florence Serrano

1. Quelles sont vos langues de traduction ?

Mes langues de travail sont le français et l'espagnol, toutes deux tour à tour langue source et langue cible selon les projets.

2. Combien de traductions avez-vous publiées, et dans quels domaines ? (vous pouvez indiquer les références, si vous le souhaitez)

J'ai co-traduit des textes littéraires qui ont été publiés dans les ouvrages suivants :

B. RODRIGUEZ, M. Lecointre, dir., *Là-bas dans le Nord-Ouest… Cartographie littéraire du Chemin de Saint-Jacques à Léon*, México, ADHEL, 2012 (traduction de 38 pages).

Pero TAFUR, *Aventures et Voyages*, en collab. trad. Julia Roumier et notes Jacques Paviot, Toulouse, Presses Universitaires du Midi, 2022, 230 pages. (traduction de 159 p.)

Parmi les traductions scientifiques, j'ai traduit l'article scientifique suivant :

Véronique DUCHÉ, « El inicio del Siglo de Oro en Francia : la novela sentimental », *El Siglo de Oro en el nuevo milenio : Historia, Crítica y Teoría literaria*, dir. Carlos Mata & Miguel Zugasti, Pampelune, Eunsa, 2005, p. 591-601. (FR>ES)

J'ai aussi traduit les lettres de l'OEP de l'Observatoire Européen du Plurilinguisme de 2016 à 2018 et traduit de nombreux textes du français ou du latin médiéval vers l'espagnol et l'anglais, ou de l'espagnol vers le français et l'anglais pour le projet ANR Aliento (https://base.aliento.eu/accueil). En effet, le projet était trilingue pour ce qui est de sa production scientifique (EN-ES-FR) et j'ai été recrutée pour analyser les textes en espagnol et latin médiéval.

3. S'agissait-il de commandes éditoriales ou bien de propositions spontanées ?

En général, j'ai répondu positivement à une proposition. Pour le projet ANR Aliento, cela faisait partie des missions de mon poste.

4. Quelles ont été jusqu'ici vos relations avec vos éditeurs (délais, rémunération...) ?

Les relations sont positives dans l'ensemble. Pour la traduction du récit de voyage de Pero Tafur, j'avais signé un contrat en tant que traductrice pour être rémunérée. Comme il est resté lettre morte, nous avons rapidement trouvé un autre éditeur.

5. Si vous avez traduit des auteurs vivants, quelles relations avez-vous entretenues avec eux ?

Lorsque je travaillais à l'Université de Kiel en Allemagne, nous recevions souvent des auteurs littéraires, en particulier des poètes. J'ai traduit deux poèmes d'Ernesto Estrella, un poète andalou qui développe son activité artistique à New York. Les échanges au sujet de ma traduction ont été fructueux et j'en garde un bon souvenir.

6. Faites-vous partie d'une association de traducteurs (ATLF, ATLAS...) ?

Je fais partie de l'association espagnole de traducteurs RETCap, Red Europea de Traductores (Réseau Européen de Traducteurs) puisqu'elle émane de l'équipe de l'Université de Kiel et que j'ai participé à plusieurs projets de cette équipe.

7. Quelles sont vos relations avec d'autres traducteurs ?

C'est toujours passionnant d'échanger avec des collègues traducteurs. Nous méconnaissons souvent les activités de traduction de nos collègues enseignants-chercheurs.

8. Quelle part de votre temps a été jusqu'ici mobilisée par vos activités de traduction ?

J'ai toujours consacré du temps à la traduction, généralement en parallèle de mes activités d'enseignante-chercheuse, mais c'est toujours agréable pour moi de travailler sur un projet scientifique qui permet que mes deux activités se recoupent.

9. Dans votre formation à la traduction, y a-t-il des ouvrages qui aient joué un rôle important ?

J'ai commencé par les références concernant la traduction littéraire lorsque j'ai débuté mes recherches, des ouvrages théoriques devenus des classiques (Umberto Eco, Henri Meschonnic...), mais aussi des ouvrages plus pratiques (Mathieu Guidère) et des études de cas, comme celles qui sont menées dans mon équipe depuis plusieurs décennies (thèses et travaux du CRTT devenue CeRLA). Depuis quelques années, je lis en priorité des ouvrages de juritraductologie (Sylvie Monjean-Decaudin, publications des membres des écoles de Genève et de Montréal...). Les 4 volumes suivants me semblent incontournables : Gambier, Yves, van Doorslaer, Luc, *Handbook of Translation Studies*, Amsterdam, John Benjamins Publishing, 2010, 4 vol. Je lis de nombreux ouvrages de la collection « Interlingua » des éditions Comares ou « Traductologie » d'Artois Presse Université.

10. Quel est à vos yeux le principal intérêt de la traduction et quels sont ses liens avec – voire son influence sur – votre métier d'enseignant-chercheur ?

Étant enseignante-chercheuse en traduction, ma réponse à cette question comporte un biais. Mais je dois dire que le profil de mon poste actuel me permet d'exercer mes activités de traductrice en harmonie avec mes différentes missions et cela représente un idéal pour moi qui mets la traduction au cœur de mon questionnement scientifique. Je travaille aussi de longue date sur les contacts entre langues-cultures, ce qui me semble tout à fait complémentaire de mes recherches en traduction.

TRADUIRE POUR 2019 DES ROMANS DE 1719

Robinson Crusoe de Daniel Defoe et *Love in excess* d'Eliza Haywood

L'année 1719 est parfois présentée comme celle de la naissance du roman anglais, avec la parution de deux chefs-d'œuvre qui inaugurent une période faste pour ce genre jusqu'alors peu illustré. En avril puis en août 1719, Daniel Defoe, qui a alors entamé sa soixantième année d'existence[1], fait paraître les deux parties de *Robinson Crusoe*, souvent considérées aujourd'hui comme le premier roman anglais, même s'il est vrai qu'à l'époque, elles se donnaient à lire comme étant des Mémoires authentiques écrits « par [Robinson Crusoé] lui-même ». La même année, Eliza Haywood commence à faire paraître, vers l'âge de vingt-cinq ans[2], son premier roman (*novel*), *Love in Excess*, qui est publié en trois livraisons entre 1719 et 1720. Ce texte, considéré par beaucoup de critiques actuels comme son chef-d'œuvre, n'a que récemment fait l'objet d'une réévaluation positive, mais a depuis lors été présenté comme une contribution significative à l'essor du genre romanesque. Si leur parution en 1719 invite à mettre en rapport ces deux textes, la tradition littéraire dans laquelle ils s'inscrivent l'un et l'autre impose au contraire de ne pas ignorer leurs différences.

Robinson Crusoé a longtemps été mis à l'honneur par la critique comme le premier roman du XVIIIe siècle, siècle de l'« essor du roman[3] ». La

1 Le jour de naissance de Defoe, né à Londres en 1660 dans la paroisse de St Giles Cripplegate, est incertain dans la mesure où ses parents ne l'ont pas fait baptiser dans sa paroisse de naissance ; les biographes s'accordent à le faire naître au début de l'année.

2 L'année de naissance de Eliza Haywood n'est pas davantage connue avec certitude. *Cf.* Katherine R. King, *A Political Biography of Eliza Haywood*, Londres, Pickering & Chatto, 2012. L'auteur estime qu'elle a vu le jour vers l'année 1693.

3 C'est ainsi que l'on pourrait traduire le titre de l'ouvrage de Ian Watt, *The Rise of the Novel* (1957), qui a ouvert un champ d'étude balisé par de très nombreuses publications tout au long des quelque soixante années qui nous en séparent.

première année de sa parution, le texte connaît quatre tirages successifs qui s'épuisent en quelques semaines ; le succès est immense, même si le roman restera anonyme jusque dans les années 1780. Dès 1720, les deux parties du roman de Defoe sont traduites en français par Thémiseul de Saint-Hyacinthe et Justus van Effen. C'est le début d'une longue série de traductions, dont celles de François-Gabriel Boisseau (1825), d'Amable Tastu (1835), de Pétrus Borel (1836), d'Alexandre Beljame (1874, qui traduit la première partie du roman uniquement), et, plus récemment, de Françoise du Sorbier (2012, chez Albin Michel, traduction de la seule première partie également).

Après 1719, nombreux sont les auteurs de récits de fiction en prose anglais influencés par Defoe (ou désireux de s'en détacher, tel Jonathan Swift) à être traduits en français dès la parution de leur roman : *Les Voyages de Gulliver* (1726) de Swift sont traduits deux fois en 1727 (une des traductions est anonyme, l'autre signée par l'abbé Desfontaines) ; la *Pamela* (1740) de Samuel Richardson est traduite dès 1741 (traduction d'une main inconnue, attribuée à l'abbé Prévost), le *Joseph Andrews* (1742) de Henry Fielding est traduit en 1743 par une « dame anglaise » (probablement l'abbé Desfontaines). Le *Roderick Random* (1748) de Tobias Smollett, dont le retentissement est moindre en Angleterre, attendra quant à lui le début des années 1760 pour paraître en français, dans une version de Philippe Hernandez et Philippe Florent-Puiseux, parue à Londres, en 1761-1762, en trois volumes sous le nom d'auteur erroné de « Monsieur Henry Fielding ».

Ces romans par des auteurs masculins de tendance politique majoritairement whig ont été récemment désignés sous le label de « *whig novel*[4] », dans la mesure où leurs auteurs, notamment Defoe, Richardson et Fielding, ont été généralement des soutiens du parti whig au pouvoir en Angleterre à partir de 1714 (date de la mort de la reine Anne) : dès l'avènement de George I et pour de longues années, les whigs dominent le champ politique, notamment sous l'autorité du ministre Robert Walpole qui préside aux destinées de l'Angleterre de 1721 à 1742 (il reste longtemps Lord du Trésor, le plus haut poste gouvernemental dans l'Angleterre de l'époque). Au début du XVIIIe siècle, les whigs sont partisans d'une politique belliciste contre la France, d'un plus grand poids du Parlement face aux prérogatives royales, et de la montée sur

4 Leon Guilhamet, *Defoe and the Whig Novel*, Newark, University of Delaware Press, 2010.

le trône britannique de monarques protestants, fussent-ils étrangers, tel Guillaume d'Orange ou George de Hanovre. Malgré cette appartenance à une même famille politique, qui se signale notamment par l'hostilité au retour des héritiers catholiques de la dynastie Stuart (Jacques II puis ses descendants), l'appartenance de ces romanciers à une même mouvance n'exclut pas de retentissantes querelles littéraires ni des divergences de points de vue, comme en témoignent les échanges et la rivalité entre Samuel Richardson et Henry Fielding, qui marquent toute la production romanesque britannique des années 1740 et au-delà.

Face à ces romanciers « whigs », se distinguent dès les dernières décennies du XVIIe siècle des romancières tories et jacobites. Eliza Haywood est de celles-ci, et l'une des illustratrices majeures de ce que j'ai proposé ailleurs d'appeler le « roman galant[5] », par allusion à la « nouvelle galante » représentée dans la France du XVIIe siècle par Mme de Villedieu : Haywood, qui en était une lectrice assidue, a su donner au genre mineur de la nouvelle galante une ampleur proprement romanesque. Son premier « roman », *Love in Excess*, est d'un genre bien différent de la pseudo-autobiographie confessionnelle de Defoe qu'est *Robinson Crusoe*, dans la mesure où il se revendique dès son péritexte comme étant un *novel*, c'est-à-dire un texte d'un genre apparemment beaucoup plus léger et futile. Plusieurs romancières britanniques, dès les années 1680, s'étaient illustrées dans le genre du *novel* (inspiré de la *novella* italienne de la Renaissance et de la nouvelle historique française du XVIIe siècle), et Haywood est celle qui reprend le flambeau avec le plus de réussite au cours des années 1720.

Comme romancière, Haywood illustre et parachève le genre galant plutôt qu'elle ne l'inaugure, dans la mesure où elle est considérée comme la dernière venue d'un « triumvirat du bel esprit féminin » (*fair triumvirate of wit*), selon l'expression du poète James Sterling, qui l'unit à Aphra Behn (1640-1689) et à Delarivière Manley (ca. 1663-1724). Ces romancières, qui ne dédaignent pas de proposer des scènes d'un érotisme suggestif, seront moins traduites que leurs contemporains masculins et devront attendre le XXe siècle pour être l'objet d'une réévaluation significative. Aphra Behn est désormais confortablement installée dans le panthéon des romancières importantes du XVIIe siècle : son chef-d'œuvre, *Oroonoko*

5 Voir Eliza Haywood, *Les Excès de l'amour*, trad. et éd. Baudouin Millet, Paris, Classiques Garnier, 2018.

(1688), qui traite de l'histoire tragique d'un prince africain déporté au Surinam anglais, est désormais disponible dans de nombreuses éditions critiques bien informées[6], et a été l'objet d'une traduction et édition critique française très fournie[7]. Ses Œuvres ont par ailleurs bénéficié à la fin du XXe siècle d'une édition moderne savante en anglais[8]. Malgré une édition critique courante de son chef-d'œuvre *The New Atalantis*[9] (1709), la francophile Delarivière[10] Manley a joui d'une fortune beaucoup plus discrète. *L'Histoire des traductions en langue française* XVII*^e^ et* XVIII*^e^ siècles (1610-1815)* d'Yves Chevrel, Annie Cointre et Yen-May Tran-Gervat paru chez Verdier en 2014 cite cependant une adaptation de son plus célèbre roman à clé en 1713[11], mais elle n'a pas attiré l'attention des traducteurs français d'aujourd'hui.

Eliza Haywood, qui complète ce « triumvirat », fut l'une des écrivaines les plus prolifiques de son temps : actrice, dramaturge, poétesse, journaliste et romancière, elle s'est surtout bâti de son vivant une réputation dans le domaine du roman, *novel*. Au moins deux d'entre eux sont traduits en français pendant le XVIIIe siècle[12], puis elle sombre dans l'oubli des deux côtés de la Manche, malgré une réorientation de sa carrière dans les années 1750 vers le genre plus consensuel du « *domestic novel* ». Le XIXe siècle et la première moitié du XXe siècle l'ignorent presque complètement. Depuis cinquante ans, sa reconnaissance critique n'en est pas moins devenue éclatante, au moins dans les pays anglo-saxons. Sa réhabilitation débute à l'extrême fin des années 1960, où

6 On peut citer la parution du roman chez Oxford University Press (2009, due à Paul Salzman), chez Penguin Classics (due à Janet Todd, 2003), et chez Norton Critical Editions (due à Joanna Lipking, 1997).

7 Il s'agit d'*Oroonoko*, trad. Guillaume Villeneuve, éd. Youmna Charara, Paris, Garnier Flammarion, 2009.

8 Voir *The Works of Aphra Behn*, éd. Janet Todd, 7 vol., Londres, Pickering & Chatto, 1992-1996.

9 Il s'agit d'une édition chez l'éditeur Penguin, procurée par Ros Ballaster et parue en 1991. L'ouvrage est une satire politique dont les cibles, des personnalités politiques whigs en vue de la cour de la reine Anne, sont devenue obscures aujourd'hui pour un lectorat anglophone, ce qui peut expliquer a fortiori l'absence de traduction moderne en français.

10 C'est ainsi que la romancière orthographie son prénom. La critique anglo-saxonne actuelle l'a anglicisé en « Delarivier ».

11 Le traducteur huguenot de l'époque, Rosset de Missy, semble avoir retourné les cibles contre Louis XIV. Voir *Histoire des traductions en langue française* XVII*^e^ et* XVIII*^e^ siècles (1610-1815)*, Paris, Verdier, 2014, p. 1151.

12 Sont traduits au XVIIIe siècle *Les Heureux Orphelins* (1754), version française de *The Fortunate Foundlings* (1744), et *La Recluse anglaise* (1770), traduction de *The British Recluse* (1722).

John Richetti publie des analyses importantes sur *Love in Excess* dans un chapitre de son ouvrage *Popular Fiction before Richardson* (1969). Il y célèbre en Haywood une « technicienne magnifique[13] », passée maîtresse dans l'intrigue « érotico-pathétique[14] ». Au début des années 1980, commencent à paraître une douzaine d'éditions des romans de Haywood en facsimilé. Les années 1990 sont celles de la reconnaissance critique, à travers des éditions annotées de ses romans, qui ont fait dire à l'un de ses éditeurs qu'« [a]ucun autre écrivain du XVIIIe siècle britannique n'a généré une telle activité éditoriale au cours des dernières décennies du XXe siècle[15] ». En 2000, la première réédition depuis le XVIIIe siècle de *Love in Excess*, chez Broadview, par David Oakleaf, rencontre un lectorat important. Les décennies 2000 et 2010 sont marquées par la parution de nombreux articles et ouvrages spécialement consacrés à la romancière. *Love in Excess* est considéré aujourd'hui comme le chef-d'œuvre de Eliza Haywood, le premier d'une cinquantaine de romans dont l'attribution est souvent problématique[16]. Les critiques du XXe siècle ont estimé qu'il s'agit du plus grand succès de librairie de Haywood, avec plusieurs milliers d'exemplaires vendus de son vivant.

Robinson Crusoe et *Love in Excess* appartiennent donc à deux familles littéraires distinctes, malgré leur stricte contemporanéité (puisque les deux œuvres ont paru au cours des années 1719-1720 et qu'elles ont paru toutes deux en trois livraisons[17]). La maison d'édition Classiques

13 « *[a] magnificient technician* », John Richetti, *Popular Fiction before Richardson* (1969), Oxford, Oxford University Press, 1992, p. 207. Les autres artisans de sa réhabilitation dans les années 1990 sont Ros Ballaster, Jane Spencer et William Warner, qui contribuent collectivement à faire d'elle une des figures importantes de l'histoire du roman britannique.

14 « [...] *erotic-pathetic* », *ibid.*, p. 208.

15 « *No other writer of the British eighteenth century generated this much editorial activity in the final decades of the twentieth century* », Alexander Pettit, dans *Selected Works of Eliza Haywood*, 6 vol., Londres, Pickering & Chatto, 2000, vol. 1, p. X.

16 Voir Leah Orr, « The Basis for Attribution in the Canon of Eliza Haywood », *The Library* n° 12, 2011, p. 355-361.

17 Pour peu que l'on considère que les *Réflexions sérieuses de Robinson Crusoé*, présentées par certains critiques actuels comme le « troisième volet » d'un même opus, ont paru en 1720. Voir Virginia La Grand, *A Spectacular Failure. Robinson Crusoe I, II, III*, Amsterdam et New York, Rodopi, 2012, et Leah Orr, « Providence and Religion in the Crusoe Trilogy », *Eighteenth-Century Life*, n° 38, 2014, p. 1-27. Cependant, Defoe avait pris soin de distinguer les deux parties de *Robinson Crusoe*, annonçant dans le titre du second volet qu'il s'agissait de la « deuxième et dernière » partie de sa vie. Les *Réflexions sérieuses* ont donc été données comme une œuvre distincte des deux parties parues en 1719. De fait, les *Réflexions sérieuses* ne sont pas une œuvre narrative mais strictement réflexive.

Garnier et les éditions Gallimard ont souhaité que ces deux œuvres paraissent à l'aube de leur tricentenaire, au cours du second semestre de l'année 2018. J'ai assuré la traduction et l'édition critique du roman de Haywood qui a paru en août 2018 chez Classiques Garnier, et dirigé une nouvelle édition critique assortie de révisions de la célèbre traduction par Pétrus Borel de *Robinson Crusoé*, qui a paru en novembre 2018 dans la Bibliothèque de la Pléiade. Le travail effectué pour la confection de ces deux livres a donc été différent, et je me propose d'en rendre compte séparément.

La plus célèbre traduction de *Robinson Crusoe* est sans conteste celle que donna Pétrus Borel en 1836, même si cette dernière a mis du temps à gagner la reconnaissance du public : sa concurrente directe, due à Amable Tastu et parue en 1835, s'était d'abord imposée auprès des éditeurs français tout au long du XIXe siècle, notamment dans des éditions destinées aux jeunes lecteurs, avant d'être peu à peu supplantée, au gré des rééditions du roman, par celle de Pétrus Borel au début du XXe siècle. Les éditions Gallimard, qui avaient confié à Francis Ledoux la traduction et l'édition des *Romans* de Defoe pour la Bibliothèque de la Pléiade en deux volumes, parus en 1959 et en 1970, avaient choisi de reprendre la traduction des deux parties du texte de Defoe par Pétrus Borel, jugée plus fidèle que les nombreuses autres versions proposées jusque-là – notamment la toute première traduction, due à Justus van Effen et Thémiseul de Saint-Hyacinthe[18]. Francis Ledoux, qui assura la traduction des autres textes[19] proposés par la Pléiade, notamment le *Journal de l'année de la peste* (1722) et *Lady Roxane* (1724), avait également entrepris de relire dans son intégralité la traduction de *Robinson Crusoe* par Pétrus Borel et de lui faire subir quelques amendements.

Notre édition de 2018 reproduit elle aussi la traduction de Pétrus Borel, et propose un appareil critique entièrement nouveau, avec une Préface », une Chronologie, une Note sur l'attribution des romans de Defoe, plus de 100 pages de notes de fin de volume[20], une « Bibliographie », ainsi qu'une note de Jean-Luc Steinmetz sur Pétrus Borel. Il a fallu se pencher à nouveaux frais sur le texte de Pétrus Borel amendé par Francis Ledoux,

18 Elle paraît en 1720, suivie des *Réflexions sérieuses de Robinson Crusoé* (1721).

19 Hormis *Moll Flanders* (1722), donné dans la traduction de Marcel Schwob.

20 Ces notes reproduisent en particulier les notes que Pétrus Borel avait données dans la première édition de sa traduction. Dans ses notes du traducteur, Borel vise la traduction de van Effen et Saint-Hyacinthe (1720), mais surtout celle d'Amable Tastu (1835).

dans la mesure où il est apparu que certains changements proposés par l'éditeur du XXe siècle « sur des points de détail[21] » pouvaient être sujets à révision.

Certes, Francis Ledoux avait à très juste titre rectifié des faux-sens de Pétrus Borel, qui avait traduit par exemple le faux-ami *sensibly* par « sensiblement » au lieu de « raisonnablement », ou l'expression « *a she-goat great with young* » par « une grande bique avec son cabri », au lieu d'« une bique grosse d'un cabri » : ces modifications ont été conservées. En revanche, certaines propositions de Ledoux ont été jugées peu fondées, comme sa retraduction du surnom « *Jack-of-all-trades* », que Robinson Crusoé applique à un tonnelier qualifié par ailleurs d'« artisan universel ». L'expression est une allusion à la tournure proverbiale « *Jack of all trades and master of none* » / « valet de tous les métiers, maître d'aucun »). Pétrus Borel avait proposé « Jack-bon-à-tout[22] ». Cette solution a été reprise dans notre édition, contre celle de Ledoux, qui, pour sa part, avait proposé « Maître Jacques » : l'expression de Ledoux semble faire un peu malencontreusement allusion au Maître Jacques de l'*Avare* de Molière, personnage qui est à la fois le cocher et le cuisinier d'Harpagon : « Est-ce à votre cocher, Monsieur, ou à votre cuisinier, que vous voulez parler ? car je suis l'un et l'autre[23] », dit l'intéressé à son maître. La proposition de Ledoux a l'inconvénient de s'inscrire dans un registre comique renvoyant à la tradition dramatique française, bien éloignée du monde insulaire et tout britannique de Robinson. La proposition de Borel ne s'inscrit pas dans cette tradition-là et a l'avantage de ne pas renvoyer directement à Molière : sa solution plus « neutre » nous a donc paru plus heureuse.

Une autre intervention de Ledoux a semblé peu justifiée : un proverbe de Defoe apparaît dans la seconde partie de *Robinson Crusoe* : « *In trouble, to be troubled / Is to have your trouble doubled* ». Borel avait proposé une version rimée de ces deux vers, avec deux octosyllabes parfaitement césurés : « Dans le trouble, soyez troublé, / Votre trouble sera doublé » (Defoe, 2018, p. 523). Pour des raisons obscures, Francis Ledoux a conservé le proverbe dans sa langue originale. Or, le fait de ne pas traduire ces deux

21 Francis Ledoux, « Introduction », dans Daniel Defoe, *Robinson Crusoé*, dans *Romans*, Paris, Gallimard, « Bibliothèque de la Pléiade », t. I, p. XVIII.

22 Daniel Defoe, *Robinson Crusoé*, éd. Baudouin Millet, Paris, Gallimard, « Bibliothèque de la Pléiade », 2018, p. 417.

23 Molière, *L'Avare*, III, 1.

vers devient gênant dès lors que l'on part du principe que le lectorat français peut n'avoir aucune connaissance de l'anglais, et donc que le sens du proverbe devient obscur pour beaucoup si on le laisse dans sa langue originale. De plus, la traduction de Borel ne présentait à nos yeux aucune faiblesse, sans compter qu'il parvient même à obtenir une rime léonine (trois phonèmes communs) tout à fait convaincante. Nous avons donc rétabli la proposition de Pétrus Borel.

Parmi les autres révisions qu'avait faites Francis Ledoux, l'une a consisté à traduire deux passages de l'édition anglaise qui avaient été omis dans l'édition Borel de 1836. Il s'agit de deux portions de texte où Robinson Crusoé se montre critique vis-à-vis de la religion catholique. On ignore quelles sont, dans le détail, les éditions que Pétrus Borel a utilisées pour mener à bien sa traduction, mais il signale lui-même dans ses notes en avoir utilisé au moins deux, et notamment l'« édition Stockdale[24] ». Il s'agit d'une édition londonienne parue en 1790 et réputée pour la fiabilité de son texte, où figurent bien les doutes du héros sur le catholicisme de son époque. Pétrus Borel, qui avait donc sous les yeux un texte bien établi, avait d'ailleurs bien traduit ces deux passages, mais ces derniers avaient été relégués dans l'appareil préfaciel de son édition, comprenant une « Dissertation religieuse » due à l'abbé La Bouderie. Les deux phrases manquantes ont donc été substituées à la traduction qu'en proposait Francis Ledoux[25].

Enfin, l'édition de Francis Ledoux ne consacre pas l'attention que l'on porte plus volontiers aujourd'hui au paratexte des œuvres de Defoe[26]. Par commodité, on se réfère aujourd'hui au roman de Defoe, à l'instar

24 Dans une note visant un ajout malencontreux d'Amable Tastu, Pétrus Borel indique avoir utilisé « l'édition originale Stockdale » ainsi que « l'édition donnée par John Walker en 1818 ». Voir Daniel Defoe, *Robinson Crusoé*, éd. Baudouin Millet, éd. citée, p. 889 (note 2 de la page 596).

25 « J'eus une folle envie d'aller au Brésil et de m'y établir car j'étais pour ainsi dire naturalisé dans cette contrée, mais il s'éveilla en mon esprit quelques petits scrupules religieux qui insensiblement me détachèrent de ce dessein [...] Quand je venais à songer qu'il était question d'aller vivre et mourir parmi ces peuples, je commençai à me repentir d'avoir professé le papisme et à croire que ce pouvait bien ne pas être la meilleure religion pour y mourir » (*ibid.*, p. 370). Voir aussi p. 396.

26 Voir notamment Elizabeth R. Napier, *Defoe's Major Fiction. Accounting for the Self*, Newark, University of Delaware Press, 2016, p. XVII-XX. Voir aussi notre étude *« Ceci n'est pas un roman ». L'évolution du statut de la fiction en Angleterre de 1652 à 1754*, Louvain, Peeters, 2007, Troisième partie, Chapitre 2, « Daniel Defoe : La fiction éditoriale comme parade à l'accusation de mensonge », p. 185-203.

des autres fictions de cette époque, sous un titre abrégé : *Robinson Crusoé*. Comme pour le *Gulliver* de Swift, la *Pamela* de Richardson ou le *Joseph Andrews* de Fielding, il est d'usage de se référer à un titre réduit au prénom (et quelquefois au patronyme) du héros ou de l'héroïne, et l'on a tendance à éluder le titre original, qui pouvait par ailleurs atteindre des proportions importantes[27]. L'édition de Francis Ledoux se conforme à cet usage tardif, et propose sur l'étui du livre un titre abrégé du récit, *Vie et Aventures de Robinson Crusoé*, puis, à l'intérieur du volume, *Robinson Crusoé* en faux titre. Or, le titre original de la première partie est en réalité notablement plus long. Nous l'avons rétabli pour la nouvelle édition Pléiade :

> La vie et les aventures étranges et surprenantes de Robinson Crusoé, marin natif de York, qui vécut vingt-huit ans tout seul sur une île déserte de la côte de l'Amérique, près de l'embouchure du fleuve Orénoque, après avoir été jeté sur le rivage au cours d'un naufrage, dont il fut le seul survivant, et ce qui lui advint quand il fut mystérieusement délivré par des pirates. Écrit par lui-même.

Ce véritable « sommaire », qui s'apparente à une quatrième de couverture moderne, méritait d'être restitué : on ne saurait notamment prêter trop attention à la fin du titre « Écrit par lui-même », qui inscrit le récit dans la catégorie du pseudo-récit de voyage, aspect laissé de côté par le traitement qu'en font Pétrus Borel puis Francis Ledoux dans son sillage. Or, Defoe avait fortement récusé le mot de roman pour catégoriser son récit, comme on peut le voir aussi dans la préface même de sa seconde partie : « Tous les efforts qu'ont déployés les envieux en cherchant à la [l'histoire] faire passer pour un roman [*romance*] [...] se sont révélés vains, aussi infructueux que malveillants » (Defoe, 2018, p. 403). Par respect de la stratégie de dénégation fictionnelle de Defoe, il est apparu nécessaire de conserver l'entièreté du titre original.

Quant au titre de la seconde partie, également éludé par Pétrus Borel puis Francis Ledoux, il est presque aussi long :

27 Il est à remarquer que le titre du chef-d'œuvre de Defoe a beaucoup fluctué au cours de sa réception en France, notamment l'orthographe du patronyme du héros. Celui que retiennent Van Effen et Saint-Hyacinthe en 1720, *La Vie et les avantures* [*sic*] *surprenantes de Robinson Crusoe*, conserve la graphie non accentuée dans la langue originale ; Rousseau, dans son *Émile* (1762), accentue ce même patronyme sans faire école, en proposant un idiosyncratique *Robinson Crusöé* ; Pétrus Borel impose ensuite l'orthographe retenue par les éditeurs contemporains, *La Vie et les aventures étranges et surprenantes de Robinson Crusoé* (1836).

> La Suite des aventures de Robinson Crusoé, contenant la deuxième et dernière partie de sa vie et l'étrange et surprenant récit de ses voyages à travers trois régions du globe. Écrit par lui-même. À laquelle est jointe une carte du monde sur laquelle sont représentés les voyages de Robinson Crusoé.

En supprimant aussi ce titre, Francis Ledoux n'a pas laissé planer le doute sur le statut factuel de *Robinson Crusoe*, alors que cet ouvrage se présentait très sérieusement comme un récit de voyage authentique (la déclaration de véracité se retrouvera également dans le titre des *Réflexions sérieuses*, censées avoir été elles aussi « Écrites par lui-même »). Il a donc paru nécessaire de rétablir les titres originaux pour restituer le statut initial du texte de Defoe, qui a parfois été reçu comme une histoire vraie écrite par un particulier du nom de Robinson Crusoé comme en témoigne la controverse avec Charles Gildon, à l'été 1719, où le critique anglais accuse Defoe, non sans raison, d'avoir voulu faire passer son récit pour véritable.

Un autre élément du paratexte a également attiré notre attention : Defoe avait rédigé au seuil de chacune des parties deux préfaces relativement courtes dans lesquelles il se prononçait sur le statut de son texte, en prenant la pose d'un éditeur anonyme qui a trouvé un manuscrit. Ce préfacier anonyme est distinct du libraire-imprimeur réel William Taylor, dont le nom apparaît sur la page de titre. Un siècle plus tard, alors que la paternité du roman a été révélée et que le statut de *Robinson Crusoé* a basculé dans le fictionnel, ces deux préfaces n'ont pas été jugées dignes d'être conservées par Pétrus Borel, qui ne les avait donc pas traduites lui-même (le roman était par ailleurs pourvu d'un paratexte allographe, une préface du traducteur et une « Dissertation religieuse » de l'abbé La Bouderie). Francis Ledoux, soucieux de rétablir le paratexte original, avait supprimé ces deux préfaces tardives, et réintroduit en la traduisant la « Préface » du pseudo-éditeur, mais il l'intitule fâcheusement « Préface de l'auteur » ! C'est là brouiller singulièrement le propos de Defoe, qui, rappelons-le, avait publié anonymement son roman et s'était effacé derrière son personnage pour conférer au récit le statut de Mémoires authentiques. Ledoux, qui ne s'en tient pas à ce contresens, traduit ainsi le début de la Préface : « Si jamais la narration des aventures d'un simple particulier à travers le monde vaut d'être publiée et de recevoir ensuite bon accueil, l'auteur [*sic*–Defoe avait écrit le mot *editor*] du présent ouvrage pense que c'est bien le cas de celle-ci ». Or, il est important pour le dispositif d'accréditation que le texte soit authentifié par l'instance éditoriale, qui émet une opinion sur la véracité d'un texte qu'elle n'a pas écrit, sans afficher, en conséquence, une complète certitude. On a donc substitué à la préface de Ledoux une nouvelle traduction qui ne brouille pas le message de Defoe, et rétabli le mot « éditeur » (*editor*) voulu par Defoe.

La révision de la traduction de Pétrus Borel a donc nécessité que soit restitué avec la plus grande fidélité possible le péritexte initial, ce qui a pour vertu de rendre au récit son statut premier et de lui retirer, au profit de celui d'authentiques Mémoires, le label de « roman » (c'est-à-dire *romance*, sachant que le mot *novel* ne deviendra le terme générique communément accepté que quelques décennies plus tard, avec les romans de Richardson et Smollett dans les années 1740 et 1750). La traduction du paratexte original telle qu'elle est proposée par Francis Ledoux nous a ainsi paru nécessiter ces quelques réajustements, notamment dans la mesure où elle déforme le discours que Defoe a voulu tenir sur son œuvre, aussi bien dans ses titres que dans ses préfaces.

Le roman d'Eliza Haywood *Love in Excess*, malgré son succès originel et ses quelque six éditions londoniennes (auxquelles il faut ajouter une édition dublinoise) au cours du XVIIIe siècle, n'avait à ce jour jamais été traduit en français. Comme lors de la révision du roman de Defoe, j'ai cherché à rendre justice au paratexte originel du roman de Haywood[28], qui présente une complexité certaine : outre son titre et son sous-titre proposant une identification générique (*Love in Excess ; or The Fatal Inquiry, A Novel*), le roman de Haywood offre la particularité d'avoir été préfacé par son éditeur William Chetwood, qui adresse une épître dédicatoire à une célèbre actrice de l'époque, Mrs Oldfield[29]. Le succès de la première partie motive ensuite, à l'occasion de la parution de la deuxième partie du roman (toujours en 1719), l'ajout d'un autre péritexte allographe, sous la forme de deux poèmes encomiastiques rédigés à la gloire de Haywood, l'un signé par le poète Richard Savage, qui fut son compagnon et le père d'un de ses enfants, l'autre d'une main anonyme.

---

28 En faisant dûment figurer, en particulier, le nom et l'adresse du libraire-imprimeur William Chetwood (qui co-publiera en 1722 le *Moll Flanders* de Defoe), ainsi que les épigraphes.

29 Il s'agit d'une dédicace traditionnelle à une figure des lettres, sollicitant sa bienveillance et sa protection, non un manifeste romanesque comme il en fleurira un peu plus tard en Angleterre, notamment dans les années 1740, avec les préfaces et les postfaces des romans de Fielding et de Richardson.

La difficulté de traduction qu'a posée le titre de *Love in Excess* ne peut être levée qu'à la lecture du roman : en effet, l'« amour » (*Love*) dont il est question recouvre en réalité dans le récit plusieurs amours. Le héros, un certain comte d'Elmont, est un libertin qui, avant de connaître une conversion monogame spectaculaire, fait chavirer les cœurs féminins : Alovysa, Amena, Meliora, et Melantha, puis Violetta et Ciamara, ne restent pas longtemps insensibles à ses charmes, de sorte qu'il apparaît erroné de faire précéder le mot « amour » en français d'un article indéfini au singulier – comme le fait la notule Wikipedia[30] sur le roman. J'ai donc proposé de traduire le titre par *Les Excès de l'amour*, où l'article défini précédant le mot « amour » présente l'avantage de promettre des considérations abstraites sur la passion amoureuse en général, et non le récit concret d'une passion particulière. « Les excès » de ces amours annoncent par ailleurs un discours de condamnation de cette « passion », dans le cadre duquel la narratrice prend parfois une pose de moraliste (posture à prendre toutefois avec des pincettes). La traduction que nous proposons du titre du roman a par ailleurs la caution d'un auteur français du XVIIIe siècle : c'est en effet le sous-titre d'un roman anonyme paru en France en 1772 : *Lindor ou les excès de l'amour*.

Le sous-titre du roman de Haywood, *The Fatal Enquiry*, ne renvoie pas à la notion d'« enquête » moderne, ce qui serait commettre un anachronisme. Aucun des événements rapportés ne donne d'ailleurs lieu à une quelconque recherche de preuve pour confondre un coupable. L'« enquête » dont il est question renvoie plutôt au genre historique lui-même, au sens où Hérodote entend le mot *enquête*. Par ailleurs, cette enquête ou histoire est bien « fatale », puisque la deuxième partie du roman se clôt sur un double meurtre et que la fin de la troisième partie est accompagnée de la mort pathétique d'une jeune femme à la vertu irréprochable.

L'indication générique qui suit le sous-titre du roman de Haywood, « *A Novel* », renvoie aux « nouvelles » (*novels*) d'Aphra Behn, rassemblées dans des éditions posthumes dans la dernière décennie du XVIIe siècle, ainsi qu'à celles de Delarivière Manley, qui en avait publié pour sa part au cours de la décennie 1700 (voir son recueil *The Power of Love*, 1720).

30 Dans la notule Wikipedia, le titre du roman de Haywood est *Un Amour excessif* : voir https://fr.wikipedia.org/wiki/Un_amour_excessif (consulté le 29/07/2021).

Le terme a été traduit par « roman » plutôt que « nouvelle », du fait de sa longueur (266 pages dans son édition moderne), qui empêche de l'inclure dans la catégorie du récit bref, à la différence de certaines œuvres ultérieures de Haywood, sensiblement plus courtes. L'époque où Haywood fait paraître son premier roman est marquée par la concurrence des deux termes *novel* et *romance*, le premier utilisé pour des formes brèves, le second pour des ouvrages de plus longue haleine. Pourtant, Haywood est l'une des toutes premières dans l'histoire littéraire britannique à employer le terme *novel* pour l'appliquer à une formule narrative relativement longue, sans peut-être l'avoir prémédité : la première partie du roman est relativement courte, et ce sont les deux suivantes qui prennent des proportions inédites[31].

Le texte sur lequel se fonde la traduction est celui de la première édition anglaise (1719-1720) conservée à la British Library et numérisée sur la base de données en ligne *Eighteenth-Century Collections Online*. J'ai également utilisé l'unique édition moderne du roman (si l'on met de côté les éditions en facsimile), par David Oakleaf, parue en 2000 chez Broadview, et signée par « Eliza Haywood ». L'édition originale était signée de « Mrs Haywood », comme c'était l'usage à l'époque : ses consœurs, Aphra Behn, Delarivière Manley ou encore Jane Barker, ne choisissaient pas d'autre titre, même si celui de « Mrs » ne renvoyait pas forcément, à l'époque, au statut matrimonial des romancières (« Mrs » Barker ne se maria jamais). Cependant, depuis la fin du XXe siècle, un autre usage s'est imposé, qui a consisté à se référer au prénom des romancières de cette époque[32].

Mes principes de traduction ont consisté à proposer un texte qui n'aurait pas choqué un lecteur contemporain de Haywood (c'est-à-dire ne comportant pas de terme ou d'expression anachronique), tout en ne paraissant pas trop daté à un lecteur d'aujourd'hui (c'est-à-dire ne comportant pas de termes trop désuets ou archaïques). J'ai cherché à me régler, autant que possible, dans la traduction, sur la langue de romancières françaises de la fin du XVIIe siècle, en particulier sur les romans de Mme de Villedieu (dont *Les Désordres de l'amour*, 1675) et les œuvres

31 Elle anticipe en cela sur l'usage qu'en feront au milieu du XVIIIe siècle des romanciers comme Richardson ou Smollett, pour renvoyer à leur œuvre romanesque qui prennent des proportions imposantes.

32 De même qu'en France, « Madeleine » s'est parfois substitué à « Mademoiselle » de Scudéry ces dernières années.

de Mme de Lafayette, comme *La Princesse de Clèves* (1678) qui constitue un intertexte important de *Love in Excess*[33].

L'ouvrage est, comme *Robinson Crusoé*[34], subdivisé en trois parties correspondant aux trois livraisons de 1719 et 1720. Il n'y a pas de sous-divisions en chapitres, à l'inverse de ce qu'on peut retrouver chez Swift, Fielding et Smollett, c'est-à-dire chez les satiristes et les romanciers héritiers de la forme épique antique. Ce trait rapproche Haywood de Defoe, mais la parenté s'arrête là : alors que Defoe propose un récit à la première personne censé donner l'illusion de la réalité, Haywood écrit à la troisième personne et ne nie pas la fictionalité de son récit. Par ailleurs, la syntaxe fluide de Haywood comprend beaucoup plus de périodes et de subordonnées que celle de Defoe, dont le style est qualifié par Borel de « simple, nerveux, accentué[35] ». Les phrases de Haywood peuvent s'étirer sur une dizaine de lignes, voire davantage, aussi bien dans les passages descriptifs que lors des dialogues entre les personnages, fort nombreux, à la différence de ceux de *Robinson Crusoé*[36]. On compte aussi de nombreuses lettres insérées dans le récit, dont la syntaxe est également parfois complexe autant qu'alambiquée.

Les paragraphes, parfois très longs, peuvent faire plus de deux pages dans l'édition moderne de Broadview, notamment parce que les dialogues ne sont pas marqués par des retours à la ligne, ni même par des guillemets, mais par de simples incises (« *he said* », « *she said* »), qui compliquent parfois le repérage des changements de locuteurs. J'ai décidé d'introduire des guillemets dans mon texte pour en faciliter la lisibilité. J'ai cependant choisi de maintenir cet aspect compact des paragraphes, qui caractérise aussi (mais dans une moindre mesure) les

33 Ainsi, par exemple, la réclusion d'Amena dans un monastère après une déception amoureuse peut rappeler le dénouement de la *Princesse de Clèves*. La scène nocturne où le héros surprend sa bien-aimée Meliora en train de confesser verbalement, pendant son sommeil, son amour pour lui, peut faire penser à Monsieur de Nemours surprenant Mme de Clèves ornant de rubans la canne qui lui appartient tout en contemplant son portrait.

34 Les deux parties paraissent en 1719, et les *Réflexions sérieuses* en 1720.

35 Voir la « Préface à la traduction de "Robinson Crusoé" » de Pétrus Borel, dans Daniel Defoe, *Robinson Crusoé*, éd. Baudouin Millet, *op. cit.*, p. 746.

36 Il est logique que le texte de Defoe, présenté comme des Mémoires authentiques écrits longtemps après la fin des aventures racontées, ne compte pour ainsi dire aucun dialogue rapporté au style direct. Il y a bien quelques dialogues, mais ces derniers sont rares et bénéficient d'un traitement spécial, à la manière des éditions de pièces de théâtre où figurent les noms abrégés des locuteurs avant chaque propos rapporté.

romans de Defoe, et surtout l'édition originale du *Roderick Random* de Smollett, où chaque chapitre correspond à un unique paragraphe, pouvant s'étendre sur plusieurs pages[37].

Haywood fait un usage très généreux des adjectifs possessifs *his* et *her*, qui n'ont pas en anglais l'ambiguïté qu'ils peuvent avoir en français. Dans la traduction française, ces choix stylistiques imposent parfois des explicitations, et j'ai occasionnellement dû recourir, plus souvent que dans le texte original, aux prénoms des personnages ou à des substantifs (« le comte » ; « la jeune fille ») ou encore à des pronoms démonstratifs (« celle-ci », « celui-là »).

L'onomastique a nécessité quelques choix de traduction. Le roman se passe en France et en Italie, et il n'y a pas le moindre personnage britannique dans tout le récit. Les patronymes français ont généralement été conservés tels quels, à un ou deux détails typographiques près. Ainsi, l'orthographe du nom du héros, nommé « count D'ELMONT », a été transcrite en « comte d'Elmont » (avec un « d » minuscule) selon l'usage de la transcription des particules en français. Les noms propres et les noms de personnages, chez Defoe et Swift comme dans la très grande majorité des textes anglais avant 1750, sont mis en italiques par les imprimeurs. Le libraire-imprimeur de Haywood, William Chetwood, les met pour sa part en petites capitales ; j'ai décidé de les mettre en caractères minuscules (sauf l'initiale) comme le reste du texte. D'autres personnages de nationalité française ont reçu dans le texte original une orthographe partiellement anglicisée, qu'il a fallu « refranciser » dans la traduction : Mr. Frankville a donc été translitéré en M. de Francheville ; le chevalier Brillian en chevalier Brillant. Les prénoms des personnages féminins français ont posé un problème spécifique, dans la mesure où ils se terminent à peu près tous par la voyelle -a dans le texte original. En Angleterre, il est d'usage que les prénoms des personnages romanesques féminins portent ce suffixe. Les exemples au XVIIIe siècle sont légion : outre *Roxana* (1724) de Defoe ainsi que *Pamela* (1740-1741) et *Clarissa* (1747-1748) de Samuel Richardson, on peut recenser l'*Amelia* (1752) de Henry Fielding, et, rien que chez Haywood, *Idalia* (1723), *Lasselia* (1723), ou encore *Fantomina* (1724). On peut aussi penser au prénom de

37 L'éditeur moderne chez Oxford University Press du premier roman de Smollett a inséré de son propre chef des alinéas dans le texte. Voir Tobias Smollett, *Roderick Random* (1848), éd. Paul-Gabriel Boucé, Oxford, Oxford University Press, 1981.

Sophia Western dans le *Tom Jones* (1748-1749) de Fielding, et, un peu plus tard dans le siècle, aux héroïnes des romans de Frances Burney : *Evelina* (1778), *Cecilia* (1782) ou encore *Camilla* (1796). J'ai décidé de franciser les prénoms des personnages français dans la traduction, parfois en ajoutant des accents, parfois en faisant l'économie du suffixe en -a. Ainsi, Amena a donné Aména, Meliora Méliora, tandis que le prénom de Melantha, personnage de coquette emprunté à la comédie *Le Mariage à la Mode* (1672) de John Dryden, a été francisé en Mélanthe, sur le modèle de Cléanthe (personnage certes masculin, mais le -e final se rapproche également des prénoms féminins Araminte et Philaminte). En revanche, les prénoms des personnages féminins italiens, comme Ciamara, Camilla ou Violetta, ont été conservés tels quels.

Le poème anonyme et allographe qui accompagne la deuxième partie du roman nous est précieux car, en l'absence de données précises sur le tirage de la première édition de l'œuvre, il permet de prendre la mesure du succès de la première livraison. Ce poème « D'une main inconnue, à la très ingénieuse Mrs Haywood, sur son roman intitulé *Les Excès de l'amour* », se termine en effet par une envolée lyrique adressée au public anglais amateur du roman de Haywood. Elle est écrite en « distiques héroïques », c'est-à-dire en pentamètres iambiques à rimes plates, le vers qui s'est imposé depuis la Restauration de 1660 dans les tragédies dites héroïques. J'ai choisi de les traduire en vers libres, comme c'est l'usage aujourd'hui :

> *No more of Phoebus rising vainly boast.*
> *Ye tawny sons of a luxuriant coast !*
> *While our blest isle is with such ray replete,*
> *Britain shall glow with more than Eastern heat*[38] *!*

> « Ne vous réjouissez plus jamais du lever de Phébus,
> Ô vous, enfants aux cheveux roux de cette riante côte !
> Tant que notre île sera comblée des bienfaits de tels rayons[39]
> La Grande-Bretagne brillera de feux plus brûlants que ceux de l'Orient[40] ! »

On peut noter que l'allusion à Phébus Apollon et à son char qui emmène le soleil inscrit le roman dans une tradition qui célèbre la

38 Eliza Haywood, *Love in Excess*, éd. David Oakleaf, Peterborough, Ontario, Broadview, 2000, p. 83.

39 Ces rayons sont les éclairs que lancent les yeux de la romancière.

40 « D'une main inconnue, à la très ingénieuse Mrs Haywood, sur son roman intitulé *Les Excès de l'amour* », *Les Excès de l'amour*, éd. citée., p. 141.

mythologie[41], à la différence du *Robinson Crusoé* de Defoe qui ne contient aucune allusion aux dieux de l'Olympe ni à aucun personnage de la mythologie classique : sur ce point comme sur beaucoup d'autres, Haywood et Defoe ne se rejoignent pas. Parmi les particularités de ce poème, la forme *Ye* correspond au pronom *you* au nominatif pluriel, forme déjà datée en 1719 mais encore d'usage en poésie. D'autres particularités orthographiques sont aujourd'hui désuètes, comme l'absence de la forme moderne du génitif ['s] dans « *Phoebus rising* », ou encore *blest* pour *blessed* (« comblée de »), qui, sous cette forme, lève une ambiguïté possible sur la prononciation de ce participe passé, qui peut être soit un monosyllabique soit un bisyllabique (le mot est alors noté, en poésie, avec un accent grave sur le « e » du suffixe : *blessèd*).

L'incipit du roman de Haywood rappelle directement la nouvelle historique française de la fin du XVIIe siècle, d'autant plus que le lieu de l'action est la France de Louis XIV :

> *In the late War between the French and the Confederate Armies, there were two Brothers, who had acquir'd more than ordinary Reputation, under the Command of the great and intrepid Luxembourg. But the Conclusion of the Peace taking away any further Occasions shewing their Valour, the Eldest of 'em, whose Name was Count D'elmont, return'd to Paris, from whence he had been absent two Years, leaving his Brother at St. Omer's, 'til the Cure of some light Wounds were perfected.* (Haywood, 2000, p. 37)
>
> « Au cours de la guerre qui opposa récemment les Français et les armées confédérées, s'illustrèrent deux frères qui avaient acquis une réputation hors du commun sous le commandement du grand et valeureux Luxembourg. Mais la conclusion de la paix leur retirant toute occasion nouvelle de s'illustrer, l'aîné des deux, le comte d'Elmont, s'en retourna à Paris d'où il s'était absenté deux années, laissant son frère à Saint-Omer, le temps pour ce dernier de soigner quelques blessures légères. » (Haywood, 2018, p. 99)

Dès l'ouverture, Haywood fait ainsi allusion à la Guerre de Succession d'Espagne (1701-1713), qui n'a pris fin que six ans avant la publication du roman : ce choix d'ancrer le récit dans l'actualité est un trait propre à la romancière (à l'inverse, Robinson échoue sur son île au milieu du XVIIe siècle), même s'il est vrai que le roman choisit la France comme simple décor plutôt que comme sujet de peinture historique (il est peu probable que Haywood, à la différence de Jane Barker par exemple, ait

41 Haywood fait référence à plusieurs reprises au « petit dieu » Cupidon, et se réfère occasionnellement à la lune Cynthia.

voyagé en France et connaisse de première main les lieux auxquels elle se réfère, comme les Tuileries). L'adjectif *late* a ici le sens de « récent », (et non de « révolu » ou « mort », comme dans l'expression « *my late uncle* », « feu mon oncle »). On notera également l'élision du -e du participe passé dans « *acquir'd* », et « *return'd* », ou encore la suppression du « *th-* » dans « *'em* », qui est la forme abrégée du pronom personnel de la troisième personne du pluriel *them*. Par ailleurs, la conjonction *until* se voit abrégée en *'til*, tandis que le verbe *to show* reçoit la graphie désormais désuète de *to shew*.

Le roman de Haywood contient aussi de nombreuses lettres d'amour assignant aux personnages des rendez-vous donnés, pris, puis, parfois, annulés. La plupart sont adressées au héros d'Elmont. La première d'entre elles est écrite anonymement par la passionnée Alovysa :

> *To Count D'Elmont*
>
> *Resistless as you are in War, you are much more so in Love : Here you conquer without making an Attack, and we Surrender before you Summon ; the Law of Arms obliges you to show Mercy to a yielding Enemy, and sure the Court cannot inspire less generous Sentiments than the Field. The little god lays down his arrows at your feet, confesses your superior power, and begs a friendly Treatment ; he will appear to you to morrow Night at the Ball, in the Eyes of the post passionate of all his Voteresses ; search therefore for him in her, in whom (amongst that bright Assembly) you would most desire to find him ; I am confident you have too much penetration to miss of him, if not byassed by a former Inclination, and in that Hope, I shall (as patiently as my Expectations will let me) support till then, the tedious Hours.*
>
> *Farewell.* (Haywood, 2000, p. 39)

> « Au comte d'Elmont
>
> Aussi invincible que vous soyez à la guerre, vous l'êtes encore davantage en amour. Vous y faites des conquêtes sans même lancer d'assaut, et nous nous rendons avant que vous ne nous adressiez de semonce. La loi des armes vous oblige à faire grâce à un ennemi qui rend les siennes, et il est certain que la cour ne peut vous inspirer de sentiments moins généreux que le champ de bataille. Le petit dieu dépose ses flèches à vos pieds, reconnaît votre pouvoir supérieur, et implore un traitement amical : il vous apparaîtra demain soir au bal, dans les yeux de la plus passionnée de ses servantes ; cherchez-le donc, parmi cette brillante assemblée, en celle en qui vous désirez le plus le trouver. Je ne doute pas que vous n'ayez trop de pénétration pour ne pas le voir, si du moins un penchant plus ancien n'occupe pas déjà votre cœur. Dans cet espoir, je supporterai, avec autant de constance que mon impatience me le permettra, les pénibles heures qui me séparent de ce moment-là,
>
> Adieu. » (Haywood, 2018, p. 100-101)

Le contexte dans lequel ce billet doux est écrit est un bal masqué donné en l'honneur de l'anniversaire de la duchesse de Bourgogne. Il introduit une thématique que reprendra Haywood dans nombre de romans ultérieurs, et de la manière la plus spectaculaire dans *Fantomina* (1724) : l'audace d'une amante qui ose se déclarer. Car si Aloysa maudit en secret la règle qui lui interdit de dévoiler sa passion à un homme, elle n'en trouve pas moins un biais pour envoyer cette lettre anonyme dans laquelle elle déclare son amour sans pour autant se découvrir. Dans le roman, le prénom de cette amante passionnée est orthographié tantôt Aloysa, tantôt Alovisa, tantôt Alovysa. Ce nom est la variante orthographique d'Héloïse, également orthographiée Aloyse en français. L'héroïne file adroitement la métaphore de la guerre, introduite comme on l'a vu dès l'incipit, pour la transposer dans le vocabulaire de la passion amoureuse : à « *attack* » et *summon* (« attaque » et « semonce ») fait bientôt écho « *yielding enemy* », « une ennemie qui rend les armes », où le verbe « *to yield* » a le sens de « céder, se rendre, abandonner le combat ». Aloyse parviendra de fait à ses fins en épousant, à la fin de la première partie, un homme qui ne voit dans son mariage que le moyen de satisfaire ses ambitions.

Le roman est également connu pour ses scènes d'un érotisme qui a pu faire scandale, non seulement en son temps, mais aussi tout au long d'un XIXe siècle qui l'a durablement mis à l'index. La seconde conquête du comte est la jeune Améná tout juste sortie du couvent. Cédant à la passion, elle accepte un rendez-vous aux Tuileries avec d'Elmont qui l'a enlevée par la fenêtre de sa maison, et se retrouve seule en sa compagnie :

> *The Heat of the Weather, and her Confinement having hindered her from dressing that Day, she had only a thin Silk Night-Gown on, which flying open as he caught her in his Arms, he found her panting Heart beat Measures of Consent, her heaving Breast swell to be press'd by his, and every Pulse confess a Wish to yield; her Spirits all dissolv'd, sunk in a Lethargy of Love; her snowy Arms, unknowing, grasp'd his Neck, her Lips met his half way, and trembled at the Touch; in fine, there was but a Moment betwixt her and Ruin, when the Tread of somebody coming hastily down the Walk, oblig'd the half-bless'd Pair to put a stop to farther Endearments.* (Haywood, 2000, p. 58)

> « La chaleur qu'il faisait dehors et sa réclusion de la journée l'ayant empêchée de s'habiller, elle ne portait qu'une fine chemise de nuit en soie qui s'ouvrit dans un frémissement au moment où il la prit dans ses bras, et il vit que son cœur battant s'abandonnait à lui en cadence, que son sein haletant se soulevait pour se presser contre le sien, et que chaque battement confessait un désir de s'abandonner. L'esprit en pâmoison d'Améná fut plongé dans un

> océan d'amour, ses bras blancs comme neige se saisirent inconsciemment de son cou, ses lèvres s'approchèrent de celles de d'Elmont qui venaient à sa rencontre, et tremblèrent en l'effleurant : à la fin, sa ruine était imminente, lorsque des pas précipités sur le chemin contraignirent le couple à moitié béni à mettre un terme à ses tendres épanchements. » (Haywood, 2018, p. 118)

Haywood aborde ici une thématique qui connaîtra une fortune immense tout au long du XVIIIe siècle, celle de la vertu en danger. Le mot *ruin* correspond au *topos* de la jeune fille séduite et bientôt abandonnée, telles la Moll Flanders de Daniel Defoe, puis, plus tard dans le siècle, la Clarissa de Samuel Richardson. Mais alors que chez Defoe et Richardson, la ruine des personnages féminins est l'objet d'une solide mise en garde et donne lieu à un traitement qui confine au tragique, Haywood investit le *topos* pour lui faire prendre un caractère sulfureux : l'évocation des parties du corps féminin, absentes chez Defoe et Richardson, suscite un érotisme qui l'inscrit dans la lignée d'Aphra Behn et Delarivière Manley, et donne lieu à un traitement humoristique singulier. Haywood joue en effet avec ses lecteurs en différant l'accomplissement de l'acte sexuel, technique narrative qui deviendra bientôt sa marque de fabrique. Elle forge en même temps un terme quasi blasphématoire, le néologisme « *half-bless'd* » (« à moitié béni ») pour évoquer la célébration du mariage alors même que les deux amants sont en train de commettre le péché de chair. L'idée du mariage est ici détournée dans une scène érotique, qui a valu à Haywood l'épithète de « scandaleuse ».

Enfin, le dénouement de l'œuvre, dans son ambiguïté, ajoute à l'ironie du traitement des *topoi* amoureux. Après avoir séduit Aména et épousé Aloyse, d'Elmont trouve en Méliora une amante plus charmante (« meilleure ») que la douce Aména (du latin « amœnus », « agréable »). Après la mort d'Aloyse, qui a précipité la fuite de Méliora dans un couvent, d'Elmont, qui s'en est allé en Italie pour purger son crime, n'a pas une seconde oublié la jeune fille à laquelle il a su rester fidèle. Après de nombreuses des péripéties, le voici de retour en France où la jeune fille l'a attendu avec une patience exemplaire, et les deux amants peuvent enfin s'épouser, car le jeune comte est désormais devenu un homme d'une morale immaculée. La dernière phrase du roman clôt ainsi l'intrigue :

> *Both he* [D'elmont] *and Frankville, are still living, blest with a numerous and hopeful Issue, and continue, with their fair Wives, great and lovely Examples of conjugal Affection.* (Haywood, 2000, p. 266)

> « Francheville et le comte sont toujours vivants, jouissent d'une descendance nombreuse et riche de promesse, et sont, avec leurs belles épouses, un grand exemple touchant de tendresse conjugale. » (Haywood, 2018, p. 315)

Le libertin repenti épouse donc Méliora, car il a su devenir en peu de temps un parangon de vertu – un « exemple touchant » de vertu conjugale. Faut-il voir de l'ironie dans cette subite conversion ? L'énoncé final du roman est en tout cas fort paradoxal, puisqu'entre le début de l'histoire (1713) et la parution du livre, six petites années se sont écoulées, ce qui rend peu probable l'existence d'une « descendance nombreuse et riche de promesse ». D'autres, comme Richardson dans *Pamela ou la vertu récompensée* (1740), feront connaître à leur libertin de héros un repentir sincère et définitif. Mais si on lit le roman de Haywood à l'aune de la parodie que cette dernière donnera du roman de Richardson, *Anti-Pamela, ou la fausse innocence démasquée* (1741), il semble bien que la phrase finale de son premier roman puisse être interprétée comme étant teintée d'ironie : difficile de croire aussi naïvement à la conversion sincère et durable de d'Elmont, qui n'est sans doute pas aussi complète et profonde que celle de Robinson frappé en son île par une grâce toute divine.

Robinson Crusoe et *Love in Excess*, malgré leur stricte contemporanéité, soumettent donc au traducteur des difficultés bien distinctes. Leurs thématiques, leur style et leurs tonalités respectives imposent des traitements et des choix de traduction parfois opposés. L'importance que l'on accorde aujourd'hui aux paratextes des romans de l'époque moderne permet de mettre au jour des enjeux de traduction qui avaient été peu à peu occultés au fil des trois siècles qui nous en séparent désormais, et de mieux mettre en relief les projets que Haywood et Defoe ont chacun voulu mener à bien dans le genre naissant du récit de fiction en prose. Cette attention qui caractérise notre réception des textes de 1719 permet ainsi, sous la patine des siècles, de faire resurgir la singularité des choix esthétiques des auteurs et de mieux connaître les moyens que ces deux romanciers se sont donnés, chacun selon son goût, pour mener leur ouvrage à bonne fin.

Baudouin MILLET
Université Lumière Lyon 2

RÉFÉRENCES BIBLIOGRAPHIQUES

BEHN, Aphra, *Oroonoko*, trad. Guillaume Villeneuve, éd. Youmna Charara, Paris, Garnier Flammarion, 2009.

BEHN, Aphra, *The Works of Aphra Behn*, éd. Janet Todd, 7 vol., Londres, Pickering & Chatto, 1992-1996.

BOREL, Pétrus, *La Vie et les aventures étranges et surprenantes de Robinson Crusoé*, Paris, Francisque Borel et Alexandre Varenne Éditeurs, 1836.

DEFOE, Daniel, *Robinson Crusoé*, éd. Baudouin Millet, Paris, Gallimard, « Bibliothèque de la Pléiade », 2018.

GUILHAMET, Leon, *Defoe and the Whig Novel*, Newark, University of Delaware Press, 2010

HAYWOOD, Eliza, *Love in Excess* [1719-1720], éd. David Oakleaf, Peterborough, Ontario, Broadview, 2000

HAYWOOD, Eliza, *Les Excès de l'amour*, trad., éd. et notes, Baudouin Millet, Paris, Classiques Garnier, 2018.

Histoire des traductions en langue française XVIIe *et* XVIIIe *siècles (1610-1815)*, dir. Yves Chevrel, Annie Cointre et Yen-May Tran-Gervat, Lagrasse, Verdier, 2014.

KING, Katherine R., *A Political Biography of Eliza Haywood*, Londres, Pickering & Chatto, 2012.

LA GRAND, Virginia, *A Spectacular Failure. Robinson Crusoe I, II, III*, Amsterdam et New York, Rodopi, 2012.

LEDOUX, Francis, « Introduction », *in* Daniel Defoe, *Robinson Crusoé, Romans*, Paris, Gallimard, « Bibliothèque de la Pléiade », 1959, t. I, p. IX-XVIII.

MANLEY, Delarivière, *The New Atalantis*, éd. Ros Ballaster, Harmondsworth, Penguin, 1991.

MILLET, Baudouin, « Ceci n'est pas un roman ». *L'évolution du statut de la fiction en Angleterre de 1652 à 1754*, Louvain, Peeters, 2007, 3e partie, chap. 2, « Daniel Defoe : La fiction éditoriale comme parade à l'accusation de mensonge », p. 185-203

NAPIER, Elizabeth R., *Defoe's Major Fiction. Accounting for the Self*, Newark, University of Delaware Press, 2016.

ORR, Leah, « The Basis for Attribution in the Canon of Eliza Haywood », *The Library* n° 12, 2011, p. 355-361.

ORR, Leah, « Providence and Religion in the Crusoe Trilogy », *Eighteenth-Century Life* n° 38, 2014, p. 1-27

PETTIT, Alexander, *Selected Works of Eliza Haywood*, 6 vol., Londres, Pickering & Chatto, 2000.

RICHETTI, John, *Popular Fiction before Richardson* [1969], Oxford University Press, 1992.

SMOLLETT, Tobias, *Roderick Random* [1848], éd. Paul-Gabriel Boucé, Oxford, Oxford University Press, 1981.

WATT, Ian, *The Rise of the Novel*, Berkeley / Los Angeles, University of California Press, 1957.

ANNEXE
Questionnaire : réponses de Baudouin Millet

1. Quelles sont vos langues de traduction ?

L'anglais comme langue source, le français comme langue cible.

2. Combien de traductions avez-vous publiées, et dans quels domaines ? (vous pouvez indiquer les références, si vous le souhaitez)

J'ai effectué des traductions d'articles et ouvrages universitaires, co-écrit un manuel de traduction à destination du Supérieur, participé à un florilège sur Robert Burton (prosateur anglais du XVIIe siècle) et assuré la première traduction et l'édition critique du premier roman d'une romancière anglaise du XVIIIe siècle, *Love in Excess* (1719-1720) d'Eliza Haywood.

Liste chronologique des mes travaux :

« L'idéalisme et la culture philosophique britannique », Traduction d'un article de David Boucher et Andrew Vincent pour la *Revue Germanique Internationale* n° 15, 2001, p. 239-260.

L'Anatomie de la Mélancolie de Robert Burton (anthologie), Paris, Gallimard, « Folio », 2005, dir. Gisèle Venet, avec le groupe de recherches *Epistémè* (Paris 3).

Versions et thèmes anglais. Avec Alain Bony et Robin Wilkinson. Paris, Presses Universitaires de France, 2007.

L'Évolution de la condition féminine en Grande-Bretagne à travers les textes juridiques fondamentaux, dir. Neil Davie, ENS Éditions, 2011. Traduction effectuée en collaboration avec Samuel Baudry, Alexandrine Guyard-Nédélec et Jean-Charles Perquin.

« L'édition pseudo-scientifique de Swift à Mailer », traduction d'un article de Claude Rawson [« The Mock Edition Revisited : Swift to Mailer », paru dans *Jonathan Swift and the Eighteenth-Century Book*, éd. Paddy Bullard et James McLaverty, Cambridge, Cambridge University Press, 2013, p. 231-267], *Modernité du XVIIIe siècle. Hommage à Alain*

Bony, dans *Revue de la Société d'Études Anglo-Américaines des* XVII*e et* XVIII*e siècles*, Hors-Série n° 3, 2013, p. 43-71.

Sexualité, de Jeffrey Weeks, ouvrage traduit en collaboration avec Samuel Baudry, Colette Collomb-Bourreau, Françoise Orazi, et Nathalie Zimpfer, Lyon, Presses Universitaires de Lyon, 2014.

Les Excès de l'amour [*Love in Excess*] (1719-1720), roman de Eliza Haywood, trad., introd. [91 p.] et notes, Paris, Classiques Garnier, 2018. 325 p.

Écrire l'histoire des sexualités de Jeffrey Weeks, ouvrage traduit en collaboration avec Samuel Baudry, Jean-Charles Perquin et Françoise Orazi, Lyon, Presses Universitaires de Lyon, 2019.

3. S'agissait-il de commandes éditoriales ou bien de propositions spontanées ?

Hormis le roman de Haywood, qui appartient à mon champ d'étude principal (le roman britannique des XVIIe et XVIIIe siècles), les autres traductions ont été des commandes éditoriales.

4. Quelles ont été jusqu'ici vos relations avec vos éditeurs (délais, rémunération…) ?

Mes traductions d'ouvrages et d'articles universitaires ont généralement été rémunérées de manière significative (*Revue Germanique Internationale*, Presses Universitaires de Lyon, ENS Éditions). Pour la revue *XVII-XVIII*, j'ai travaillé bénévolement au recueil de mélanges à la mémoire de mon directeur de thèse Alain Bony. Les droits versés par Gallimard pour la traduction collective de l'*Anatomie de la mélancolie* de Robert Burton ne me sont pas parvenus, ce qui peut s'expliquer par le fait que nous étions une dizaine à avoir participé à l'entreprise. Classiques Garnier, qui a reçu une subvention de 1000 euros de la part de mon laboratoire (LCE), a versé quelques droits d'auteurs mais a retardé la publication de l'ouvrage de 2 ans (peut-être pour qu'il paraisse au moment du tricentenaire de l'ouvrage). Les PUF m'ont versé des droits conséquents la première année. Le manuel – *Versions et thèmes anglais* (tiré à 2000 exemplaires) – est désormais épuisé, mais je n'ai reçu aucun droit depuis 2008. Au moment de la publication, j'ai dû me charger de faire toutes les demandes de reproduction auprès des ayants droit anglo-saxons (ce travail, qui n'avait pas été l'objet de discussions au moment de la commande du manuel, m'a pris à peu près douze mois et a retardé la publication du livre d'une année).

5. Si vous avez traduit des auteurs vivants, quelles relations avez-vous entretenues avec eux ?

J'ai traduit l'article de Claude Rawson, qui est un collègue anglais dix-huitièmiste en poste à l'université de Yale, en répondant à une sollicitation de l'auteur. Les retours que j'ai eus lors de ma soumission de l'article ont été très fructueux. L'article est par ailleurs paru en français dans la revue *XVII-XVIII* quelques mois avant sa parution en anglais chez Cambridge University Press. J'ai également rencontré Jeffrey Weeks et partagé un repas à la Brasserie Georges lors de la sortie de la traduction de son ouvrage *Sexuality* en 2014 aux PUL, à l'occasion de laquelle il était venu à Lyon pour présenter ses travaux.

6. Faites-vous partie d'une association de traducteurs (ATLF, ATLAS…) ?

Depuis 2017, je suis membre de la Société Française de Traductologie.

7. Quelles sont vos relations avec d'autres traducteurs ?

Certains sont des collègues de mon département (nous sommes au moins cinq à avoir publié des traductions rémunérées). J'ai par ailleurs invité des traducteurs littéraires professionnels comme le regretté angliciste Bernard Hœpffner et le germaniste Olivier Mannoni à une journée d'étude que j'ai coorganisée en 2017, mais je n'ai pas actuellement de relation suivie avec des traducteurs autres que ceux que je côtoie dans le cadre de mon enseignement et de ma recherche (c'est-à-dire des traducteurs universitaires, qui peuvent appartenir à d'autres Universités que la mienne).

8. Quelle part de votre temps a été jusqu'ici mobilisée par vos activités de traduction ?

Depuis deux ans, je consacre environ 30 % de mon temps à la traduction d'œuvres de ma période de spécialité. Auparavant, c'était plutôt 20 %.

9. Dans votre formation à la traduction, y a-t-il des ouvrages qui aient joué un rôle important ?

Les classiques du genre pour tout angliciste :

Jacqueline Guillemin-Flescher, *Syntaxe comparée du français et de l'anglais*, Paris, Ophrys, 1981.
Patrick Rafroidi, *Nouveau manuel de l'angliciste*, Paris, Ophrys, 1986.
Claude Demanuelli & Jean Demanuelli, *Lire et traduire*, Paris, Masson, 1990.
Thierry Goater *et al.*, Rennes, *L'épreuve de traduction en anglais*, Rennes, PUR, 2011.
Laure Gardelle et Christelle Lacassain-Lagoin, *Analyse linguistique de l'anglais*, Rennes, PUR, 2012.

10. Quel est à vos yeux le principal intérêt de la traduction et quels sont ses liens avec – voire son influence sur – votre métier d'enseignant-chercheur ?

Une assez longue expérience de l'enseignement de la version m'a amené à constater que cet exercice permet de renforcer sa connaissance de deux langues en contact et d'approfondir celle de sa langue maternelle en se soumettant à un exercice de formulation au moins aussi exigeant que celui de la rédaction, puisqu'il est contraint par l'écriture de quelqu'un d'autre. J'enseigne la version anglaise de la troisième année de Licence au Master Recherche Anglais LLCE (Littérature, langue et civilisation étrangère), en passant par l'agrégation interne et externe et le Master TEL (Traduction Littéraire et Édition Critique) de l'université Lyon 2. Il m'arrive de donner, notamment en Master (Recherche et TEL), des extraits des textes de l'époque moderne dont je suis par ailleurs spécialiste. Je constate que les siècles antérieurs au XIXe sont souvent perçus comme difficiles par des élèves qui choisissent souvent de faire des mémoires de traduction sur des textes ultra-contemporains, mais que l'exercice que je leur propose, une fois surmontées certaines difficultés, est perçu comme utile et formateur.

POÉT[H]IQUE DE LA TRADUCTION

J'ose espérer que le matériau de mes traductions publiées à ce jour me confèrent quelque légitimité particulière à parler de théorie ou bien d'éthique de la traduction, notamment et surtout pour ce qui est de la traduction littéraire. Tout s'est naturellement passé comme si le passage de la *praxis* à la *theoria* se faisait naturellement, pour ne pas dire nécessairement ou bien logiquement. Pour citer obliquement une métaphore chère aux Browning, Elizabeth (1806-1861) et Robert (1812-1889), la vérité et la beauté poétiques ont quelque chose de génétique, elles ne s'ajoutent pas par l'extériorité et l'excroissance, l'ajout et le rajout, elles poussent pour ainsi dire de l'intérieur, comme la beauté de la fleur est contenue dans la graine et lui préexiste. Ainsi, la vérité de la beauté et la beauté de la vérité sont une seule et même essence qui advient de l'intérieur, autrement dit de l'esprit. Leur avènement est ainsi une croissance et un développement. Même si ce préambule peut sembler éloigné de la double question de la traduction littéraire, je pense au contraire qu'il contient en germe la pratique et la poét[h]ique de mes traductions littéraires. En m'aventurant dans la traduction littéraire, il y de nombreuses années de cela, je n'imaginais pas où cette *praxis* risquait de me conduire, et pourtant il ne me semble guère avoir dévié de mes ambitions premières face aux textes qui me semblaient mériter une traduction digne de ce substantif.

Ma première traduction publiée fut en effet un roman contemporain écossais intitulé *Psychoraag*, écrit par Suhayl Saadi. Ce fut une traduction à quatre mains avec mon collègue et ami Samuel Baudry, ajoutant à la difficulté inhérente au texte la nécessité de la concertation pour certaines tournures de phrases et certaines expressions, au risque de perdre la cohérence d'un récit qui noyait la douleur de la perte de ses origines, de sa jeunesse et du père du narrateur, dans une logorrhée souvent argotique, parfois grossière, mais toujours soucieuse de ses effets poétiques. Déjà, lors d'une brève conversation téléphonique avec l'éditrice, je compris que certains choix lourds de conséquence dépendaient moins du texte source ou des effets du texte cible que de la volonté de l'éditeur, en l'occurrence ici une éditrice. Ainsi, il m'était rigoureusement interdit d'employer l'imparfait du subjonctif dans la traduction, même si le registre de la langue source semblait l'exiger, même si le double exotisme du mode et du temps de la conjugaison pouvait servir un effet exotique ou comique dont le texte source n'était clairement pas dépourvu. Ainsi, « même si » venait à remplacer « bien que » et le traducteur que j'étais se faisait roublard, au risque de se faire infidèle, sans pour autant rejoindre le territoire aujourd'hui perdu des « belles infidèles », aussi précieuses que surannées. Bien sûr, l'évitement du subjonctif n'a pas grand-chose à voir avec l'absence de la lettre « e » dans *La Disparition* de Georges Perec, dans la mesure où le roman lipogramme faisait, quant à lui, l'impasse sur la lettre la plus utilisée de la langue française. Je comprenais, en revanche, que la liberté du traducteur ne se limitait pas au respect de la langue source, du discours et du récit.

La chose fut manifestement différente avec une pièce de théâtre contemporaine, en l'occurrence *Mr Placebo*, écrit par Isabel Wright, que je traduisis pour une représentation à Lyon, à la Villa Gillet sauf erreur de ma part. La traduction ne fut jamais publiée, malheureusement. Le théâtre, comme spectacle vivant du verbe et de l'action, autorisait curieusement des libertés que le roman peinait à m'octroyer, au moins aux yeux de sa maison d'édition française. La force et les effets du langage vivant au moment de son élocution, sur une scène, tolèrent, semble-t-il, plus de débordements, d'égarements, d'interprétations. Car dire le texte est déjà une forme d'interprétation, pour ne pas dire de traduction. Encore une fois, est-il besoin ici de le rappeler, il n'y a pas de traduction sans lecture, si possible au pluriel. Plus le texte source est long, plus la tâche est difficile, euphémisme d'une courbe asymptotique qui me laisse songeur lorsque je me rappelle les presque 12000 pentamètres iambiques du grand poème épique, *Aurora Leigh*, que j'ai traduit en autant de dodécasyllabes et d'alexandrins pour l'édition que j'en ai faite tout récemment pour le compte des Classiques Garnier. Mais j'ai assez parlé de moi, je dois maintenant m'effacer devant ce grand poème épique publié en novembre 1856 pour la première fois, alors que la poète vivait en exil amoureux à Florence, loin de sa terre natale et de son père furieux, et alors qu'il lui restait désormais moins de cinq ans à vivre.

J'eus immédiatement des rapports étranges avec cet *Aurora Leigh*, que j'avais déjà lu depuis longtemps, et qui souffrait d'un désamour dont la cruauté avait même fait réagir la grande romancière moderniste Virginia Woolf. Le colossal poème épique de presque douze mille vers d'Elizabeth Barrett Browning avait pourtant connu une fortune critique et un succès éditorial sans précédent dans l'ère victorienne, au point d'asseoir la renommée de la poète autant en Europe qu'outre-Atlantique. Ce grand poème épique écrit par une femme fut même un incroyable succès de librairie, alors que le genre de l'épopée avait toujours semblé interdit à la gent féminine. Homère, Virgile, Dante, Milton, pour ne citer qu'eux, étaient des hommes et ce simple constat suffisait à démontrer que la femme était *de facto* génétiquement incapable de produire le grand poème épique qui aurait fait honneur à son pays et à sa langue natale. Les critiques dépréciatives de son épopée, aussi idéologiques que minoritaires, n'empêchèrent ni son succès pour ainsi dire immédiat ni le dépassement de la norme masculine du poème épique, sans même parler de sa « modernisation », puisque *Aurora Leigh* est un poème épique qui parle de son temps, alors même que poètes et critiques contemporains considéraient l'époque victorienne comme radicalement apoétique et privée du souffle épique qui avait tant inspiré les poètes, de l'antiquité classique à l'époque moderne. Pour Elizabeth Barrett Browning, aussi révolutionnaire qu'elle savait être conservatrice[1], la femme était le corps et le souffle de cette nouvelle épopée, et Aurora Leigh était *de facto* son nom.

En redécouvrant ce long poème, de longues années après une lecture initiale, je fus littéralement stupéfait de constater que le poème épique n'avait pour l'heure fait l'objet d'aucune traduction intégrale. La seule, publiée à la fin du XIXe siècle et republiée au tout début du XXe, était une traduction en prose, partielle et peu fidèle au texte original. Déjà, dans un article publié dans la *Revue des deux mondes*, l'on parlait assez librement « d'une traduction française malheureusement assez médiocre », et de lui ajouter ironiquement « mais qui n'en a pas moins trouvé, depuis deux ou trois ans qu'elle a paru, des lecteurs ».

1 Dans son œuvre, Elizabeth exhortait à la réforme et à l'égalité, alors même que dans sa vie, son statut social de très riche héritière déshéritée par son père la plaçait aux antipodes de ce qu'elle appelait de ses vœux. De même, lorsqu'elle se rendit en France et saisit l'occasion de rencontrer son idole George Sand, elle fut horrifiée de constater son mode de vie et la liberté de ses mœurs.

Non seulement la traduction de M. Albert Saville n'était pas un modèle du genre, mais elle tendait littéralement à desservir le grand poème épique anglais écrit par une femme, dont la réputation commençait à décliner lentement depuis son décès, à Florence en 1861, dans les bras de son époux. Cette mort digne et ô combien victorienne allait sceller le déclin de la notoriété de la grande poète anglaise, l'une des plus grandes à n'en point douter, si bien qu'elle n'est presque plus connue aujourd'hui que pour ses *Sonnets portugais*, récemment au programme de littérature comparée de l'agrégation de lettres modernes. Comme si la traduction qualifiée de « médiocre » signait le déclin en français du mouvement déjà amorcé de l'autre côté de la Manche. La traduction littéraire n'a guère pour vocation de redresser les torts et de réparer les dommages causés par les injustices sociales et littéraires, mais il est regrettable aujourd'hui de constater qu'Elizabeth Barrett Browning n'est plus connue que pour son recueil de sonnets, les célèbres *Sonnets portugais*, aussi magnifiques soient-ils.

Le traducteur universitaire que je suis s'est immédiatement trouvé pris entre deux feux : d'une part, il me fallait donner une vie, dans la langue française, à cette épopée colossale et jusqu'à présent desservie par une tentative de traduction uniquement partielle et en prose, alors même que la poète, pour tenter de définir son œuvre, parlait de « roman en vers » ; d'autre part, la longueur et la difficulté de l'épopée étaient de nature tellement chronophage que la traduction en elle-même devenait pour ainsi dire une gageure dont il me semblait que la fin se dérobait autant que la ligne d'horizon pour le marcheur. Ajoutons à cela, bien sûr, que les vers ne sont pas rimés, mais que ce sont des pentamètres iambiques pour être plus précis. Ce pentamètre non rimé, aussi appelé *blank verse* en anglais, est une forme traditionnelle dans la langue de Shakespeare, et Christopher Marlowe passe pour en être l'inventeur. C'est le vers choisi par John Milton pour son *Paradise lost*. La rime, pour lui, était inutile, pour ne pas dire vulgaire, en poésie, comme il l'écrivit ouvertement dans son introduction au *Paradis perdu* : « *The Measure is English Heroic Verse without Rime, as that of Homer in Greek, and Virgil in Latin; Rhime being no necessary Adjunct or true Ornament of Poem or good Verse, in longer Works especially, but the Invention of a barbarous Age, to set off wretched matter and lame Meter*[2] ».

2 « Le mètre est le Vers Héroïque Anglais non rimé, comparable à celui d'Homère en grec et celui de Virgile en latin. La rime n'est aucunement le nécessaire supplétif ou le

Elizabeth empruntait au poème épique de Milton, qu'elle connaissait sur le bout des doigts, le pentamètre iambique non rimé, alors qu'Alexander Pope (1688-1744) avait choisi le couplet héroïque pour faire les traductions canoniques de *L'Illiade* et de *L'Odyssée*, à savoir des pentamètres iambiques rimés deux à deux. Le rythme, quant à lui, reste le même, avec une succession ininterrompue de syllabes inaccentuées et de syllabes accentuées, rythme des plus naturels dans la langue anglaise. Le choix délibéré du vers blanc pour *Aurora Leigh* était *de facto* audacieux puisque les plus belles plumes de la langue anglaise, de la Renaissance à l'époque Romantique, s'en étaient servies pour écrire les textes les plus prestigieux de la langue anglaise et y introduire les classiques traduits de la littérature européenne, à l'époque où les Anglais déploraient que Homère, Virgile, Dante, Cervantès, Racine et Corneille ne fussent pas anglais. Très jeune, John Milton avait lui-même imaginé qu'il serait un jour l'auteur d'un grand poème épique qui ferait la fierté de sa nation. Lorsqu'Elizabeth Barrett Browning entama *Aurora Leigh*, elle ne pouvait reconnaître qu'elle avait la secrète ambition et l'arrogance d'entrer en concurrence avec Milton, comme elle l'avait fait avec Shakespeare en publiant en 1850 ses propres sonnets, les *Sonnets portugais*. Mais *Aurora Leigh* était bien une œuvre poétique d'une envergure inédite dans toute l'histoire de la littérature anglaise, et concurrence il y aurait donc.

Dès lors, comment serait-il possible d'abandonner un tel monument littéraire à une traduction de la fin du XIXe siècle, jugée « médiocre » en 1892, très incomplète, souvent inexacte et rédigée en prose qui plus est ? Plusieurs questions se posaient alors, et notamment celle du mètre à employer pour faire écho au pentamètre iambique anglais, tout en sachant que la langue et la littérature françaises n'en ont, à ma connaissance, pas d'équivalent. La langue de Molière n'est pas une langue accentuée. Le mètre cadencé, au sens le plus étymologique du terme, du pentamètre iambique ne peut avoir d'équivalent en français, avec sa régularité à la fois horlogère et binaire. Ajoutons à ce détail historique, littéraire et linguistique, que la langue anglaise est plus souple et plus économe que la langue française, si bien que le passage de l'anglais au français s'accompagne généralement d'une forme d'inflation d'environ vingt à

véritable ornement d'un poème ou de beaux vers, notamment dans les longues épopées, mais plutôt l'invention d'une ère barbare, afin de compenser un mauvais sujet ou un mètre boiteux. »

trente pour cent. Sur des vers de dix syllabes, ce gonflement ne pouvait guère excéder deux syllabes, ce qui me ramenait à notre traditionnel dodécasyllabe, avec, à l'occasion, quelques alexandrins. Le dodécasyllabe ou l'alexandrin n'a pas été choisi comme par défaut, comme un excellent collègue le suggère dans sa critique du volume bilingue que j'ai publié chez Classiques Garnier. Le dodécasyllabe s'est littéralement imposé à moi aussitôt que j'ai entrepris la traduction et que les premiers vers ont coulé sur la page.

Je ne suis pas poète, même si j'ai une sensibilité aiguë pour les beaux vers et les belles tournures, et il me semblait être de mon devoir de restituer la belle forme (pléonasme ?) pour les lecteurs francophones qui méritaient pleinement de découvrir et de faire leur miel de ce grand poème épique, aux proportions inédites. Et là se posait un autre problème : Elizabeth Barrett Browning possédait une culture tellement vaste et tellement polyglotte qu'il était impossible de ne pas ajouter au texte une quantité substantielle de notes. Non que le poème ne se suffise à lui-même, mais plutôt que le poème souffre presque d'un excès de références et d'un surplus d'échos littéraires émanant d'une culture livresque proprement impressionnante et que la poète avait en partage avec son époux, le poète Robert Browning, dont le vocabulaire et la culture constituaient très souvent un frein pour nombre de critiques contemporains[3]. Qui plus est, les notes de bas de pages s'adressent à un public francophone, pas nécessairement à l'aise avec les nombreux échos littéraires des grands poètes de la Renaissance anglaise ou bien de la glorieuse période romantique dont Elizabeth était si friande.

Le risque était néanmoins de briser le rythme de la lecture de l'épopée, mais pouvait-elle se faire sans la pleine compréhension de ce qui était à l'œuvre et de ce qui se jouait dans le grandiose *Aurora Leigh*, aboutissement de toute une vie de poète et réceptacle de plusieurs décennies de travail de la langue ? Si l'on accepte cette définition rapide de la poésie, selon laquelle il s'agit d'une écriture esthétique dans le cadre de l'utilisation maximale des ressources du langage, l'ensemble des libertés et des contraintes d'*Aurora Leigh* avait le devoir impérieux de passer d'une langue à l'autre, avec le moins de déperdition possible,

3 L'on reprochait en effet cruellement à Robert une forme d'obscurité dont le poète Mallarmé subirait le procès de l'autre côté de la Manche. Sa difficulté devenait immédiatement une impardonnable obscurité qui devait ternir sa réputation pour plusieurs décennies.

même si le proverbe italien « *traduttore traditore* » donne à voir l'écueil qui menace toute traduction, écho lancinant et ô combien ironique de la paronomase qui refuse elle-même de passer en traduction française, « le traducteur est un traître ». Les notes, encore une fois, comme supplément paginé d'un supplément d'âme et de sens. Dans la mesure où la poésie repose sur l'utilisation maximale des ressources du langage afin de dire plus et mieux, dans les limites imposées par la forme, si l'on tient également compte des exigences propres à la langue source et à la langue cible, la traduction du poème semble être une courbe asymptotique de l'impossible. Comme si *Aurora Leigh* ne suffisait pas, j'ai immédiatement entrepris l'édition bilingue d'un autre poème épique victorien, *Sordello*, écrit par Robert Browning cette fois, certes deux fois plus court, mais écrit en couplets héroïques : la rime comme nouvelle contrainte, sans parler de la difficulté légendaire du poème considéré comme le plus obscur de toute la littérature anglaise.

Cela veut-il dire que les poèmes longs et difficiles, à fortes contraintes formelles, doivent *de facto* échapper à la traduction ? La question mérite d'être posée et que l'on s'y attarde un peu, tant elle est particulièrement lourde de conséquences, autant pour les traductrices et les traducteurs que pour les textes littéraires à proprement parler. Le cas des Browning est pour moi fondamental, dans la mesure où leur œuvre est un modèle victorien de cette difficulté qualifiée d'obscure par une critique courroucée, sans même parler de la longueur avérée de leurs œuvres, y compris dans une période où la concision n'était pas une vertu littéraire cardinale. Robert et Elizabeth avaient très tôt constaté que les œuvres majeures qui avaient contribué à l'imaginaire et à la langue de leur nation étaient des œuvres amples, installées dans la longueur et le lent développement de leur style et de leur mouvement. Le poème épique en était un exemple flagrant et difficilement contestable. Ce n'est pas un hasard si Robert publia son poème épique en 1840 et Elizabeth en 1856. Les deux œuvres, soit dit en passant, connurent des fortunes critiques diamétralement opposées, puisque *Sordello* fut moqué et boudé alors qu'*Aurora Leigh* connut un succès aussi immédiat que colossal, alors même que le déclin du succès littéraire de la poète s'amorça à partir de sa mort et que ce mouvement descendant s'accompagna très curieusement d'une forme de renaissance littéraire pour Robert, alors boudé depuis des décennies.

Cela compte encore dans la mission du traducteur que je suis, notamment dans un contexte de redécouverte des grands auteurs de l'époque victorienne, y compris et jusque dans la fiction contemporaine (A. S. Byatt, *Possession*). Je n'aborde même pas l'engagement anti-esclavagiste des Browning, ainsi que l'autonomie des peuples avec la question italienne, sans parler des élans proto-féministes décelables dans de nombreux poèmes. Sans vouloir tomber dans le lieu commun habituel d'auteurs dont le génie aurait consisté à prévoir les questions devenues ultérieurement brûlantes auxquels des poètes suivants auraient déjà répondu dans leurs œuvres passées, nous sommes bien obligés de constater à quel point ces œuvres en partie boudées ou oubliées sont aujourd'hui dans ce que nous appelons « l'air du temps ». Ce détail est d'autant plus intéressant à constater pour de grandes œuvres littéraires dont le propre est de ne pas obéir aux modes et en cela même de ne jamais être démodées. Certes, *Sordello* ne fut jamais à la mode et *Aurora Leigh* glissa continûment dans l'oubli à partir du crépuscule de l'ère victorienne. Le lectorat anglais tourna progressivement le dos à sa plus grande poète, qui, non contente de quitter l'Angleterre juste après son mariage clandestin avec Robert Browning, au nez et à la barbe de son tyran de père, moquait le froid et la rigueur de sa terre natale tout en chantant les louanges de sa terre d'adoption, la France, qu'elle appelait régulièrement « My Italy ». Elizabeth devint incroyablement célèbre après la publication d'un poème épique alors que Robert fut condamné à remonter la pente de la notoriété poétique précisément après la publication d'un poème épique en lequel il avait naïvement fondé tous ses espoirs et ses plus hautes ambitions.

Ce couple de poètes victoriens, fasciné depuis toujours par le génie artistique de la Renaissance italienne, payait le prix fort de cette haute trahison nationale et esthétique, alors qu'ils avaient pour seule ambition de faire le lien entre les langues et les cultures européennes qu'ils pratiquaient depuis toujours. Même lorsque Robert lisait Balzac ou Flaubert, il le faisait dans leur langue originale. De même, la pratique des langues anciennes du couple Browning les dispensait de lire ces œuvres en traduction, fût-ce l'hébreu ou l'arménien pour des motivations religieuses, et quitte à apprendre ces langues sur le tard. De façon assez paradoxale, les Browning eux-mêmes s'essayèrent à la traduction de textes de l'antiquité gréco-latine, comme pour donner accès à des œuvres qu'ils auraient eux-mêmes refusé de lire à partir de traductions vers la langue anglaise. De fait, traduire leur œuvre, ce que je souhaite poursuivre, sans pour autant viser à l'exhaustivité pour des raisons de temps, consiste en une périlleuse gageure : la transmission est aussi vitale que louable, mais la traduction est une trahison manifeste. De ce simple constat, le traducteur d'*Aurora Leigh* que je suis ressentait le besoin de transmettre ce grand poème épique aux francophones alors que la poète qui en fut l'auteur aurait sans doute refusé d'avoir accès à un tel texte par le biais d'une traduction, quelles qu'en fussent l'origine et la qualité. Cela est d'autant plus vrai que mon édition du poème épique victorien comporte des centaines de notes afin de rendre le texte plus accessible, ce qui, dans le même temps, brise le rythme de la lecture.

Le traducteur se doit de faire œuvre patrimoniale, de ne pas conforter l'oubli et la négligence d'une grande œuvre. Comme on peut s'en rendre compte au fil de mes réflexions sur la traduction de ce monument littéraire victorien, je suis fréquemment passé par des notions comme le devoir, l'éthique, ce qui laisserait presque à penser qu'il y a forcément confrontation entre théorie et pratique de la traduction, de façon presque aussi naïve et scandaleuse que l'opposition surannée entre le fond et la forme en littérature. La *praxis* de la traduction présuppose presque forcément une *theoria*, comme l'expression linguistique présupposerait une forme d'avant-scène du langage, par et dans laquelle ce que l'on dit serait la forme sensible et compréhensible d'un sens qui lui préexisterait, un peu comme le monde des idées de Platon serait l'arbre sémantique dont découleraient toutes les réalités de notre monde. Il en va finalement un peu de la sorte avec la traduction d'une œuvre épique comme *Aurora Leigh*. Le poème élabore peu à peu son propre système sémantique et la traduction annotée du poème épique devient l'unique porte d'accès à l'épopée, qui crée sa signification par le truchement de la complexité qu'elle met en place. Même si Elizabeth qualifiait son poème de « roman en vers », il s'agissait bien d'un poème, avec toute la difficulté inhérente, pour dire plus, autrement et mieux.

De cette manière, la traduction d'*Aurora Leigh* aura été une merveilleuse et difficile école de la traduction de la poésie épique, avec une incroyable succession de difficultés ponctuelles tout au long de presque douze mille vers répartis en 9 livres, comme en écho aux neuf mois de grossesse que la poète ne parvenait pas à tenir, ou bien aux 9 livres sibyllins de la mythologie grecque. Ces difficultés ciblées étaient elles-mêmes inégalement réparties le long d'un texte poétique des plus volumineux, et cette masse littéraire constituait une autre difficulté, celle précisément qui avait, semble-t-il, découragé les traducteurs précédents. Car en traduction, la longueur ajoute nécessairement à la difficulté inhérente au texte source les problèmes d'articulation et de cohérence du texte cible. Par exemple, un poème épique aussi complexe et volumineux ne peut qu'obliger le traducteur à se confronter à celui qu'il était au tout début de cette inédite entreprise. Ainsi, les relectures me renvoyaient au traducteur que je n'étais plus, au risque de faire de ma propre évolution, au contact de ce texte immense, un danger manifeste et pour ainsi dire indépassable pour l'unité et l'harmonie de l'ensemble du poème épique. Cette difficulté me semble propre au poème épique et ne se pose pas dans les mêmes termes, à mon sens, dans le cas du texte en prose.

Mon futur projet est de traduire le *Sordello* écrit par Robert Browning et publié en 1840, au grand malheur du poète, puisque cette œuvre particulièrement difficile le condamna à n'être pas apprécié par la critique et à ne pas avoir de lecteurs, à tel point que le poème devint le synonyme d'obscurité et d'illisibilité. Se dresse alors devant moi un autre défi, car c'en est un, traduire ce qui apparaît comme le poème le plus difficile du siècle victorien, publié environ seize ans avant *Aurora Leigh* et qui avait littéralement conduit son auteur à un authentique naufrage littéraire auquel il faillit cruellement ne pas survivre. Il passa le reste de son existence de poète victorien à essayer d'oublier et de faire oublier ce cuisant échec initial, alors que, sans doute, il s'agissait là de l'un des poèmes les plus ambitieux et les plus audacieux de tout le siècle, alors même qu'il était écrit dans une forme des plus traditionnelles, à savoir le couplet héroïque. Il admit lui-même que le poème était impossible à corriger et qu'il lui était pour ainsi dire impossible de le rendre aimable, malgré son inventivité et ses fulgurances poétiques, ou peut-être justement à cause de ces dernières. *Sordello* venait d'entrer dans la légende des poèmes obscurs, sans le moindre espoir d'en sortir un jour.

Pour des raisons à la fois complexes et pourtant assez simples à deviner, tout ce qui est victorien, contrairement à tout ce qui est romantique, est jugé assez durement, même si nombre de grands traducteurs et de grandes traductrices s'efforcent depuis de décennies déjà de faire sortir de l'ombre de grands textes qui sont victimes de leur proximité chronologique avec l'impérialisme triomphant de la Grande-Bretagne, l'enrichissement par la pratique de l'esclavage, dont les Browning eux-mêmes eurent à souffrir de par leurs familles respectives, sans même parler du lieu commun de tous les lieux communs, à savoir le conservatisme victorien et l'étroitesse proverbiale de son *décorum*. Il est vrai que la comparaison entre la stable affluence victorienne d'une part et le bruit et la fureur de la fin du XVIIIe siècle d'autre part, époque des révolutions des deux côtés de l'Atlantique et d'ambitions démesurées souvent noyées dans le sang et étouffées par la poudre à canon, ne joue jamais ou presque en faveur de l'époque et de la littérature victoriennes. En ce sens, la traduction d'*Aurora Leigh* m'apparaissait comme un devoir littéraire exactement comme celle de *Sordello*, qui, malgré ses six mille vers écrits en couplets héroïques, me fait face comme une nécessité absolue et un besoin presque viscéral.

L'oubli relatif dont souffrit injustement Elizabeth, comme Virginia Woolf le déplorait en son temps, n'est sans doute rien face à celui dont souffre encore aujourd'hui le grandiose *Sordello* de Robert Browning, récit épique sur l'impossible écriture de l'épopée d'un troubadour presque oublié, Sordello, dont il ne reste que quelques fragments dans une langue dont les lectrices et les lecteurs sont bien rares aujourd'hui. Cependant, Sordello fait partie des plus célèbres troubadours de son temps mais c'est pourtant un autre grand poète épique, Dante Alighieri, qui le fait encore connaître au détour des vers de la *Divine Comédie*. Le diminutif de Dante, provenant de Durante, donnait le ton à cette ardeur épique à façonner une langue poétique qui survivrait à la fois à son auteur et à son siècle. Les Browning rêvaient d'épopée pour cette raison, sans le moindre doute, après avoir exploré les territoires lyrique et dramatique. Des milliers de pentamètres permettaient d'explorer d'autres terres que celles des formes courtes, et pas seulement parce que les victoriens, un lieu commun de plus, s'épanouissaient plus dans la longueur que dans la concision. Mais ce détail offre une nouvelle difficulté pour la traduction : une œuvre d'une telle ampleur et d'une telle difficulté ne peut que faire barrage à toutes les volontés de traduction, passé le moment du défi et de l'enthousiasme de la transmission du texte littéraire. Qui plus est, fort rares sont les éditeurs qu'une œuvre bilingue de plus de sept-cent-cinquante pages n'effraie pas, sans même parler des six cents notes de bas de pages.

Le défi supplémentaire de la traduction d'un poème épique de l'ampleur et de l'ambition d'*Aurora Leigh*, comme si besoin était, tient à la nature pour ainsi dire totalisante de l'œuvre d'Elisabeth Barrett Browning. Même s'il s'agit bel et bien d'un poème épique revendiqué comme tel, d'un récit en vers, d'une narration versifiée aux proportions toutes victoriennes, il se trouve qu'*Aurora Leigh* est une épopée pour ainsi dire impossible à résumer, tant le récit s'articule autour d'élans introspectifs, esthétiques, philosophiques, sociaux, et autobiographiques. La diégèse de l'épopée est un monde dans lequel règne une véritable *concors discordia*, si bien que l'intrigue apparaît finalement comme moins importante que la langue épique, pour ne pas dire l'épopée de la langue qui se déploie au fil d'une narration de nature pour ainsi dire autotélique. La poète narratrice s'épanouit dans l'amour et dans la langue au terme d'un périple de presque douze mille vers qui la conduit à la fois à l'amour et à la poésie, dans un élan aussi littéraire que spirituel. Il est aujourd'hui amusant de relire les rares critiques contemporaines dépréciatives concernant l'épopée de la grande poète victorienne, par exemple celle de George Stovin Venables, publiée dans *The Saturday Review* le 27 Décembre 1856 : « *The negative experience of centuries seems to prove that a woman cannot be a great poet*[4] ».

Bien entendu, George Stovin Venables en oubliait qu'Elizabeth avait écrit de grands poèmes bien avant d'avoir rencontré et aimé Robert, et même qu'elle avait longtemps joui d'une grande réputation et d'un succès considérable, alors que son époux était le poète mal aimé, pour ne pas dire maudit, auprès de la critique autant que des lectrices et des lecteurs. Cette forme de réécriture de l'histoire littéraire devait elle aussi me pousser à la traduction du grand poème épique victorien, afin de le rendre disponible et accessible à une nouvelle génération de lecteurs, de l'autre côté de la Manche, notamment pour ceux qui ne connaissaient que ses *Sonnets portugais*. Le sonnet, avec ses quatorze vers traditionnels, n'est certes pas un poème pour poètes au souffle court, mais c'était assurément le *magnum opus* d'Elizabeth Barrett Browning qui était la condition *sine qua non* de son envol et de son épanouissement en tant que poète et auteur de l'un des plus grands poèmes épiques du

4 « La triste expérience des siècles passés tend à prouver qu'une femme ne peut pas être un grand poète. »

continent européen, alors que le genre avait été jusqu'alors exclusivement réservé à la gent masculine depuis plus de vingt-cinq siècles. Comme Elizabeth aimait à le dire si subtilement, « The world of books is still the world », mais encore faut-il que leur langue ne soit pas un obstacle à leur transmission, et c'est précisément là qu'intervient le traducteur.

Jean-Charles PERQUIN
Université Lumière Lyon 2

RÉFÉRENCES BIBLIOGRAPHIQUES

BROWNING, Elizabeth Barrett, *Aurora Leigh*, trad. Jean-Charles Perquin, Paris, Classiques Garnier, 2020.

BYATT, Antonia Susan, *Possession : a Romance*, Londres, Chatto & Windus, 1990.

MILTON, John, *Paradise Lost*, Oxford, Oxford University Press, 2008.

POPE, Alexander, *The Odyssey by Homer*, Portable Poetry (Deadtree Publishing, éditeur en ligne), 2017.

POPE, Alexander, *The Iliad : The Verse Translation by Alexander Pope*, CreateSpace Independent Publishing Platform, 2012.

SAADI, Suhayl, *Psychoraag*, trad. Jean-Charles Perquin et Samuel Baudry, Paris, Éditions Métaillié, 2007.

WRIGHT, Isobel, *Mr Placebo*, trad. Jean-Charles Perquin, inédite.

ANNEXE
Questionnaire : réponses de Jean-Charles Perquin

1. Quelles sont vos langues de traduction ?

De l'anglais vers le français.

2. Combien de traductions avez-vous publiées, et dans quels domaines ? (vous pouvez indiquer les références, si vous le souhaitez)

Une pièce de théâtre (jouée mais pas publiée), un roman et un poème épique de presque 12000 vers, plusieurs chapitres d'ouvrages de sciences humaines.

3. S'agissait-il de commandes éditoriales ou bien de propositions spontanées ?

Que des commandes, sauf le poème épique.

4. Quelles ont été jusqu'ici vos relations avec vos éditeurs (délais, rémunération…) ?

Minimalistes.

5. Si vous avez traduit des auteurs vivants, quelles relations avez-vous entretenues avec eux ?

Courriels pour des questions de sens.

6. Faites-vous partie d'une association de traducteurs (ATLF, ATLAS…) ?

Non.

7. Quelles sont vos relations avec d'autres traducteurs ?

J'ai traduit le roman avec un collègue et ami (traduction à 4 mains).

8. Quelle part de votre temps a été jusqu'ici mobilisée par vos activités de traduction ?

C'est très variable.

9. Dans votre formation à la traduction, y a-t-il des ouvrages qui aient joué un rôle important ?

Claude et Jean DEMANUELLI, *Lire et traduire*, Paris, Masson, 1990
Hélène CHUQUET et Michel PAILLARD, *Approche linguistique des problèmes de traduction anglais-français*, Paris, Ophrys, 2002.

10. Quel est à vos yeux le principal intérêt de la traduction et quels sont ses liens avec – voire son influence sur – votre métier d'enseignant-chercheur ?

Mes traductions sont surtout des traductions universitaires et abondamment annotées (éditions bilingues).

TRADUIRE L'ÉLÉGIAQUE

Sur quelques versions de « *Out of the Cradle Endlessly Rocking* » de Walt Whitman

Le poème objet de la présente étude est le premier texte de *Leaves of Grass* dans lequel écriture poétique et traduction nouent leurs destins. Ce texte de 1859 inaugure aussi, dans la poétique de Walt Whitman, une tonalité élégiaque qui, d'abord diffuse dans les poèmes réunis sous le titre de *Sea Drift* [« Drossé au sable »], culmine dans la thrénodie consacrée au Président Lincoln. « Out of the Cradle Endlessly Rocking » (*CP* 388-94) dresse un autoportrait du poète en *traducteur* du chant du deuil. À ce titre, il nous interroge en retour sur le destin particulier de ce texte dès lors que de poème de la traduction, il devient poème *à traduire.* C'est de cette dimension du poème élégiaque whitmanien non pas en tant que ce qui *tient lieu* de traduction, mais comme ce qui *donne lieu* à traduction et engage une poétique du traduire, que je voudrais rendre compte en m'appuyant sur plusieurs versions de ce texte. Les traductions de « Out of the Cradle » que je souhaite examiner sont celles de Pierre Messiaen (1951)[1], Roger Asselineau (1972)[2] et Jacques Darras (1989, 1994, 2002)[3]. Je me référerai également de temps à autre aux traductions allemandes de Johannes Schlaf (1907)[4] et de Hans Reisiger (1985)[5].

La spécularité domine la forme métrique et syntaxique du poème aussi bien que sa thématique, dans laquelle l'identification joue un rôle central. Car il s'agit ici pour Whitman de retracer la genèse de sa

1 Walt Whitman, *Choix de poèmes*, trad. et préf. Pierre Messiaen, Paris, Aubier, 1951.

2 Walt Whitman, *Leaves of Grass. Feuilles d'herbe*, trad. et préf. Roger Asselineau, Paris, Aubier Flammarion, 1972.

3 Walt Whitman, *Feuilles d'herbe*, trad et présentation, Jacques Darras, Paris, Gallimard, 2002.

4 Walt Whitman, *Grashalme*, trad. Johannes Schlaf, Stuttgart, Reclam, 1968.

5 Walt Whitman, *Grashalme*, trad. Hans Reisiger, Zürich, Diogenes, 1985.

vocation. Pour mener à bien cette brève autobiographie poétique, le sujet y endosse la double perspective de l'adulte et de l'enfant. Réminiscence et traduction sont les deux opérations complémentaires par le moyen desquelles le sujet adulte renoue avec son propre passé, qui affleure dans le poème sur le mode de la *vignette* juxtaposant les participes présents comme autant de clichés photographiques, et sur le mode *antiphonaire*, le poème étant le théâtre d'une hantise consentie : celle par laquelle le sujet du souvenir se laisse de nouveau habiter par un chant entendu dans son enfance, et procède à sa retranscription traduisante.

Le clivage sujet narrant / sujet narré propre à tout récit autodiégétique se reflète donc dans le dédoublement qui affecte la voix : à l'origine du poème, Whitman place en effet un chant d'oiseau entendu par l'enfant sur la plage de son Long Island natal (désigné ici par son nom indien de Paumanok). L'enfant « absorbe » et « traduit » les notes entendues, et c'est le fruit de cette traduction qui se trouve retranscrit en italiques aux vers 32-40, 52-54, puis dans la longue section qui s'étend des vers 71 à 129 (le poème comptant 183 vers en tout). Distinctes du reste du texte par leur graphie, les parties « traduites » du poème s'en démarquent aussi par un certain nombre de caractéristiques formelles nettement atypiques par rapport au reste de la production whitmanienne. Les vers spondaïques y sont fréquents. On y observe un grand nombre d'anaphores mimétiques du chant répétitif de l'oiseau, cette « *musical shuttle* » que les traducteurs français rendent par « fuseau » ou par « navette musicale » ou « harmonieuse ». Les propositions exclamatives, souvent introduites par l'onomatopée plaintive « O », y sont légion. Enfin, la tonalité élégiaque domine ces passages en italiques, alors qu'elle est absente du texte en caractères romains qui les encadre.

Pour autant, Whitman n'en revendique pas moins avec l'oiseau une parenté déjà inscrite dans la paronomase qui rapproche le signifiant *bird* de celui qui désigne le poète débutant ou « *outsetting bard* » (143) [« le barde débutant »], et qui se prolonge dans la signature rythmique unissant le chant attribué à l'oiseau à celui du poète. Ainsi les spondées monosyllabiques des vers 32, 52, et surtout 127 (où l'exclamation *Loved !* est répétée à cinq reprises) s'insinuent-ils dans le vers du poète adulte à travers la quintuple anaphore sur le mot *death*, au vers 169. Ainsi également les choriambes (qui mettent bout à bout un trochée et un iambe), récurrents dans le chant de l'oiseau (« *Singing all time, minding no time* », vers 39 [« Sans le sens du temps, toujours chantant »]), se propagent-ils dans les vers qui encadrent la traduction (« *Or flitting from brier to brier by day* », vers 49 [« voletant, dans le jour à la cime de l'églantier »]). Ce que Whitman nomme « *fitful risings and fallings* » (v. 9) [« capricieux crescendo et decrescendo »] se retrouve donc uniformément, comme par une heureuse traduction, dans la mélodie de l'oiseau, et dans celle de son apprenti.

Dans la première réminiscence qui s'étend des vers 23 à 31 (de « *Once Paumanok* » à « *Cautiously peering, absorbing, translating* »), l'attention de l'enfant est mobilisée par le spectacle de deux oiseaux qui, couvant leurs œufs, présentent un idéal de parfaite union. Cette harmonie que la disparition ou la mort de la femelle interrompt presque aussitôt se reflète dans l'autoportrait du poète en « unificateur du présent et de l'avenir » (v. 20). La scène primitive formée par les deux oiseaux vaut ainsi métaphore fondatrice de l'idéal poétique Whitmanien, et c'est dans la figure de l'oiseau survivant, qui n'a de cesse de convoquer sa compagne absente par son chant, que le poète trouve son improbable reflet spéculaire. Car dans l'apostrophe « *O you singer solitary, singing by yourself, projecting me* » (v. 150) [« Ô chanteur solitaire qui chantant pour toi me projettes »], c'est bien non seulement de *projet* au sens où le devenir du poète Whitman est en quelque sorte déjà *en projet* dans la mélopée de l'oiseau, mais aussi de *projection* au sens identificatoire du terme, qu'il est question. Dans l'oiseau de l'Alabama qui tente par son chant de recouvrer sa femelle disparue, on repère donc sans mal une version américanisée d'Orphée, mais un Orphée d'un genre nouveau, puisqu'il s'agit pour Whitman, non de faire coïncider le passé avec le présent, mais d'unir la modernité à la postérité. La préface des *Feuilles d'herbe* rédigée en 1888 et intitulée « A Backward Glance o'er Travel'd Roads » (« Bref regard sur le chemin parcouru ») reflète cette aspiration. Whitman y déclare en effet, en écho à Champollion évoquant sa *Grammaire égyptienne* : « Je considère *Feuilles d'herbe* [...] comme la carte de visite définitive que je laisse aux futures générations du Nouveau Monde[6] ».

On l'a vu, le rapport en miroir que Whitman noue entre lui-même enfant et l'oiseau dont il préserve et traduit le chant se monnaye de la disparition de la compagne du volatile. Cet effacement est le corrélat

6 "A Backward Glance o'er Travel'd Roads", in *Poetry and Prose*. New York : Literary Classics of the United States, 1982, p. 656.

structurel de l'intervention d'une figure tierce dont l'identité est dévoilée par étapes successives. Il en est question dès le prologue, au vers 14, à propos « Du délice sans pareil, de la puissance sans égal d'un mot » (JD) (« *From the word stronger and more delicious than any* »), puis sur un mode plus imaginaire, aux vers 133 et 141 qui décrivent l'océan en « vieille mère féroce, qui ne cesse de gémir » (« *the fierce old mother incessantly moaning* »), puis en « vieille mère sauvage, qui ne cesse de crier » (« *the savage old mother incessantly crying* »). Il faut attendre le vers 169 pour découvrir que la mort est le signifié de ce cri charrié par les vagues à la manière d'une épave. C'est donc une polyphonie à trois voix qui se tisse au fil du poème, et l'on comprend que la « navette musicale » qui métaphorise la gorge de l'oiseau doit cette appellation au va-et-vient particulier qu'elle opère non entre deux, mais entre *trois* textes : la traduction whitmanienne, le chant de l'oiseau qui la sous-tend, et en deçà, la basse continue infra-signifiante de l'océan, pur rythme spondaïque qui vient indifféremment s'incarner ou plutôt se déposer dans la répétition des monosyllabes *shine*, *blow*, *love*, et enfin *death*.

POÉTIQUE DE L'INSCRIPTION MÉMORIELLE

Le prologue du poème s'étale sur 22 vers, dont les vingt premiers présentent une suite ininterrompue de propositions circonstancielles, puis d'appositions, qui débouchent, au tout début du vers 20, sur l'émergence du pronom à première personne « I ». Dans cette théâtralisation syntaxique de sa propre naissance, le sujet poétique apparaît porté par la vague des souvenirs que le reste du texte s'emploiera à déployer. Paradoxe de l'origine : il faut que ses souvenirs le portent jusqu'à la bordure entre les sections 1 et 2, séparées par un blanc comme la mer l'est de la terre par le rivage, pour qu'il devienne le sujet dans lequel viendront s'ancrer le chant *de* la réminiscence et le chant *comme* réminiscence. Par l'effet d'adhérence qui relie la consonne finale de *reminiscence* à la consonne initiale du verbe *sing*, ces deux termes s'avèrent, de fait, indissociables, comme l'a d'ailleurs parfaitement perçu Jacques Darras, qui crée pour l'occasion un nom composé : « Me voici, moi et ma chanson-réminiscence ». C'est dire la place centrale qu'occupe dans ce texte la poétique de l'inscription mémorielle, et l'enjeu décisif qu'elle incarne pour le traducteur, confronté au problème que pose la longue phrase nominale dans laquelle s'incarne le brusque surgissement du souvenir dès les vers 23-31 qui campent les principaux personnages du récit autobiographique. Face à ce problème, les trois traductions françaises adoptent des logiques nettement distinctes, comme on peut en juger à la façon dont les formes en -ING sont rendues dans les vers 30-31 et, beaucoup plus loin dans le texte, dans les vers 130-132 :

> *And every day I, a curious boy, never too close, never disturbing them,*
> *Cautiously peering, absorbing, translating.* (v. 30-31)
> [...]
> *The aria sinking,*
> *All else continuing, the stars shining,*
> *The winds blowing, the notes of the bird continuous echoing,* (v. 130-132)

Privilégiant l'éclair de la réminiscence qui s'impose en bloc sans souci de hiérarchisation entre principales et subordonnées, Whitman juxtapose dans ces deux extraits les formes en -ING sans les fédérer autour du verbe être. Roger Asselineau s'empresse de remédier à cette apparente lacune et traduit les vers 30-31 par : « Et tous les jours, moi, petit garçon, curieux, n'approchant jamais trop près, jamais ne les dérangeant, je regardais sans bruit ! j'absorbais et traduisais ». Dans les vers 130-132, Asselineau suppose la forme en -ING sous-tendue par la copule dont Whitman aurait fait l'économie. Il la traduit donc mécaniquement par un imparfait, lui conférant la valeur cadre classique qui distingue le prétérit en ED de BE+ING, toujours traduit par ce temps français. Asselineau traduit donc par une succession d'indépendantes : « l'aria mourait, / Tout le reste continuait, les étoiles brillaient, / Les vents soufflaient, écho incessant aux notes de l'oiseau. » L'impression dominante ici est celle d'un récit maîtrisé, d'une écriture qui puise dans un fonds de souvenirs et se charge de les structurer.

La traduction de Pierre Messiaen commence quant à elle par calquer les formes en -ING par une série de participes présents, façon de faire subir l'épreuve de l'étranger à la syntaxe française un peu moins tolérante vis-à-vis des enchaînements de participes présents que ne l'est l'anglais. On peut juger du succès de l'opération à la lecture des vers 30-31 dans la version de Messiaen : « et chaque jour moi, garçon curieux, jamais trop près, jamais ne les dérangeant, / Regardant curieusement, absorbant, traduisant ». Quels que soient les mérites de ce littéralisme, il est de courte durée, puisque dans les vers 130-132, Messiaen, au risque de l'incohérence, adopte la solution qui sera retenue par Asselineau : « L'aria s'effaçait, / Tout le reste continuait, les étoiles luisaient, / Les vents soufflaient, les notes de l'oiseau faisaient leur écho continu. »

Jacques Darras, quant à lui, préserve la syntaxe nominale de la phrase whitmanienne, mais sans accumuler les participes présents auxquels il substitue une série de propositions relatives. Ce choix de traduction projette sur la réminiscence la dynamique de la mémoire involontaire qui survient par visions successives : un nom s'impose, et avec lui son cortège de subordonnées, tel un fragment mémoriel entraînant avec lui une métonymie de souvenirs associés :

> Paumanok jadis,
> Le parfum du lilas dans l'air, l'herbe verdissante du cinquième Mois,
> Sur le rivage, un bouquet d'églantiers,
> Deux visiteurs d'Alabama, deux boules de plumes,
> Un nid, quatre œufs vert pâle mouchetés de brun,
> Jour après jour, la femelle qui couve sur le nid, œil vif, en silence,
> Et puis ma curiosité de petit garçon, qui évite d'approcher trop près, de
> déranger le nid, prudemment,
> Et qui scrute et qui absorbe et qui traduit.

Jacques Darras est cohérent dans ses choix, et la même stratégie se décèle dans les vers 130-132 : « L'aria qui s'achève, / Le monde qui se prolonge, les étoiles qui luisent, / La brise qui souffle, l'écho qui perpétue les notes de l'oiseau ».

Or, qu'en est-il justement de ce chant dont le poète, comme la brise marine, « perpétue » à son tour les notes ? Après le bref hymne au soleil des vers 32-40, la disparition de l'oiseau femelle le mue bientôt en mélopée :

> *Shake out carols !*
> *Solitary here, the night's carols !*
> *Carols of lonesome love ! Death's carols !*
> *Carols under that lagging, yellow, waning moon !*
> *O under that moon where she droops almost down into the sea !*
> *O reckless despairing carols.* (v. 99-104)

« Égaillez-vous noëls !
Noëls de la nuit dans ma solitude !
Noëls de l'amour esseulé ! Noëls de la mort !
Noëls sous la traînante, jaunissante, déclinante lune !
À l'heure qu'elle va s'ensevelir quasiment dans les flots !
Intrépides noëls du désespoir[7]. »

Le mot *carol* détonne ici : il réapparaît pourtant sous la plume de Whitman dans un contexte analogue, puisqu'il décrit les accents de la grive ermite entendus dans l'élégie à Abraham Lincoln « When Lilacs Last in the Dooryard Bloom'd » [« Hier comme les buissons du lilas avaient éclos leurs fleurs sur le seuil »]. Tout comme « Out of the Cradle », cette suite poétique comporte une longue section en italiques dont l'identité générique est précisée par les vers qui la précèdent immédiatement :

And the singer so shy to the rest receiv'd me,
The gray-brown bird I know receiv'd us comrades three,
And he sang the carol of death, and a verse for him I love.

« Là l'oiseau méfiant aux autres m'accueillit,
Nous accueillit tous trois fraternellement, le chanteur aux plumes grises,
Chantant un noël de mort et un psaume pour celui que j'aimais. »

[...]
And the charm of the carol rapt me,
As I held as if by their hands my comrades in the night,
And the voice of my spirit tallied the song of the bird.

« Et le charme opéra, nous ravit,
Moi tenant par la main mes frères nocturnes,
Mon esprit s'accorda en écho avec l'oiseau chanteur. »

Selon l'*Oxford English Dictionary*, le mot anglais *carol* désigne « 2. Une chanson ordinairement joyeuse, souvent associée avec les trilles joyeux des oiseaux. 3.a. Une chanson ou un hymne de joie religieuse. » C'est le plus souvent dans cette dernière acception que le terme est utilisé, en particulier pour décrire les chants de Noël ou « Christmas carols ». Pierre Messiaen et Roger Asselineau, conscients de la double acception du terme, ont retenu la définition qui s'accordait le mieux avec l'occasion funèbre du chant, et ont traduit le vers « *Shake out carols !* » par « Fais

7 Sauf indication contraire, les traductions françaises citées entre crochets sont celles de Jacques Darras.

voler des chansons » (Messiaen) et « Résonnez et vibrez, chansons ! » (Asselineau). Le *Trésor de la Langue Française* définit la chanson comme une « petite composition chantée, de caractère populaire, d'inspiration sentimentale ou satirique, divisée en couplets souvent séparés par un refrain. » Le dictionnaire précise que le terme peut s'appliquer indifféremment à « une chanson d'amour » et à « une chanson nostalgique ». C'est donc un terme neutre qu'à l'instar du mot *Lieder* retenu par les traducteurs allemands, Asselineau et Messiaen ont privilégié, quitte à neutraliser ainsi la charge de l'alliance de mots proche de l'oxymore qu'est « *death's carols* ».

Jacques Darras, de son côté, cultive la discordance en traduisant « *Shake out carols !* » par « Égaillez-vous noëls ». Le même terme réapparaît dans sa version de « When Lilacs » dont je viens de citer quelques vers que je rappelle :

> Là, l'oiseau méfiant aux autres m'accueillit,
> Nous accueillit tous trois fraternellement, le chanteur aux plumes grises,
> Chantant un noël de mort et un psaume pour celui que j'aimais.

On peut d'abord s'étonner que Darras ait choisi de traduire sous la forme d'un chant de la naissance ce qui en est l'antithèse. À moins que le traducteur n'ait par-là délibérément cherché à creuser l'écart entre le destinataire réel et le destinataire supposé de cette mélodie. S'il est vrai qu'un *noël* célébrant la *mort* est un chant manifestement détourné de son objet, peut-être cet oxymore générique jette-t-il en effet un éclairage inattendu sur la problématique du sens et de la destination qui sous-tend le poème de Whitman.

SENS ET DESTINATION

Il convient à ce propos de se pencher sur deux vers où la question du destinataire se pose avec une particulière insistance, puisqu'ils renvoient au mot jusqu'ici passé sous silence, quoiqu'annoncé dès le prologue, et, avant qu'il ne retentisse quelques vers plus loin, l'érigent d'emblée en signifiant maître :

The word final, superior to all,
Subtle, sent up – what is it ? – (v. 161-162)

« Le mot définitif, plus grand que tout,
Subtil, légué au ciel – quel est-il ? – j'attends ; »

La difficulté principale que posent ces vers réside dans le sémantisme du participe passé passif « *sent up* » et plus particulièrement, de la postposition. Contrairement à « *wash up* » qui signifierait « échouer », le verbe « *send up* » se dit d'abord d'une prière. La particule adverbiale *up*, qui revient au vers 179 dans le syntagme « *the word up from the waves* » [le mot monté des vagues] rend toutefois cette lecture peu vraisemblable, ce qui explique pourquoi la plupart des traducteurs se sont limités à décrire le mouvement ascendant du mot porté par les vagues. Pierre Messiaen traduit les deux vers de façon assez littérale : « Le mot final, supérieur à tous, / Subtil, s'élevant, – qu'est-il ? » (PM) Johannes Schlaf, qui commet le péché d'« ennoblissement » jadis dénoncé par Antoine Berman en ajoutant la nuance du sublime et en gommant la nuance interrogative, rend « *sent up* » par un simple verbe de mouvement : « *Ein letztes Wort, erhabener l salle ; / Fein und heimlich steigt es herauf !* ».

Asselineau et Reisiger, quant à eux, se risquent à interpréter, mais dans une simple perspective d'explicitation, en gommant l'ambiguïté du texte original quant au destinataire du vocable porté par les vagues. Ils traduisent donc : « Le mot suprême, supérieur à tous, / Subtil, envoyé vers moi – qu'est-il ? » (Asselineau) ; « *Das letzte Wort, erhabner l salle, / Leise zu mir herauf – wie heißt es ?* » (Reisiger). Jacques Darras, de son côté, tranche également la question du destinataire que le texte laisse dans l'ombre, mais en accentuant au contraire la portée métaphysique de la particule « up » : « Le mot définitif, plus grand que tout, / Subtil, légué au ciel – quel est-il ? » (JD) Le vers 179 (« *the word up from the waves* »), je l'ai signalé, infirme cette lecture, car on voit bien que le mot « death » ne s'y élève pas au-dessus des vagues qui le portent. L'intérêt de ce qui peut donc passer ici pour un forçage interprétatif tient à ce que, par cet infléchissement du sens, Jacques Darras renoue avec la problématique de l'*héritage* sous-jacente à l'auto-définition du poète comme « *uniter of here and hereafter* » [« unificateur de l'ici et de la postérité »] léguant son œuvre aux générations futures. Au-delà du contexte immédiat du poème, se trouve ainsi également mobilisé le paratexte auctorial de « A

Backward Glance o'er Travel'd Roads » que j'ai cité en introduction en précisant que Whitman voyait dans ses *Feuilles d'herbe* une « carte de visite » destinée aux lecteurs à venir.

Mais si tel est bien le cas, alors la traduction whitmanienne du suprême vocable « légué au ciel » par les vagues s'apparente à une *captation d'héritage*, à une opération de détournement d'un sens dont le poète *n'est pas* le destinataire, pas plus du reste qu'en tant que traducteur il n'était le destinataire du chant de l'oiseau. À ce titre également la lecture de Darras s'avère féconde. Elle révèle en effet la part d'usurpation inhérente au traduire, mais aussi à toute lecture, puisqu'aussi bien, comme le souligne Walter Benjamin dans le premier paragraphe de « La Tâche du Traducteur », la théorie qui assigne à l'œuvre d'art un destinataire, fût-il idéal, est sans fondement lorsqu'il s'agit d'appréhender l'essence de l'œuvre d'art :

> En aucun cas, devant une œuvre d'art ou une forme d'art, la référence au récepteur ne se révèle fructueuse pour la connaissance de cette œuvre ou de cette forme. Non seulement toute relation à un public déterminé ou à ses représentants induit en erreur, mais même le concept d'un récepteur « idéal » nuit à tous les exposés théoriques sur l'art, car ceux-ci ne sont tenus de présupposer que l'existence et l'essence de l'homme en général. De même, l'art présuppose l'essence corporelle et intellectuelle de l'homme, mais dans aucune de ses œuvres il ne présuppose son attention. Car aucun poème ne s'adresse au lecteur, aucun tableau au spectateur, aucune symphonie à l'auditoire[8].

Ajoutons que cette lecture est également cohérente avec les vers 144-157 qui s'inaugurent de l'hésitation « *Demon or bird !* » Si l'oiseau est la figure daimonique (plutôt que « diabolique », comme le suggère Darras) que le poète pressent, alors il sert bien de « messager » (v. 156) ; mais la lettre dont il est porteur n'atteint son destinataire (le poète) qu'à condition de le manquer (la femelle de l'oiseau qui ne l'entend pas). Ou plutôt, elle n'advient comme destin qu'à condition de *s'effacer* comme destination. C'est du reste ainsi qu'il faut entendre le titre de la section de *Leaves of Grass* dont « Out of the Cradle » est le premier poème : en effet « Sea Drift » (que Darras traduit élégamment par « Drossé au sable » et Asselineau et Messiaen par « Épaves » ou « Épaves marines ») ne désigne pas seulement ces objets qui échouent sur le rivage. L'édition

8 Walter Benjamin, « La tâche du traducteur » (1923), *œuvres*, I, trad. Maurice de Gandillac, Rainer Rochlitz et Pierre Rusch, Paris, Gallimard, 2000, p. 244.

de 1844 du dictionnaire de Noah Webster donne aussi du terme la définition : « *Course of any thing; tendency; aim; main force; as, the drift of reasoning or argument; the drift of a discourse.* » « Drift » renvoie au « cours, à la tendance, au but d'une chose », mais aussi à la direction que suit un argument ou un discours, autrement dit : à son sens. Il s'agit donc aussi de ce que signifie la mer, de la lettre qui circule au gré du courant, de ce dont l'océan est ainsi la méta-phore et qui, par sa dérive, arrive à destination dans le geste whitmanien de la traduction : sens qui choit (sur le rivage ou dans l'oreille de l'enfant) et qui échoit, objet sans destination mais lourd d'un *destin* poétique, fût-ce le mot *death* puisqu'aussi bien, seule la mort du poète est susceptible de faire de lui le trait d'union entre le temps présent et la postérité.

Le mot porté par les vagues ne parvient donc pas au ciel vers lequel il est pourtant dit s'élever dans la traduction de Darras, mais ce détournement s'inscrit dans la *semiosis* du poème, ce qui fait de la traduction en question à tout le moins une *felix culpa*, sinon un geste critique à part entière mettant en lumière la problématique de la destination au cœur du poème. Il apparaît maintenant clairement pourquoi Darras a choisi par sa traduction de faire résonner le « noël » de l'oiseau à contre-emploi, voire à contre-courant en désignant par ce terme un hymne à *thanatos*. Si Darras a renoncé à la neutralité générique que préservent les autres traducteurs français et allemands, c'est que leurs « chansons » et autres « Lieder » ne rendent nullement l'incongruité de la formule « *death's carols* ». Par cette traduction apparemment *déplacée*, Darras semble quant à lui avoir à cœur de mettre en lumière non seulement la violence de l'oxymore, mais bien davantage celle de la lecture-traduction whitmanienne consistant à soustraire à une mélodie naturelle un sens dont elle est exempte. Il permet en outre au lecteur français d'entendre le double scénario qui se joue dans le poème.

Car, comme on vient de le voir, le chant de deuil de l'oiseau, en tant que signifiant, possède deux effets de signification : il signifie la perte de l'oiseau femelle, et il signifie *à* l'enfant sa vocation de poète, autrement dit : il lui enjoint d'embrasser un destin. L'élégie[9] se mue

9 Une des difficultés que pose le poème de Whitman tient à ce qu'il met le traducteur en demeure de traduire conjointement la mort comme signification et la mort de la signification. Aux vers 133 et 141, Darras avait traduit de la même façon *moaning* et *crying* en faisant de la mer une « pleureuse inlassable ». Assimilant la mer à une pleureuse antique, comme dans les processions funèbres, Darras marque ainsi fort

ainsi en un chant de l'origine et à ce titre également, il semble légitime de lui faire revêtir les dehors génériques d'un noël, c'est-à-dire d'un hymne à la naissance.

Dans son essai sur le *Principe poétique*, Edgar Allan Poe érige l'uniformité en principe de plaisir poétique, et situe dans le spondée, alliant deux syllabes accentuées, la forme métrique originaire dont toutes les autres découlent. Mais dans l'essai de Poe, l'uniformité constitue surtout une ligne d'horizon qu'il serait vain et périlleux de chercher à atteindre, car en elle, Poe reconnaît que le poème risque aussi de s'abolir. C'est peut-être en écho à cette réflexion que Whitman fait de la mort le bruit de fond, la basse continue du poème, cet *undertone* (v. 141) où l'on devine aussi le mot anglais *undertow*, la *lame* de fond qui risque d'entraîner la mort du nageur, ou de l'écriture. C'est aussi pourquoi Whitman fait coïncider l'émergence du signifiant *death* avec le dernier vers lourdement spondaïque du poème (« *Death, death, death, death, death* »). Dans le morne ressassement de sa syllabe accentuée, ce mot vient échouer au vers 173, sur le littoral séparant la section pénultième du poème de sa conclusion, tel un morceau de bois rejeté par la mer. Mais avant de rejeter cette lettre morte, l'océan l'aura d'abord charriée. Et le poème-berceau aura abrité dans ses ondulations l'accent monotone qui en est la traduction rythmique et qui, une fois déposé à sa lisière, redevient inerte. De « l'oscillante l'incessante balance du berceau » de la mer émergent donc conjointement le poète, le signifiant de la finitude auquel il lui est enjoint de s'identifier, et les rythmes dont le mouvement de l'océan forme la matrice, et sur lesquels se règlent les paroles de l'enfant poète :

---

légitimement l'ancrage du poème dans le genre élégiaque. Mais il gomme du même coup la sauvagerie inhumaine du son qui s'origine dans l'océan. – Or c'est bien cet aspect qui domine dans l'épilogue où l'on voit se jouer un retour progressif vers l'indifférencié au gré des verbes *whispered* (v. 167), *lisped* (v. 168) et enfin « *hissing melodious* » (v. 170). Chez Messiaen ces verbes sont rendus successivement par « murmura », « murmura », et « sifflant mélodieusement ». Asselineau traduit « murmura », « chuchota », puis « murmure mélodieux ». Darras commence avec « chuchota… », puis procède à deux transpositions : successivement « …d'entre ses lèvres », et « qu'elle reprit en écho, la mort, la mort, la mort, / De ses soupirs mélodieux ». Dans « The Idea of Order at Key West », Stevens évoquera la mer en lieu d'origine d'un cri en deçà de toute signification (« *Made constant cry, caused constantly a cry* ») déjà à l'œuvre ici. En accentuant l'appartenance du poème whitmanien au lyrisme élégiaque et en traduisant le sifflement serpentin de la mer en « soupirs mélodieux », Darras évacue en même temps cette part non signifiante du réel dont l'océan whitmanien est déjà porteur, et qui figurera au cœur de l'esthétique moderniste de Wallace Stevens.

The undertone, the savage old mother incessantly crying,
To the boy's soul's questions sullenly timing, some drown'd secret hissing,
To the outsetting bard.

« La partie grave, la vieille mère sauvage, la pleureuse inlassable,
Questionnant l'âme enfantine par la grisaille de ses rythmes, lui sifflant ses secrets de noyade,
à lui, le jeune barde commençant. »

Une traductibilité généralisée prévaut donc dans ce texte où ce qui est vrai de l'océan l'est également de l'enfant, de l'oiseau, et du poème qui narre leur rencontre. Les formules « *rustling at my feet* » [« s'approchant en bruissements à mes pieds »] et « *creeping to my feet* » [« glissant jusqu'à mes pieds »], aux vers 171 et 181, désignent ainsi indifféremment les pieds de l'enfant ou les *rythmes* qui hantent la prose poétique whitmanienne.

Or, comment cette traductibilité vient-elle précisément à se traduire ? J'ai signalé en introduction la façon dont les choriambes sont disséminés à travers le poème. Cette forme métrique, qui met en regard un trochée et un iambe, anime en particulier le premier vers « *Out of the cradle endlessly rocking* » (/ - - / - / - - / -) d'un balancement mimétique du sac et du ressac de l'océan-berceau. Mais elle se reflète aussi dans le chiasme syntaxique formé, aux deux extrémités du poème, par les signifiants *cradle* et *rocking* qui apparaissent en ordre inversé aux vers 1 et 181 : « *Out of the cradle endlessly rocking* » / « *like some old crone rocking the cradle* ». Les traductions de Messiaen et Asselineau ont gardé la trace de ce chiasme macrostructural : « Hors du berceau qui se balance sans fin » / « telle une vieille femme balançant le berceau » (Messiaen) ; « Venant du berceau perpétuellement balancé » / « telle une bonne vieille qui balance le berceau » (Asselineau). Mais on chercherait vainement chez ces deux traducteurs quelque effort pour rendre le rythme du vers dont cette figure à peine décelable est le lointain reflet.

Tel n'est pas le cas chez Darras qui investit lourdement sur le rythme et les sonorités de l'incipit dans le but de capter un peu du mouvement pendulaire qui l'anime. « *Out of the cradle endlessly rocking* » devient ainsi dans sa version : « Issu de l'oscillante l'incessante balance du berceau ». La consonance qui s'entend dans « craDLe enDLessly » est ici rendue par un luxe d'assonances, de consonances et d'allitérations. Quant à la parfaite symétrie rythmique du décasyllabe whitmanien, Darras la restitue en mettant en vis-à-vis deux adjectifs et deux noms comportant le même nombre de syllabes. Enfin, le caractère hypnotique du rythme whitmanien est relayé par le redoublement des épithètes, l'absence de ponctuation, et par le pléonasme de « l'oscillante [...] balance » dont la seule fin est de produire un effet de saturation sonore. Le traducteur français signale ainsi au lecteur combien la parole whitmanienne est d'entrée de jeu contaminée par le chant de l'oiseau dont le recours aux guillemets semble pourtant la démarquer.

PASSAGE PAR L'INTRADUISIBLE

Le présupposé d'inter-traductibilité poético-océanique qui sous-tend le texte de Whitman constitue aussi un des écueils sur lesquels achoppent les traductions qui nous en sont proposées. Le poème repose sur une syllepse généralisée en vertu de laquelle les signifiants à portée métapoétique sont aussi parcourus par le sens littéral à la manière d'un courant. La formule de ces doubles inscriptions se trouve dans les vers 168-170 où l'adjectif *melodious* (v. 170), prédiqué du sifflement de la mer, travaille déjà sous forme d'hypogramme la matière sonore du vers « *Lisp'd to me the low and delicious word death* » (v. 168). De cet effet de dérive et de recomposition syllabique, aucune des traductions consultées ne portent la trace, pas plus qu'elles ne se préoccupent de mettre en valeur les signifiants qui, dans le texte whitmanien, font communiquer les séries océanique et poétique. Ainsi, les versions françaises et allemandes du vers « *the aria sinking* » (v. 130) sont-elles unanimes à effacer le sens littéral du verbe *sink*. Tous les traducteurs ont adopté ici la définition 8 de Noah Webster : « *To fall ; to decline ; to decay* », alors que le premier sens du terme est « couler », « s'enfoncer », ou encore « s'abîmer ». Reisiger traduit par « *das Lied erlosch* » (le verbe *erlöschen* qui signifie « s'éteindre » étant une métaphore visuelle assez convenue en allemand), Schlaf par « *das Lied verhallt* » (le verbe *verhallen* se disant d'un son qui s'estompe peu à peu), Messiaen par « L'aria s'effaçait », Asselineau par « L'aria mourait », et enfin Darras par « l'aria qui s'achève ».

Non seulement ces traductions restent muettes quant à l'interchangeabilité des phénomènes qui affectent notes de musique et épaves portées par les vagues, mais elles font perdre de vue le jeu de mots avec « *sink in* », qui signifie « être absorbé, compris ». Or, ce double sens est également présent dans le verbe *deposit*, au vers 138 (« *the aria's meaning* [...] *swiflty depositing* » [« le sens de l'aria qui rapidement se dépose »]), qui rappelle le bois flotté du titre de la section. Cohérents dans la neutralisation des syllepses, les traducteurs omettent ce sémantisme du verbe. Chez Schlaf et Reisiger, le sens est « saisi » : « *des Liedes Sinn, Liebe, von Ohr und Seele schnell erfaßt* » (Schlaf) ; « *Des Liedes Sinn, von Ohr und Seele* jäh erfaßt » (Reisiger). Chez les traducteurs français, le verbe *depositing* est rendu par les verbes « concentrer », « enregistrer » et de façon plus singulière, « traduire ». Aucun de ces termes n'intégrant le sème du dépôt, ils ne rendent pas compte du jeu de *bascule* que permet la syllepse entre l'activité de l'océan et celle du traducteur, avec la métaphore sous-jacente du sens en épave et du traduire en mouvement marin. Autrement dit, en omettant la fonction de pivot de la syllepse, ils courent le risque de renoncer à traduire le traduire. Là se remarque néanmoins de nouveau l'intérêt de la version de Darras qui, sans chercher un verbe possédant un versant propre et figuré analogue à l'anglais « *deposit* », a choisi de rendre la syllepse non en tant que telle, mais en tant que son effet, puisqu'aussi bien, c'est par le trope que s'opère la *traduction* des séries contiguës de l'océan et de l'écriture.

Un des problèmes que le poème de Whitman pose au traducteur est cependant que ces effets de bascule ne se limitent pas à quelques signifiants isolés, mais investissent également la syntaxe, elle-même animée d'un mouvement de flux et de reflux qui mime ou prolonge celui du berceau-océan. Un exemple parmi d'autres de ce phénomène s'observe aux vers 135-139 :

> *The yellow half-moon enlarged, sagging down, drooping, the face of the sea almost touching,*
> *The boy ecstatic, with his bare feet the waves, with his hair the atmosphere dallying,*
> *The love in the heart long pent, now loose, now at last tumultuously bursting,*
> *The aria's meaning, the ears, the soul, swiftly depositing,*
> *The strange tears down the cheeks coursing,*
> (v. 135-138)

> « Et jaune, ce disque agrandi de demi-lune qui décline, qui fléchit vers le bas jusqu'à caresser le visage de l'eau,
> Plongé en extase le petit garçon, qui taquine les vagues de ses pieds nus, l'air marin s'amusant de ses cheveux,
> L'amour si longtemps opprimé dans le cœur, qui s'échappe, qui éclate comme l'orage,
> Les oreilles, l'âme qui traduisent fiévreusement le sens de l'aria,
> Les larmes étranges qui ruissellent sur les joues »

Au vers 136, la syntaxe circule à contre-courant de l'usage ordinaire : non seulement les compléments d'objet « *with his bare feet* » [« de ses pieds nus »] et « *with his hair* » [« de ses cheveux »] précèdent le verbe *dallying* [« s'amusant »] au lieu de le suivre, mais la proximité du verbe *touching*, au vers précédent, laisse planer l'hypothèse que le syntagme « *with his bare feet the waves* » [« de ses pieds nus les vagues »] est le régime de *touching*, et non de *dallying*, comme c'est plus vraisemblable. L'ordre syntaxique ainsi malmené est temporairement rétabli au vers suivant qui ne pose aucun problème de lecture, avant d'être une nouvelle fois bousculé dans le vers : « *The aria's meaning, the ears, the soul, swiftly depositing* » (v. 138) [« Les oreilles, l'âme qui traduisent fiévreusement le sens de l'aria »]. Comme précédemment, la syntaxe COD + S1 + S2 + Verbe procède à rebours de l'usage commun. Et comme précédemment, le vers qui succède à celui-ci marque un retour à la syntaxe ordinaire S + V + Complément de verbe : « *The strange tears down the cheeks coursing* » (v. 139) [« Les larmes étranges qui ruissellent sur les joues »]. L'inversion verbe-COD, procédé en lui-même fréquent dans la poésie anglo-saxonne, est ici indissociablement liée à la *semiosis* du poème-océan. Les traductions de Messiaen et d'Asselineau ne laissent pourtant subsister aucune de ces amphibologies :

> Le jeune garçon était dans l'extase, de ses pieds nus jouant parmi les vagues, de ses cheveux parmi l'atmosphère, (Messiaen)

> Le jeune garçon était en extase, les vagues folâtraient autour de ses pieds nus et l'atmosphère dans ses cheveux, (Asselineau)

La version de Darras se démarque encore une fois sensiblement des précédentes :

> Plongé en extase le petit garçon, qui taquine les vagues de ses pieds nus, l'air marin s'amusant de ses cheveux

Sensible aux va-et-vient de la phrase whitmanienne, Darras inverse l'ordre syntaxique de « *The boy ecstatic* » en « Plongé en extase le petit garçon », et maintient l'ambiguïté syntaxique de l'original de deux autres façons. D'abord en attribuant à « *the waves* » et à « *his hair* » les fonctions de COD et de sujet alors que ces deux termes semblent avoir le même rôle grammatical dans le vers anglais. Ensuite, en faisant osciller le syntagme « l'air marin s'amusant de ses cheveux » entre le statut de complément circonstanciel, et celui de COD du verbe « taquiner ». Impossible en effet de décider si, *tandis* que l'air marin s'amuse de ses cheveux, le petit garçon taquine les vagues de ses pieds nus, ou s'il taquine conjointement *et* les vagues, *et* l'air marin s'amusant de ses cheveux. On voit donc que là où la syntaxe whitmanienne *déborde*, Messiaen et Asselineau construisent des digues que Darras s'emploie savamment à rompre pour renouer avec les fluctuations du texte original.

Je voudrais pour conclure m'intéresser à deux vers qui thématisent explicitement la naissance du poète en traducteur :

> *Listen'd to keep, to sing, now translating the notes,*
> *Following you my brother.* (v. 69-70)

Messiaen et Asselineau se contentent de rendre par « suivre » le verbe anglais *follow*. Darras, quant à lui, traduit : « De garder dans l'oreille, pour les traduire aujourd'hui, tes notes, / Mon frère à qui je suis fidèle ». Cette traduction participe encore une fois d'une démarche critique : à l'instar de Whitman, Darras s'y montre à la recherche d'un idéal de fidélité qui ne consiste pas à suivre le texte mais au contraire à le *devancer*. Ainsi, lorsqu'il traduit « *sad brother* » (v. 9) par « frère en mélancolie », le traducteur ne verse pas dans la surenchère. Au contraire, la fréquence des onomatopées en « O » dans le texte de Whitman (où l'on en compte une vingtaine) et leur extrême rareté dans la version de Darras (moins d'une demi-douzaine), témoignent d'un évitement délibéré du pathos. En introduisant la nuance mélancolique, Darras *projette* simplement le lecteur (ainsi mis dans la position de l'enfant « projeté » par l'oiseau, au vers 150, ou encore assimilé à l'épave rejetée par la mer) *au-delà* de la limite qui sépare « *Out of the Cradle* » du texte qui lui succède au sein de la même section de *Leaves of Grass*, en l'occurrence « *As I Ebb'd with the Ocean of Life* » [« Alors que l'océan de la vie m'emportait en son reflux »] où l'identification mélancolique du poète à l'objet « drossé au sable » se parachève dans les vers :

> Océans, je m'approche de vous deux,
> Car nos murmures font reproches communs de sables tourbillonnants ou de débris drossés, sans savoir le pourquoi,
> Car ces fragments sont à vous comme à moi nos symboles.

S'il y a bien à l'œuvre, dans le geste du traducteur, une forme de littéralisme, celle-ci consiste donc à épouser à la lettre les fluctuations du texte, voire, en un mouvement dont on reconnaîtra la parenté avec la syntaxe whitmanienne, à anticiper un reflux.

Axel NESME
Université Lumière Lyon 2

RÉFÉRENCES BIBLIOGRAPHIQUES

BENJAMIN, Walter, « La tâche du traducteur » (1923), *œuvres*, I, trad. Maurice de Gandillac, Rainer Rochlitz et Pierre Rusch, Paris, Gallimard, 2000, p. 244-262.

WHITMAN, Walt, *Grashalme*, trad. Johannes Schlaf, Stuttgart, Reclam, 1907.

WHITMAN, Walt, *Choix de poèmes*, trad. Pierre Messiaen, Paris, Aubier, 1951.

WHITMAN, Walt, *Leaves of Grass. Feuilles d'herbe*, trad. Roger Asselineau, Paris, Aubier-Flammarion, 1972.

WHITMAN, Walt, *Poetry and Prose*, New York, Literary Classics of the United States, [1re éd., Deathbed, 1891-92] 1982.

WHITMAN, Walt, *Grashalme*, trad. Hans Reisiger, Zürich, Diogenes, 1985.

WHITMAN, Walt, *Feuilles d'herbe*, trad. Jacques Darras, Paris, Gallimard, 2002.

ANNEXE
Questionnaire : réponses d'Axel Nesme

1. Quelles sont vos langues de traduction ?

Allemand et anglais

2. Combien de traductions avez-vous publiées, et dans quels domaines ? (vous pouvez indiquer les références, si vous le souhaitez)

5 traductions de l'allemand
1 traduction vers l'anglais
10 traductions d'articles de sciences humaines (allemand principalement et anglais)

Traductions littéraires :

Charles JULIET, *Conversations With Samuel Beckett*, trad. en collab. avec Tracy Cooke, Champaign/London, Dalkey Archive Press, 2009.
Franz KAFKA, *Le Procès*, Paris, Hachette (Pochothèque), 2000.
Franz KAFKA, *Le Château*, Paris, Hachette (Pochothèque), 2000.
La Chasse au lièvre, Nouvelles autrichiennes contemporaines, Paris, Hachette, coll. « Les Langues Modernes », 1992. Ed. préfacée et annotée.
Thomas MANN, *La Mort à Venise*, Paris, Hachette, coll. « Les Langues Modernes », 1989. Ed. préfacée et annotée.
Thomas MANN, *Tristan. Der Bajazzo*, Paris, Hachette (Collection Les Langues Modernes), 1990. Ed. préfacée et annotée.
Theodore ROETHKE. « The Rose », *Le Nouveau Recueil* n° 41, p. 31-35.

3. S'agissait-il de commandes éditoriales ou bien de propositions spontanées ?

Il s'agissait de commandes éditoriales.

4. Quelles ont été jusqu'ici vos relations avec vos éditeurs (délais, rémunération…) ?

Excellentes avec les éditions Hachette. Rémunération conforme à la norme (environ 18 € / page si mon souvenir est bon). Avances sur droits d'auteur sur toutes les traductions publiées chez Hachette.

5. Si vous avez traduit des auteurs vivants, quelles relations avez-vous entretenues avec eux ?

J'ai rencontré brièvement Charles Juliet.

6. Faites-vous partie d'une association de traducteurs (ATLF, ATLAS…) ?

Non.

7. Quelles sont vos relations avec d'autres traducteurs ?

N'ayant pas traduit depuis plusieurs années maintenant, je n'entretiens plus aucune relation avec d'autres traducteurs.

8. Quelle part de votre temps a été jusqu'ici mobilisée par vos activités de traduction ?

La traduction de Kafka a mobilisé environ 5 années universitaires et surtout, 5 étés de travail régulier.

9. Dans votre formation à la traduction, y a-t-il des ouvrages qui aient joué un rôle important ?

Très peu. Je garde un souvenir stimulant de *Poétique du traduire* de Meschonnic et de *L'Épreuve de l'étranger* de Berman.

10. Quel est à vos yeux le principal intérêt de la traduction et quels sont ses liens avec – voire son influence sur – votre métier d'enseignant-chercheur ?

Cette question me rappelle la formule « il faut bien traduire » qui avait servi de titre à un ouvrage de traductologie de Philippe Forget[10].

10 Philippe Forget, *Il faut bien traduire*, Paris, Masson, 1994.

Ce titre volontairement ambigu mettait en avant le constat que la traduction procède d'un *il le faut bien*, c'est-à-dire d'une exigence obscure qui s'imposerait bon an mal an à ceux qui s'y sentent conviés. La nécessité de la traduction, bien sûr, fait loi à quiconque ne maîtrise pas une langue dont il souhaite connaître la littérature. Mais comme, en psychanalyse, le désir insiste au-delà de la demande et des besoins clairement identifiables qui la sous-tendent, la pluralité de traductions auxquelles les grands textes littéraires donnent lieu montre bien que leur intérêt ne se résume pas au seul objectif de restituer à des fins purement communicationnelles (et commerciales) un contenu qui serait autrement inaccessible, comme lorsqu'un ouvrage qui vient de paraître à l'étranger est aussitôt traduit en français afin d'être mis sans tarder sur les rayons des librairies. La dynamique dont les *retraductions* procèdent relève peut-être davantage de celle qui conduit les musiciens à réinterpréter les classiques, et les mélomanes à accumuler les enregistrements d'une même œuvre dont ils connaissent pourtant la partition dans ses moindres détails. Il conviendrait donc de faire la part du *désir de traduire*, en tenant compte du « caractère paradoxal, déviant, erratique, excentré, voire scandaleux, par où il se distingue du besoin[11] », ainsi que du plaisir qu'associent à cette activité les forces opposées d'appropriation et d'expropriation qui s'y exercent.

L'intérêt de la traduction me semble donc résider au premier chef dans l'interrogation qu'elle suscite sur l'amour de la langue et les ressorts plus ou moins conscients dont celui-ci procède, qu'il se manifeste sous les dehors d'un fantasme de transparence du signe à lui-même avec laquelle, toute honte babélienne bue, la traduction permettrait de renouer (ce « noyau même du pur langage » qu'évoque Benjamin[12]) ; qu'il prenne la forme d'un fétichisme sourcier dont on trouve de spectaculaires manifestations dans la traduction du texte biblique par Chouraqui ou dans le français néologisant et pourtant fossilisé que Pézard adopte dans sa traduction de la *Divine Comédie* ; ou qu'il revête l'apparence d'un rapport narcissique à la langue cible dont témoignerait par exemple telle traduction un peu bavarde de Kafka qui donne à penser que dans la langue de l'autre, c'est d'abord le reflet transfiguré de la sienne propre que le traducteur se plaît à contempler.

11 Jacques Lacan, *Écrits*, Paris, Seuil, 1966, p. 690.

12 Walter Benjamin, « La tâche du traducteur » (1923), *Œuvres, I*, *op. cit.*, p. 258.

La traduction, que je ne pratique plus guère que sous la forme des cours de thème et de version qui forment le quotidien du professeur de langues et littératures étrangères, a peu d'impact sur ma pratique d'enseignant-chercheur, sinon pour attirer l'attention de mes étudiants sur l'éventail de sens de tel ou tel terme que les différences de traduction mettent en lumière. Elle me semble à tout le moins refléter avec une particulière acuité l'aporie qui me définit en tant que littéraire. Si elle est mue par un idéal sourcier de restitution du sens et de la texture de l'original (qui m'amène à rappeler de temps à autre à mes étudiants que la lecture, pour être plurielle, ne doit pas pour autant verser dans l'arbitraire), je reconnais également qu'il serait vain, dans l'acte de traduire un texte, de prétendre à une quelconque « disparition élocutoire », puisque du reste un traducteur signe son texte et imprime à l'œuvre d'origine sa marque singulière à la faveur d'infinitésimales interventions où l'on reconnaîtra son empreinte : privilège accordé à la parataxe aux dépens des liens de subordination, maniérismes sourciers qui conduisent le germaniste à parler de « *la* mère » plutôt que de « *sa* mère », discrets coups de force conceptuels qui conduisent tel traducteur de Baudelaire à rendre « correspondances » par le mot *echoes*, ou tel autre à transformer les « regards familiers » en « *intimate eyes* »…

Tout comme en tant que traducteur je jouis d'une certaine liberté, mais contrainte par le texte original et par le souci de ne pas céder à la tentation de la belle infidèle (ce qui montre incidemment que, du texte source et des interdits qu'il impose ou des licences qu'il autorise à l'instance surmoïque, il n'y a qu'un pas), de même en tant que lecteur critique, je produis une lecture qui prétend à une certaine singularité tout en restant dans les limites strictes qui séparent l'herméneutique littéraire du délire interprétatif. Bref la traduction, parce qu'elle implique par définition le passage d'un idiome dans un autre, me semble l'expression paroxystique d'un constat élémentaire auquel je souscris également en tant que littéraire, à savoir qu'il n'existe pas, au commencement, un sens immuable qui serait immanent à la lettre du texte-source et que le traducteur n'aurait qu'à laisser se déployer en lui avant de le restituer dans sa supposée plénitude dans sa propre langue. En raison des effets de bougé que le texte introduit d'emblée entre signifiant et signifié (quels que soient les rêves adamiques de parfaite coïncidence de l'un à l'autre qu'ont pu entretenir certains auteurs aspirant à une écriture blanche et quasi journalistique, tel Hemingway), le texte à traduire, en tant que texte littéraire, est toujours déjà, selon la formule de Barthes, un « texte-lecture » passé au prisme de l'encyclopédie personnelle du traducteur, et infléchi par la part de désir qu'il y investit. À ce titre la traduction me semble correspondre aux mêmes critères nécessairement imparfaits de scientificité que ceux qui me situent par rapport aux œuvres que j'étudie.

POURQUOI JE ME CONSACRE À LA TRADUCTION ET À LA TRADUCTOLOGIE (ÉBAUCHE D'AUTOBIOGRAPHIE INTELLECTUELLE)…

MON INTÉRÊT PRÉCOCE POUR L'ESPAGNOL

Si je n'ai pas d'origines espagnoles attestées – en la matière, il faut toujours rester prudent ! – deux professeurs de collège et de lycée ont joué pour moi un rôle majeur (ça compte, les profs…). Un autre facteur, de nature psychologique, a joué un rôle tout aussi important (je m'en suis aperçu assez tard) : le désir inconscient de me frayer un chemin non déjà emprunté par un membre de ma famille, en premier lieu mes parents, tous deux professeurs de français au collège de Tournon-sur-Rhône en Ardèche. Il s'agissait pour moi d'échapper à un univers trop « franco-français ». Par ailleurs, mon père connaissant bien l'italien, il me fallait trouver une autre voie, tandis qu'une sorte d'interdit pesait sur l'hypothèse allemande, ma mère, d'une famille Ch'ti, ayant fui l'arrivée des Allemands en mai 1940. Mes deux cousines germaines pratiquant assidûment l'anglais, ce chemin m'apparaissait également barré…

Ma relation à l'espagnol et aux pays de langue espagnole a donc relevé d'un vif *intérêt* pour un ailleurs, à la fois proche géographiquement et culturellement éloigné : pour le protestant que j'étais, la prégnance d'un catholicisme durablement influencé par la Contre-Réforme et l'esthétique baroque qui l'accompagnait donna même à ce séjour intellectuel au-delà des Pyrénées l'aspect d'un voyage aux antipodes. Mais il ne s'agissait pas tout à fait d'une *passion*. En ce sens, mon cas est différent de celui du Japonais Akira Mizubayashi qui, dans *Une langue venue d'ailleurs*, développe notamment la métaphore de la langue étrangère-compagne :

> Ma passion pour le français, pour l'appropriation du français se transmuait sans hiatus en une passion pédagogique. Enseigner le français, c'était pour moi communiquer à mes étudiants, souvent plus âgés et même parfois beaucoup plus âgés que moi, mon amour du français, tout le plaisir que je tirais de mon installation, de mon *emménagement*, si j'ose dire, dans la langue française, toute la joie profonde que je puisais dans l'acte de *sortir* de moi-même pour devenir quelqu'un d'autre, pour rejoindre un autre monde, l'autre du monde, bref pour me mettre à la place et dans la peau de ceux qui respiraient cette langue, vivaient cette langue, sentaient et se sentaient dans et par cette langue.
>
> Mais il fallait partir. Car je ne considérais pas que mes années d'apprentissage fussent terminées (d'ailleurs le seront-elles un jour ?). Je n'avais d'autres désirs que celui de *m'immerger* encore davantage dans le sein de la langue que j'avais choisie et épousée pour faire d'elle une compagne que je me promettais de ne jamais quitter[1].

Je pourrais comparer la langue et la culture françaises à l'air que je respire, la langue et la culture espagnoles à l'élément aquatique où j'ai appris à nager. Même si le bilinguisme parfait est une chimère, dans la mesure où il existe toujours des domaines de représentation où l'usage d'une langue l'emporte sur l'autre, je me considère comme un *faux bilingue*, pour reprendre une distinction de Nancy Houston évoquée par Mizubayashi :

> L'auteur canadienne, d'expression française et anglaise, distingue les vrais bilingues des faux bilingues dont elle relève selon son propre aveu. Avec la meilleure chance du monde, je ferais partie des faux bilingues. Chez eux, c'est la langue adoptive qui meurt en premier, dit-elle. La langue d'origine, maternelle, demeure, *inarrachable*. (Mizubayashi, 2011, p. 268)

Le monde hispanique restera à jamais pour moi une réalité étrangère, en dépit de la familiarité que j'entretiens depuis longtemps avec lui : je ne parlerais pas, comme le faisait Humboldt, de signes morts[2], mais plutôt de signes voilés. J'aurai toujours une plus grande *intimité* avec la langue et la culture françaises, qui ne garantit évidemment pas que je

---

1 Paris, Gallimard, 2011, p. 199, dans la superbe collection « L'un et l'autre » que dirigeait jadis J.-B. Pontalis. Il s'agit d'un texte rédigé directement en français.

2 « Les mots d'une langue étrangère ressemblent véritablement à des signes morts ; au lieu que ceux de la nôtre sont vivants, pour ainsi dire, parce qu'ils se lient à tout ce qui respire autour de nous » (présentation de *Hermann et Dorothée* de Goethe, parue en français en 1799 dans le *Magazin encyclopédique*, dans *Sur le caractère national des langues et autres écrits sur le langage*, éd. et trad. Denis Thouard, Paris, Seuil, 2000, p. 29-30).

fasse preuve d'une plus grande pertinence critique dans ce domaine : à une certaine distance, l'on « sent » moins, comme disait Stendhal, mais l'on comprend peut-être mieux. Antoine Berman ne voit pas de différence de *nature* entre l'approche d'un texte en langue maternelle ou d'un texte en langue étrangère, en raison de l'étrangeté inhérente à tout type de texte :

> [O]n présuppose toujours que celui qui peut lire l'œuvre dans sa langue d'origine est mieux placé pour la goûter et la connaître que celui qui doit se contenter d'une traduction. Mais les deux lecteurs ont affaire à un texte étranger, qui leur reste toujours étranger, traduit ou non. Cette étrangeté est irréductible[3].

On peut néanmoins considérer avec Yves Chevrel, prenant sur ce point le contrepied de René Wellek, qu'on ne parle pas des œuvres étrangères de la façon dont on traite celles provenant de sa propre culture[4].

Par ailleurs, mon profil n'est pas non plus celui d'un *polyglotte*. Je me débrouille en anglais, je lis l'italien ou le portugais sans trop de difficultés. Dès le collège, j'ai fait beaucoup de latin (j'ai un peu perdu la main, mais pour ma thèse consacrée à l'imaginaire de la bibliothèque dans l'Espagne du Siècle d'or, j'ai encore travaillé directement sur des textes en latin, parfois jamais traduits : n'oublions pas qu'à l'époque classique, en Espagne et partout en Europe, plus de la moitié des textes étaient rédigés en latin). Mais la seule langue étrangère que je connaisse vraiment, c'est l'espagnol.

Il me semble à ce sujet qu'il existe deux pôles – *monoglossie* et *polyglossie* – entre lesquels se situent autant de positions intermédiaires, que l'on pourrait schématiser ainsi :

---

3 *L'Épreuve de l'étranger*, Paris, Gallimard, « Tel », 1984, n. p. 249. À propos de la fortune littéraire des œuvres à l'étranger, évoquant le succès précoce de Proust en Allemagne ou aux États-Unis, Antoine Compagnon fait également remarquer qu'« une œuvre est souvent lue avec plus de sagacité, ou moins d'œillères, hors des frontières » (*Le démon de la théorie. Littérature et sens commun*, Paris, Seuil, coll. « Points essais », 1998, p. 301).

4 *La littérature comparée*, Paris, PUF, « Que-sais-je », 5e éd., 2006, p. 28. Il peut s'appuyer sur l'avis de Chateaubriand : « Nul, dans une littérature vivante, n'est juge compétent que des ouvrages écrits dans sa propre langue. En vain vous croyez posséder à fond un idiome étranger, le lait de la nourrice vous manque, ainsi que les premières paroles qu'elle vous apprit à son sein et dans vos langes ; certains accents ne sont que de la patrie. » (*Essai sur la littérature anglaise*, Paris, Gosselin et Furne, 1836, t. II, p. 251).

statut des langues pratiquées	contexte familial (langue maternelle ou paternelle)[5]	contexte scolaire/universitaire		
nombre de langues pratiquées	*monoglossie*[6] bilinguisme	. . . . *polyglossie*		
discipline universitaire		spécialiste d'une langue et littérature étrangère	comparatiste	linguiste
activités intellectuelles		études littéraires (*monotraduction*)	études littéraires d'un domaine plus vaste, mono ou polytraduction	linguistique (*polytraduction*)

Le polyglotte, s'il est universitaire, est souvent un linguiste qui s'intéresse moins à une culture étrangère donnée qu'aux phénomènes linguistiques en soi (et qui a besoin, pour ses réflexions, d'un grand nombre d'exemples empruntés à divers contextes). Exemple emblématique : Claude Hagège. Souvent, ce même polyglotte est attiré par les langues exotiques. Exotiques au sens propre (dans l'espace), ou au sens archéologique (dans le temps) : il peut même s'intéresser à des langues qui n'existent plus, tel l'indo-européen. Benveniste commença sa carrière dans le domaine de la grammaire comparée ; Georges Dumézil, spécialiste de l'histoire des religions et des mythes, qui savait déjà six langues, dont l'arabe et le sanskrit, à sa sortie du lycée, en maîtrisa plus

5 Mon ami Edoardo Costadura préfère cette dernière expression dans un poème précisément intitulé « Lingua paterna » : *schiva, notturna come una ladra, / scalza, le orecchie tese al rumore / ben noto dei tuoi passi, bicefala, / bicorde, concepita dal tuo / dal mio silenzio, casalinga / come una foto d'album di famiglia, / e ribelle, fuggiasca come un sogno / d'esilio, cosmopolita o apolide ? / poesia o desiderio di poesia, / lingua più paterna che materna.* (*Antonello. Poesie*, Bologne, University Press, 1998, p. 51).

6 À l'échelle de la population, du moins en France, telle est la situation majoritaire (sauf dans certaines banlieues). Dans d'autres pays, la situation est bien différente (au Maghreb, ou encore au Pérou, beaucoup de gens sont bilingues voire trilingues). Comme le rappelle Yves Chevrel, la première fonction de la traduction est de donner à lire des textes à des gens qui *ignorent tout* de la langue en question (même s'il y a pu avoir historiquement des pratiques différentes, comme par exemple les traductions du latin en français au XVIIIe siècle, goûtées par des hommes qui lisaient presque tous le latin : la traduction était alors perçue comme un exercice d'écriture, ce qui explique que l'Abbé Delisle, traducteur de Virgile, ait pu être élu à l'Académie Française grâce à ses seules traductions).

tard une trentaine, dont plusieurs langues rares du Caucase. Même si l'attirance pour une langue-culture « lointaine » (par exemple japonais, chinois, coréen…) n'est pas forcément synonyme de polyglossie (je songe à mon camarade Romain Graziani, professeur de chinois)…

Pour être polyglotte, il faut des dons particuliers, notamment un intérêt prononcé pour les langues dans leur diversité et la capacité à mobiliser une vaste mémoire, même si les connaissances accumulées font probablement boule de neige par les rapprochements qu'elles suggèrent (une collègue de grec ayant ce profil, Bernadette Leclercq-Neveu, germaniste et arabisante, me confiait qu'en cinq semaines, elle se sentait capable de comprendre le turc) ; il faut sans doute aussi des talents mimétiques particuliers.

Or, il me semble que le polyglotte sera moins tenté par la traduction que le *diglotte*. À la limite, le vrai polyglotte, et déjà le vrai bilingue, passant aisément d'une langue à l'autre, n'ont nul besoin de traduire. Il y a certes des exceptions : Jean-Yves Masson, qui traduit des textes en allemand, italien et anglais ; ou encore Pierre-Emmanuel Dauzat, qui traduit des textes dans plus d'une dizaine de langues : « C'est pour cela que je travaille beaucoup. Je ne sais parler aucune des langues étrangères que je traduis. Et ce n'est pas de la coquetterie. », ajoute-t-il. George Steiner, récemment disparu, capable de lire dans le texte des œuvres en grec, en latin et dans cinq langues vivantes[7], lui avait conseillé : « Tu devrais faire un effort » ! Dauzat lui répondit : « L'écrit n'est pas l'oral. *Je prends les langues vivantes comme des langues mortes.* Le latin et le grec étant au début de tout[8]. »

Ce n'est toutefois pas le profil le plus répandu dans le monde de la traduction. Personnellement, il ne me viendrait pas à l'idée de traduire, du moins avec un objectif de publication, des textes rédigés dans une autre langue que l'espagnol. Même un Meschonnic qui lisait parfaitement le grec, le latin, le russe, l'allemand, l'italien et l'anglais, a surtout traduit de l'hébreu…

Dans ce schéma, les comparatistes occupent généralement une position intermédiaire : ils maîtrisent souvent au moins deux langues-cultures étrangères et ont un certain goût pour la traduction. En revanche, les

7 *Cf. Après Babel. Une poétique du dire et de la traduction*, trad. Lucienne Lotringer et Pierre-Emmanuel Dauzat, Paris, Albin Michel, 1998, p. 173 *sqq.*

8 *La Croix*, 18/12/09 (je souligne).

« linguistes », pour employer un terme courant impropre – il faudrait plutôt parler de « spécialistes d'une langue et littérature étrangère » – ne sont pas forcément traducteurs, même si c'est le cas d'un certain nombre d'entre eux (ce volume en est une bonne illustration !). Dans un certain nombre de cas, ces spécialistes ont du reste pour langue maternelle la langue « étrangère » en question (au moins la moitié des hispanistes français actuels sont d'origine espagnole ou latino-américaine[9]), et il leur est alors plus difficile de traduire en français, une langue qu'ils connaissent généralement moins bien ; mais ils n'aiment pas non plus tellement traduire dans leur langue maternelle.

Il faut un *rapport particulier* au langage et aux langues étrangères, et même un esprit particulier pour aimer traduire (d'après mon expérience, les étudiants hispanistes au sens strict s'intéressent moins à la traduction que les hispanistes au sens large, notamment les comparatistes ou les francisants intéressés par la culture espagnole)[10].

MON GOÛT CROISSANT POUR LA TRADUCTION LITTÉRAIRE

Pendant mes années d'études (lycée et Khâgne), je n'ai longtemps éprouvé, sauf en classe de latin, qu'un médiocre intérêt pour la discipline nommée *version*. Trop de textes proposés en classe me semblaient dépourvus de valeur intellectuelle intrinsèque[11], essentiellement destinés à piéger l'innocent lecteur. Comme le souligne Jean-René Ladmiral, ces exercices ne constituaient, au mieux, qu'une propédeutique à la traduction[12]. Dans cette première phase tournée vers un apprentissage

9 Proportion constatée empiriquement, à confirmer par des données mieux établies…

10 Il existe aussi des francisants rétifs à toute langue étrangère, du moins à toute langue vivante ; c'était par exemple dans une certaine mesure le cas de Roland Barthes.

11 Jean-René Ladmiral soutient que la plupart des « versions » sont des « morceaux choisis » de « chefs-d'œuvre littéraires » (*Traduire : théorèmes pour la traduction*, Paris, Gallimard, « Tel », 1994, p. 62), mais dans mon souvenir, c'était loin d'être le cas des devoirs qu'on nous donnait habituellement.

12 *Ibid.*, p. 41 et *sqq.* et p. 62 et *sqq.* Selon Ladmiral, la version, et *a fortiori* le thème, qui a une « fonction docimologique marquée » (*ibid.*, p. 44-45), visent avant tout à tester les compétences linguistiques ; à ce jeu, ajoute-t-il, d'excellentes traductions peuvent se voir

approfondi de l'espagnol, j'éprouvais beaucoup plus d'intérêt pour le thème (qu'on peut qualifier de centrifuge, quand la version est centripète) ; j'entretins même toute une correspondance en espagnol avec un ami, Claude Faivre, professeur de philosophie à Privas, qui avait étudié cette langue à fond, y trouvant un plaisir comparable à celui que les adolescents trouvent aujourd'hui à certains jeux de rôles.

L'enseignement de la version espagnole classique assuré à la Sorbonne l'année de l'agrégation par Mme Henriette Lomné, à laquelle je suis grandement redevable, m'a peu à peu conduit à réviser ce jugement sommaire : à ses yeux, une bonne traduction permettait de restituer, de la façon la plus économique qui soit, toute la densité lexicale et conceptuelle d'un grand texte. Mme Lomné aurait pu souscrire aux propos de José Salas Subirat, traducteur de l'*Ulysse* de Joyce en espagnol, pour qui « traduire est la façon la plus attentive de lire », ou même à ceux de Valery Larbaud, qui en faisait « une forme de la critique : la plus humble, la plus timide, mais aussi la plus facile et la plus agréable à pratiquer[13] ».

J'ai alors voulu explorer cette hypothèse en changeant d'échelle : en opérant non plus sur des fragments toujours plus ou moins arbitrairement sélectionnés dans le cadre d'un exercice scolaire, mais en considérant la seule mesure qui vaille, esthétiquement parlant, celle de l'œuvre…

TRADUCTIONS PERSONNELLES

L'expérience s'est avérée fructueuse dès ma première tentative avec *Niño y grande*, un roman de l'écrivain valencien Gabriel Miró que j'ai traduit pendant mon service militaire, profitant des rares heures de liberté que me laissait la traduction d'articles proprement militaires pour le compte du SIRPA ; cette traduction a été publiée aux éditions

attribuer de mauvaises notes. Mais à mes yeux, il serait excessif de trop durcir l'opposition entre « traduction pédagogique » et traduction « traductionnelle » authentique, seule digne d'intérêt : je vois moins une différence de « nature » que de degré entre les deux opérations, et la version ne se limite pas à « un exercice méritant de figurer parmi ce qu'il est convenu d'appeler les "techniques d'expression" » (*ibid.*, p. 63-64).

13 *Sous l'invocation de saint Jérôme*, Paris, Gallimard, « Tel », [1946] 1997, p. 70.

Verdier en 1990[14]. Outre l'*intimité* prolongée avec un auteur subtil – toute proportion gardée, Miró est le Proust espagnol du premier XXe siècle – que seul peut-être procure à ce degré l'acte de traduire[15], ce travail m'a permis non seulement d'enrichir ma connaissance de la littérature espagnole, mais d'élargir l'horizon de ma propre langue par le biais, précisément, de la traduction.

Dans les années suivantes, j'ai continué à m'exercer à la traduction parallèlement à mes tâches universitaires – m'efforçant de combiner travaux alimentaires et intérêt intellectuel : j'ai ainsi traduit des notices relatives à des œuvres de Picasso ou à des dessins de maîtres des XVIe et XVIIe siècles, rédigées par des historiens de l'art[16].

Ensuite, je me suis lancé dans une entreprise plus ambitieuse avec la *Diana enamorada* de Gil Polo (1564)[17]. Je ne sais plus, dans la chronologie des événements, si l'intention de traduire ce roman pastoral a précédé ou suivi mon travail d'édition critique. En dépit de ma familiarité avec l'espagnol du Siècle d'or, l'entreprise était risquée. Toujours est-il que j'ai choisi d'offrir au lecteur une version *bilingue*, quitte à m'exposer davantage, puisque la traduction que je propose est, en un sens, immédiatement vérifiable. Mon intention n'était pas pour autant de réaliser une traduction philologique n'ayant pour fonction que d'*introduire* au texte espagnol en en facilitant la compréhension, mais bien de produire une traduction à part entière. Et de ce point de vue, l'édition bilingue,

14 *D'un âge l'autre*, Lagrasse, Verdier, 1990. Cette traduction est épuisée depuis plusieurs années. Elle fut en son temps accueillie favorablement par la presse, notamment sous la plume de Patrick Kéchichian (*Le Monde des Livres*, 14 juin 1991). Le titre m'avait été dicté par l'éditeur. J'étais jeune alors, et manquais de pugnacité : j'avais proposé « D'un âge à l'autre », plus juste à mon sens et moins rebattu que les expressions forgées sur le paradigme célinien *D'un château l'autre*… Jean-Yves Masson soulignait dans son séminaire « Histoire et théorie de la traduction » combien la pratique éditoriale consistant à imposer un titre au traducteur pour raisons commerciales (marketing) est répandue.

15 Valery Larbaud constatait très justement : « [… T]raduire un ouvrage qui nous a plu, c'est pénétrer en lui plus profondément que nous ne pouvons le faire par la simple lecture, c'est le posséder plus complètement, c'est en quelque sorte nous l'approprier » (*Sous l'invocation de saint Jérôme*, *ibid.*, p. 69). La métaphore érotique n'est pas loin…

16 Textes espagnols du catalogue de l'exposition *Dessins espagnols, Maîtres des* XVIe *et* XVIIe *siècles*, Paris, Musée du Louvre, 18 avril-22 juillet 1991, Paris, Éditions de la Réunion des Musées Nationaux, 1991 ; Catalogue de l'exposition *Picasso premier regard. Collection Christine Ruiz-Picasso*, Málaga – Sevilla – Nîmes : 1994-1995, Nîmes, Carré d'Art – Musée d'art contemporain, 1995.

17 *La Diane amoureuse*, éd., introd., note et trad. inédite, Paris, Honoré Champion, coll. « Textes de la Renaissance », 2004, 373 p.

qui constitue certes une catégorie à part, minoritaire dans l'univers de la traduction (sauf en poésie), peut constituer un bon compromis[18]. Cette disposition présente toutefois le risque que le lecteur ne lise vraiment aucun des deux textes qui lui sont proposés. Et certains traducteurs sont carrément hostiles aux éditions bilingues, dans la mesure où ils y voient une injure à la traduction. C'était notamment l'objection du poète-traducteur Emmanuel Hocquard, disparu en 2019.

Pour les fragments en vers, nombreux, que comporte ce roman, j'avais d'abord tenté une traduction en vers rimés, mais cette contrainte tendait sans cesse à m'éloigner de la lettre du texte, et sur un plan esthétique, le résultat me parut médiocre (je ne suis pas poète !), en tout cas éloigné de la musicalité de l'original. J'y ai donc renoncé, d'abord à regret, puis sans remords. Nabokov estimait qu'une traduction versifiée écartait nécessairement de l'original pour un gain dérisoire par rapport aux déperditions sémantiques[19], et Baudelaire déjà parlait de « singerie rimée » à propos de l'idée de traduire les poèmes d'Edgar Poe en vers[20]. Voilà un débat qui traverse toute l'histoire et toute la théorie de la traduction !

Quant à ma traduction du récit en prose proprement dit de Gil Polo, elle me semble avoir gagné en fluidité à mesure que j'avançais, quelles que soient les retouches postérieures auxquelles j'ai procédé. Ce processus me semble fréquent en traduction, et du reste compréhensible, tant l'investissement d'une œuvre étrangère – avec son univers spécifique – exige du temps. Du moins ai-je été soucieux de respecter quelques impératifs simples : respect du sens, respect de l'écart existant dans l'original entre langue poétique et langue courante, et respect du rythme, très important dans l'harmonieuse prose poétique de Gil Polo. Je me

18 Il est regrettable que le corpus des ouvrages en version bilingue soit aussi limité. L'une des collections les plus connues, « Folio bilingue », chez Gallimard, ne compte qu'une dizaine d'auteurs et une quinzaine de titres en espagnol. Certes, Asturias, Borges, Calderón, Carpentier, Cervantes, Cortázar, Fuentes, García Lorca, Rulfo, Unamuno et Vargas Llosa sont tous des écrivains importants, mais cette courte liste nous renseigne sur leur degré de notoriété en France plus qu'elle ne nous fournit une image fidèle de la richissime littérature hispanique : *quid* de Lope de Vega, Quevedo, Darío, Sábato, et de tant d'autres ? Pour cette raison, j'ai été ravi que cette collection accueille en 2014 un texte de Valle-Inclán, immense auteur qui jusqu'ici n'y était pas représenté : *Un jour de guerre vu des étoiles / Un día de guerra (visión estelar)* (1916-1917), préf. et dossier iconographique François Géal, Paris, Gallimard, « Folio Bilingue » n° 186, 2014, 224 p., 10 ill. Les autres langues, il est vrai, ne semblent guère mieux loties, y compris l'anglais.

19 Entretien accordé à Pierre Dommergues (*Le Monde*, 22 novembre 1967).

20 « La Genèse d'un poème. Introduction » (1859).

suis refusé à pratiquer l'archaïsme, prisé à tort par certains traducteurs, puisque pour le lecteur du XVIe siècle, la *Diana enamorada* n'était nullement archaïque, et qu'elle n'a donc pas à l'être non plus pour le lecteur français contemporain[21]. J'ai également limité les notes de traducteur, qui sont souvent, selon Umberto Eco, un aveu de faiblesse[22].

Ce travail s'est accompagné en parallèle d'une recension et d'un examen succinct des traductions françaises, anglaises ou encore latine du roman de Gil Polo parues à l'Âge classique. Je n'y ai toutefois trouvé aucun secours pour traduire lorsque le sens du texte était obscur, étant donné qu'elles relèvent toutes, à des degrés divers, d'une approche caractéristique des « Belles Infidèles » évoquées par Roger Zuber dans un savant ouvrage[23]. L'histoire comparée de ces traductions-adaptations n'en constitue pas moins un bon indice de la fortune de la matière pastorale en Europe : la seconde vague française de traduction de la *Diana enamorada*, dans les années 1623-1624, est contemporaine du succès de l'*Astrée* d'Honoré d'Urfé.

Progressivement, la traduction a donc pris dans ma vie intellectuelle une place croissante : cette « pulsion de traduire », pour employer une belle expression d'Antoine Berman, était indissociable, même si je ne m'en aperçus pas immédiatement, d'un désir de renouer des liens plus étroits avec ma langue et ma culture d'origine qui m'a poussé à me reconvertir en Littérature comparée, puis à entreprendre une HDR dans cette discipline (2011).

Valery Larbaud faisait du traducteur un « peseur de mots », reprenant une tradition qui remonte à la préface de Cicéron à ses traductions (perdues) d'Eschine et de Démosthène connue sous le titre *De optimo genere oratorum*, un texte théorique fondateur en matière de traductologie[24]. La quête du mot adéquat qu'implique constamment la traduction contribue à affiner le maniement de la langue d'arrivée[25]. Sans doute permet-elle

21 Umberto Eco rapproche utilement cette question du débat musicologique sur les « instruments d'époque » : « [U]ne exécution philologique peut ne pas respecter les intentions de l'auteur (ou du texte) si elle ne produit pas chez les auditeurs d'aujourd'hui un effet similaire à celui qu'elle produisait sur ceux de l'époque » (*Dire presque la même chose, Expériences de traduction*, trad. de l'italien par Myriem Bouzaher, Paris, Grasset, 2003, p. 224).

22 *Ibid.*, notamment p. 111 et 129.

23 *Les « Belles Infidèles » et la formation du goût classique en France*, Paris, A. Colin, 1968 (rééd. Albin Michel, 2001).

24 « Les balances du traducteur » (*Sous l'invocation de saint Jérôme*, *id.*, p. 76-79).

25 La « traduiserie », selon le néologisme forgé par Jean-René Ladmiral sur le modèle du substantif « menuiserie » pour en souligner la dimension artisanale, s'appuie notamment

d'en tirer un meilleur parti, voire d'en réveiller des virtualités insoupçonnées. Ricœur évoque « la découverte de leur propre langue et de ses ressources laissées en jachère », chez les traducteurs[26]. En effet, comme le souligne George Steiner,

> [œ]uvrant au point d'exposition maximale à la différence, le traducteur n'a d'autre choix que d'actualiser, de rendre visibles les périmètres, vastes ou confinés, de sa langue, de sa culture, de son potentiel de sensibilité et d'intelligence. Le Français qui traduit un texte anglais est amené à libérer, à laisser s'ébattre au-delà même de sa conscience claire une redéfinition, en fait *une réacquisition de la langue française*[27]. (Steiner, 1998, p. 491)

À mon humble échelle, je ne peux que constater que la pratique assidue de la traduction a renforcé non seulement mon ancrage dans la langue française, mais la confiance en mes possibilités d'en user adéquatement[28].

---

sur l'exploration des synonymes. Il convient néanmoins de se garder de ce que Kundera appelle le « *réflexe de synonymisation* », qui relève d'un souci fallacieux du « beau langage », d'une quête narcissique de la virtuosité et en fin de compte d'une trahison (*Les testaments trahis*, Paris, Gallimard, « Folio », 1993, p. 131 et *sqq.*). Kundera ajoute très justement que « la richesse du vocabulaire en elle-même ne représente aucune valeur » chez un écrivain (*ibid.*, p. 133) ; *a fortiori*, dirais-je volontiers, chez un traducteur.

26 *Sur la traduction*, Paris, Bayard, 2004, p. 39.

27 (Je souligne.)

28 Sur ce plan, je fais miens les propos de Sartre écrivant dans *Situations IX* : « J'ai un rapport de propriétaire avec le langage. [...] Je crois même que je ne suis propriétaire que de ça : c'est à moi [...] je suis à l'aise dans ma langue. » (Paris, Gallimard, 1972, p. 41). À l'inverse, ma longue pratique de l'espagnol (tant sous la forme de textes à traduire que sous celle de textes à commenter) n'a pas eu les mêmes effets dans cette langue. Je suis constamment assailli de doutes quant à l'orthodoxie de telle ou telle formulation ou expression, sauf s'il s'agit de juger des qualités linguistiques d'une copie ou d'un exposé d'étudiant, peut-être parce que cette tâche me *prescrit* de me montrer digne de ma fonction. Ces doutes souvent infondés soulignent la coloration dominante de mon rapport à l'espagnol.

TRADUCTIONS COLLECTIVES
Mes ateliers de traduction

Comme enseignant, je me suis efforcé, pendant une dizaine d'années, à l'ENS Ulm, de transmettre mon expérience dans le cadre d'un atelier de traduction hebdomadaire dont j'ai décrit le fonctionnement dans un article de *L'Archicube*[29] que j'ai développé dans la note de synthèse destinée à mon HDR. Cet atelier est agrémenté de deux stimuli :

– Le premier a trait au choix d'un texte jamais traduit en français ; le traducteur, rappelait Jean-Yves Masson[30], a par sa primauté une position spécifique et une responsabilité particulière que n'a pas le retraducteur ; en outre, il me paraît mû par l'ambition de découvrir, en pionnier, un nouveau monde, et par l'envie de partager et de diffuser largement cette découverte.
– Le second est la perspective d'une publication, même si la quête d'un éditeur ne s'avère pas toujours aisée.

La procédure empiriquement mise au point et améliorée au fil des ans consiste en ceci : en début d'année, je constitue des binômes composés, dans l'idéal, d'un étudiant de langue maternelle française (dont la bonne connaissance de l'espagnol est requise), et d'un étudiant de langue maternelle espagnole ou autre (italienne, allemande, roumaine, etc.), ayant également une bonne pratique du français. À des degrés divers, tous doivent maîtriser la langue de départ et la langue d'arrivée, et tous doivent entretenir une relation *directe* avec le texte à traduire, à la différence de ces grandes plumes du PCF (Aragon, Guillevic…) qui, dans les années 50 ou 60, traduisirent de grands poètes des pays de l'Est sans connaître la langue de départ, à partir d'une première version littérale dont ils étaient censés renforcer la charge poétique[31].

29 N° 9, décembre 2010, p. 87-90.
30 Séminaire « Histoire et théorie de la traduction », séance du 5 novembre 2009.
31 Plus récemment, un cas similaire s'est produit avec la traduction collective de la Bible publiée aux éditions Bayard, fruit de binômes composés d'un bibliste et d'un écrivain « laïc » ne lisant pas directement l'hébreu dans le texte.

S'il se trouve un nombre impair de participants, l'un des binômes prendra la forme d'un trinôme, mais jamais plus (4 = 2 + 2). L'apport des étudiants de langue maternelle espagnole est capital dans la mesure où il procure un accès à la fois plus large et plus fin à la langue source, en particulier au riche patrimoine des connotations. Les natifs connaissent d'ordinaire un plus grand nombre de vocables et surtout évaluent mieux leur poids, disposant d'une balance plus sensible, ce qui ne veut pas dire qu'ils comprennent forcément mieux les textes : il leur arrive de confondre les significations de la langue qui leur viennent spontanément à l'esprit, et celles du discours singulier qu'ils ont sous les yeux. Néanmoins, en l'absence d'au moins un locuteur natif, ce type d'atelier perdrait une bonne part de son intérêt.

Je confie à chacun des binômes la traduction hebdomadaire de deux pages environ, qu'ils doivent impérativement me faire parvenir, par courrier électronique, 24 heures au plus tard avant la séance. La seule autre consigne que je donne est d'effectuer un véritable travail en commun (il ne serait pas bon que l'un traduise la première moitié, et l'autre la seconde moitié). Selon les confidences que l'on m'a faites, ce travail peut prendre du reste des formes variées : examen simultané du texte ; traduction par l'un puis révision par l'autre, dans un sens qui peut alterner d'une séance à l'autre ; ou encore, traductions séparées puis confrontation en présence des deux traducteurs, etc. Je ne m'immisce pas dans cette « cuisine » propre à chaque binôme (je ne cherche pas à savoir qui a mis les œufs, qui la farine ou le sucre, ni combien de temps le four a chauffé ni à quelle température !), également relative, comme dans tout couple, au degré d'harmonie qui existe entre les partenaires.

Il me reste une journée pour examiner et retravailler ces propositions qui sont le fruit d'une première collaboration. Au préalable, je m'imprègne longuement de ces textes, consulte si besoin dictionnaires et autres instruments de travail – le dernier en date, à la fois commode et d'un usage délicat, étant bien entendu Internet, notamment pour la recherche d'occurrences –, et je repère et annote les endroits stratégiques qui risquent de poser problème[32]. En bref,

---

32 Antoine Berman qualifie ce travail de « pré-traduction » : « [L]es mots, les phrases ou les segments de phrase qu'un traducteur a soulignés dans l'ouvrage à traduire *avant* de commencer la traduction proprement dite : non seulement les mots et les passages qu'il ne "comprend" pas (que l'on supposera peu nombreux), mais ceux qui, à la première

je travaille suffisamment ces textes pour être capable de m'en fabriquer une version orale, à usage interne. C'est alors seulement que je peux m'atteler à l'examen des traductions qu'on m'a envoyées. Si je retrouve spontanément les réflexes du correcteur de *versions* que je suis également, prompt à mettre en marge des remarques du genre « fs » (faux-sens), « md » (mal dit), ou « AB » (assez bien), il ne s'agit pas, ici, de noter des copies. Du reste, ma démarche vise plutôt à contrecarrer les automatismes de la traduction scolaire et même universitaire : ces travaux sont déjà le fruit d'un échange, à la différence des versions individuelles, et ils sont effectués sans la même contrainte de temps qui, si elle développe certaines qualités, donne tout de même lieu à une pratique assez terrifiante de la traduction, quand on songe que les agrégatifs de langues vivantes ne disposent plus désormais que de six heures pour réaliser d'une seule traite un thème et une version, tous deux longs et difficiles.

Le jour venu, chaque équipe commence par lire lentement sa traduction, défendant pour ainsi dire sa motion, *phrase par phrase* – c'est le découpage qui me paraît le plus pertinent, à ce stade. Puis, j'ouvre la discussion, invitant ceux qui le souhaitent à commenter ce qu'ils viennent d'entendre : ces remarques critiques, parfois polémiques – il y a une dimension d'émulation entre binômes que je n'encourage pas particulièrement, mais qui existe – suggèrent généralement de nouvelles idées. J'essaye de trouver le bon équilibre entre disponibilité à l'écoute et interventionnisme excessif, entre regard bienveillant et fermeté nécessaire, quitte à heurter les susceptibilités, tant il est narcissiquement malaisé de renoncer à sa propre traduction, même lorsqu'on veut bien reconnaître qu'une autre lui est préférable. Une fois tous ces propos entendus, je prends la parole pour indiquer ce qui me paraît erroné ou susceptible d'être amélioré : lorsque mes propositions emportent spontanément l'adhésion, la nouvelle version est adoptée, et lorsqu'elles sont accueillies plus fraîchement, la discussion est relancée. Comme dans toute démarche scientifique, nous sommes en quête de vérité, même si cette vérité, avec une matière aussi complexe qu'un texte, *a fortiori* un texte littéraire, est nécessairement plurielle.

---

lecture, posent un problème de traduction à cause de leur grande distance par rapport à la "langue d'arrivée". On a là les lignes de crête de l'étrangeté de l'œuvre, ou sa ligne de résistance à la traduction. » (*L'Épreuve de l'étranger*, *id.*, n. p. 248-249).

Il arrive que je n'y voie pas clair : si les amis chevronnés que j'ai pu consulter entre temps me font part, eux aussi, de leur perplexité, je n'hésite pas à partager mes doutes – un enseignant ne doit pas redouter cette épreuve, quitte à troubler la sérénité des plus jeunes pour qui le professeur est censé toujours tout savoir. Il arrive aussi que le sens soit parfaitement assuré et que soient évoquées, au cours de la discussion, plusieurs solutions qui me paraissent aussi bonnes l'une que l'autre, d'une valeur pour ainsi dire équivalente : alors, parfois, je les soumets au vote. Cette procédure n'est pas démagogique dans la mesure où elle s'appuie sur une discussion qui a préalablement fait valoir les arguments équilibrés de chacune des parties, et du reste, elle demeure exceptionnelle. Une certaine forme d'autorité – ce qui ne veut pas dire de despotisme – me semble nécessaire : en ce sens, je peux dire sans forfanterie, par souci d'exactitude, que je n'anime pas cet atelier, mais que je le dirige bel et bien. Et même s'il ne s'inscrivait pas dans un cadre académique indissociable d'une visée pédagogique, même s'il y avait une parfaite égalité de statut entre tous les participants, aucune procédure strictement démocratique ne pourrait être appliquée sans dommage : si chacun tirait à hue et à dia, la cohérence de la pensée en jeu – romanesque, poétique, philosophique, historique ou autre – tendrait à s'effriter. Je cherche à éviter la mésaventure survenue à Phaéton, le fils d'Hélios, foudroyé pour avoir perdu le contrôle de son attelage…

Parmi les observations récurrentes que j'ai pu faire, il y a ce constat que le traduire est soumis à d'importantes fluctuations en termes d'aisance. Il y a par endroits des *nœuds* plus ou moins serrés, qui semblent parfois inextricables. Ce sont ces *aspérités* dont parle Jean-René Ladmiral[33], à la fois obstacles sur la route du traducteur et outils propices à son (irrésistible ?) ascension. Je ne fais pas tant allusion aux cas, finalement rares, où l'on ne comprend pas ce que l'auteur a voulu dire, qu'à ceux, plus fréquents, où l'on saisit parfaitement ce qui est écrit sans être pour autant capable d'en formuler un équivalent acceptable pour un lecteur ignorant tout du texte de départ. Dans ces circonstances, l'on se trouve à la fois un peu bête et très dépité. Il est préférable de ne pas s'acharner et

33 Séminaire « Histoire et théorie de la traduction » de Jean-Yves Masson, séance du 12 novembre 2009. Steiner évoque pour sa part « l'empoignade serrée entre la résistance et l'affinité » qui caractérise la bonne traduction, par rapport à la « dérobade, ressemblance plus ou moins superficielle [… qui] fait preuve de légèreté vis-à-vis de l'original » (*Après Babel…*, *id.*, p. 535).

de laisser « reposer la pâte » : un nouvel examen ultérieur permet parfois de débloquer la situation avec une déconcertante facilité. Mais il est aussi des zones qui correspondent à ce que Paul Ricœur appelle des « plages d'intraduisibilité[34] ». (Ricœur, 2004, p. 11) Dans ces cas-là, il semble que la sagesse consiste à faire son deuil du rêve de traduction parfaite, pour reprendre une autre idée de Ricœur[35] (*ibid.*, p. 16). L'acceptation des limites auxquelles on s'est heurté, en raison d'insuffisances personnelles ou d'une difficulté particulière du texte à traduire, comporte certes une part de mélancolie, mais celle-ci est contrebalancée par le fait que, dans l'opération, des compensations – ces bonheurs de traduction – viennent équilibrer les inévitables pertes.

Une dernière phase, très importante, est celle de la *relecture* en commun. On ne dira jamais assez les vertus de la relecture. On doit à Georges Perec des pages magnifiques sur les romans qu'on a plaisir à relire des années après une première lecture[36]. Mais la relecture, dans le champ du savoir, a également un intérêt majeur[37], et c'est tout particulièrement le cas dans le domaine de la traduction. Jean-René Ladmiral souligne avec raison :

34 Néanmoins, plutôt que de m'appesantir sur cette notion d'intraduisibilité, je préfère épouser le point de vue de Claude Hagège, émerveillé de ce que « même imparfaitement, même de façon très approximative, on puisse toujours traduire. Il faut bien que les langues aient de sérieuses homologies pour que les messages qu'elles permettent de produire puissent ainsi voyager. » (*L'Homme de paroles*, Paris, Fayard, 1996, p. 64). Encore la notion d'intraduisible a-t-elle davantage de sens à mes yeux que celle d'indicible, déjà mise en avant par les Sophistes pour lesquels tout énoncé était de nature fictionnelle. À mes yeux, le monde est parfaitement dicible, et il y a plus de mots qu'il n'en faut pour s'exprimer avec précision dans sa langue : c'est surtout affaire de travail.

35 Ricœur fait de l'épreuve de la traduction un équivalent du travail de deuil analysé par Freud. Du reste, l'empreinte psychanalytique est présente derrière toute son approche, notamment lorsqu'il souligne que le traduire se heurte à une double résistance : celle due à la « frilosité identitaire » du lecteur, liée à la « sacralisation de la langue dite maternelle », et celle due au pouvoir inhibiteur de l'œuvre étrangère, auquel se heurte le traducteur avant même de se mettre à l'ouvrage (*Ibid.*, p. 10).

36 « [...] Je lis peu, mais je relis sans cesse, Flaubert et Jules Verne, Roussel et Kafka, Leiris et Queneau ; je relis les livres que j'aime et j'aime les livres que je relis, et chaque fois avec la même jouissance, que je relise vingt pages, trois chapitres ou le livre entier : celle d'une complicité, d'une connivence, ou plus encore, au-delà, celle d'une parenté enfin retrouvée » (*W ou le souvenir d'enfance*, Paris, Denoël, « L'imaginaire », 1975, p. 193).

37 Le 10 septembre 1793, le jeune Paul-Louis Courier écrivait à sa mère : « J'aime surtout à relire ceux que j'ai déjà lus nombre de fois, et par là j'acquiers une érudition moins étendue, mais plus solide. » (*Lettres écrites de France et d'Italie* in *Œuvres complètes*, éd. Maurice Allem, Paris, Gallimard, « Bibliothèque de la Pléiade », 1951, p. 650.)

[L]e traducteur peut mesurer la validité de ses appréciations subjectives, de ces [*sic* pour ses ?] interprétations, au produit terminal de son travail qu'est le texte-cible soumis au contrôle de la re-lecture et du texte-source. Il y a là comme un mécanisme de feed-back herméneutique [...]. (Ladmiral, 1994, p. 210)

En réalité, je dois distinguer la relecture des fragments traduits à la fin de chaque séance, qui fait souvent apparaître de nouveaux problèmes – que nous tâchons de résoudre ou dont nous différons l'examen, quand ils s'avèrent trop délicats – et, en fin de semestre, la relecture globale du travail accompli au cours des mois précédents. C'est alors, toutes proportions gardées, l'épreuve du « gueuloir » cher à Flaubert... J'attribue à chacun, momentanément, une fonction déterminée : un étudiant, que je nomme tout simplement *lecteur*, est chargé de relire notre traduction à haute et intelligible voix, traduction qu'un ou deux *auditeurs*, souvent choisis parmi les étudiants de Lettres modernes, écoutent sans texte sous les yeux avec la plus grande attention. Dans la position qui est la sienne, l'auditeur est particulièrement sensible à ce qui constituait, pour Étienne Dolet, la 5e des règles auxquelles doit obéir le bon traducteur, « l'observation des nombres oratoires », qu'il précisait en ces termes :

[C]'est assçavoir une liaison & assemblement des dictions avec telle doulceur, que non seulement l'ame s'en contente, mais aussi les oreilles en sont toutes ravies, & ne se faschent iamais d'une telle harmonie de langage[38].

Ce dispositif est néanmoins encadré par deux ou trois *contrôleurs* qui s'assurent que notre texte ne comporte pas de fautes d'orthographe ou de syntaxe, et par autant de *vérificateurs* bénéficiant d'une longue familiarité avec l'espagnol, qui, les yeux rivés sur le texte source, ont pour tâche de vérifier que la traduction lui reste fidèle[39].

À défaut de mettre en œuvre une écriture foncièrement novatrice – idéal réservé aux plus talentueux –, la traduction doit reposer sur

38 *La Manière de bien traduire d'une langue en aultre* [1540], Paris, Obsidiane, 1990. C'était déjà une prescription de Leonardo Bruni dans son *De interpretatione recta*, en 1420, comme le rappelle Umberto Eco (*Dire presque la même chose*, *id.*, p. 81). Eco conseille également de lire à haute voix les textes à traduire, pour mieux en saisir le rythme (*ibid.*, p. 85).

39 En matière de traduction, la fidélité au sens de « respect juridique du dit d'autrui », pour reprendre les termes d'Umberto Eco (*ibid.*, p. 20), me paraît devoir être un principe indiscutable. Jean-René Ladmiral fait néanmoins remarquer que le concept de fidélité est en soi fort ambigu : fidélité à la lettre ? à l'esprit ? (« Sourciers et ciblistes », *loc. cit.*, p. 38).

un authentique travail créateur, susceptible d'emporter l'adhésion du lecteur, sans pour autant *tricher* avec le texte de départ. Il va sans dire qu'il y a une éthique de la traduction, même si cette formulation est quelque peu emphatique.

Mon premier projet de traduction collective intégrale était ambitieux : il s'agissait d'un texte posthume du philosophe Ortega y Gasset, *El hombre y la gente*, long essai méta-sociologique d'une lecture souvent ardue, qui constituait un véritable défi pour la traduction. Cet ouvrage est par endroits daté, et il serait excessif de le ranger parmi les ouvrages majeurs du penseur espagnol (j'aurais spontanément choisi ses splendides *Estudios sobre el amor*, mais ils venaient alors d'être traduits pour le compte des éditions Payot-Rivages). Il demeure malgré tout symptomatique d'une démarche plus proche du libre essai que de la réflexion philosophique au sens où nous l'entendons habituellement, qui peut s'expliquer par tout un contexte historico-culturel que j'ai tâché d'évoquer dans la postface accompagnant cette traduction.

Le second chantier que j'ai lancé, d'une nature fort différente, portait sur une œuvre de l'auteur péruvien Julio Ramón Ribeyro, disparu en 1994. De Ribeyro l'on ne connaît en France qu'un ou deux romans et quelques recueils de nouvelles, tous publiés chez Gallimard. J'ai découvert *Prosas apátridas*, illustration de l'extraordinaire variété de la production sud-américaine contemporaine, en fouinant dans les rayons de la bibliothèque de Beaubourg, une des plus belles collections d'ouvrages hispaniques en accès libre, à Paris. Fasciné par ce livre (on n'échappe guère au jugement de valeur, dans notre métier[40]), j'ai proposé au comité éditorial de la revue *Le nouveau recueil* d'en traduire quelques fragments[41]… Fort de l'accueil enthousiaste reçu par ces textes, j'ai décidé de proposer à mes étudiants de traduire les 200 fragments qui composent le recueil dans sa version définitive.

40 « Une évaluation (une valeur, une norme) est inévitablement incluse dans toute définition de la littérature, et par conséquent de l'étude littéraire », rappelle Antoine Compagnon, qui évoque la distinction « ouvertement évaluative » entre « lisible » et « scriptible » proposée par Barthes dans *S/Z* (*Le démon de la théorie. Littérature et sens commun*, Paris, Seuil, coll. « Essais », 1998, p. 47). Jean Starobinski va dans le même sens : « […] on n'interprète que ce qui suscite un intérêt, que ce qui apparaît *prometteur*, ce qui s'offre comme *déjà* important, et *pas encore* suffisamment élucidé » (*La relation critique*, Paris, Gallimard, coll. « Tel », 2001 [éd. augmentée de l'édition primitive, 1970], p. 198-199).

41 « Proses apatrides » (extraits de *Prosas apátridas*), *Le nouveau recueil*, Champ Vallon, n° 76, sept.-nov. 2005, p. 30-41.

Le regard de cet auteur péruvien sur son environnement français et surtout parisien – il vécut une bonne partie de sa vie dans la capitale française[42] – en fait un objet d'étude particulièrement intéressant pour le comparatiste : *Prosas apátridas* offre par certains côtés une modalité du récit de voyage à l'étranger, et ses fines observations sur notre pays ont de quoi séduire l'imagologue. Toutefois, c'est la dimension proprement littéraire, explicitement inscrite dans la filiation d'un Baudelaire et de la poétique de la ville dont il est l'inventeur, qui m'intéressait avant tout[43]. *Proses apatrides* relève d'une écriture du *fragment* qui, on le sait, a joué un rôle majeur dans l'histoire de la littérature des deux derniers siècles. Comme le souligne fortement Tiphaine Samoyault,

> [l]ié à tous les mythes de rupture nés de la modernité, le fragment refuse la totalité en s'opposant à l'unité et à la continuité. [...] Le fragment est aussi le lieu où peuvent s'effacer les frontières qui séparent les genres : il n'est ni le roman, ni la poésie ; il n'est pas encore l'œuvre mais il tend vers elle[44].

Mais Ribeyro est également débiteur à l'égard des moralistes français du XVIIe siècle, et *Proses apatrides* constitue à certains égards ce que l'on pourrait appeler « une philosophie de poche », sans toutefois comporter de volonté didactique.

Atypique au sein de sa production, *Proses apatrides* n'entretient pas moins d'étroits rapports avec le volumineux et passionnant journal de l'auteur, *La tentación del fracaso* [La tentation de l'échec], auquel il emprunte même une partie de sa substance, et avec toute son œuvre de fiction. Le choix du fragment fait écho à son rejet de la forme longue ou plutôt au malaise qu'entretient l'écrivain avec le genre romanesque, qui exige de vastes constructions : à ses yeux, la nouvelle, forme courte,

42 Comme le souligne justement Albert Bensoussan, au XXe siècle, pour différents motifs, la majorité des écrivains d'Amérique latine auront vécu à l'étranger (*J'avoue que j'ai trahi*, Paris, L'Harmattan, 2005, p. 157).

43 Voir ma préface à *Proses apatrides*. J'insiste en particulier sur le fait que le titre du recueil n'a pas le sens que l'on pourrait *a priori* escompter : dans une importante « Note » liminaire, Ribeyro précise qu'il ne s'assimile en aucune façon à un apatride ; ce titre désigne plutôt le *statut* même de ces textes, dépourvus de territoire littéraire bien défini, d'où le caractère erroné du titre de la traduction anglaise proposée par l'*Encyclopaedia Britannica : Prose of a man with no country*...

44 *Excès du roman*, Paris, Maurice Nadeau, 1999, p. 172-173.

convient mieux à sa veine créatrice à prédominance lyrique[45]. On y trouve également à l'œuvre certains principes communs, en particulier celui de la dégradation qui, dans son versant économique et social, affecte nombre de personnages de ses nouvelles, déclassés ou marginaux[46].

A priori, peu de rapports entre Ortega et Ribeyro, si ce n'est l'affection que je leur voue : l'espagnol du Pérou n'est pas exactement l'espagnol de Castille, et leurs ouvrages respectifs n'occupent pas les mêmes rayons sur les étagères des bibliothèques. Toutefois, Ortega, penseur espagnol le plus marquant de la première moitié du XXe siècle, est autant un styliste qu'un philosophe, et sa réflexion passe par les méandres complexes d'une phrase qui progresse au gré d'une pensée mouvante et subtile. À l'inverse, les fragments de Ribeyro, tout en s'apparentant parfois à de véritables poèmes en prose, ne sont pas dénués d'arrière-plan philosophique et métaphysique.

Or, non seulement notre approche traductive a obéi aux mêmes principes et aux mêmes exigences, mais elle a été quasiment semblable dans les deux cas. Du reste, il serait artificiel, à mes yeux, d'opposer trop franchement l'univocité monosémique du concept en philosophie à l'irréductible polysémie du mot en littérature[47]. Si la traduction d'un texte philosophique ou d'une « œuvre de pensée », pour reprendre une belle expression utilisée par Jean-René Ladmiral, autorise la mise en place de certains protocoles spécifiques – tels que l'utilisation relativement décomplexée de néologismes ou la présence d'un appareil de notes substantiel destiné à préciser la terminologie utilisée –, il existe une pensée du poème de même qu'il existe, symétriquement, une poéticité du texte philosophique. Dans les deux cas, seule une lecture fine tenant compte du fonctionnement du langage dans un contexte donné permet une bonne compréhension, et éventuellement une bonne traduction[48].

---

45 « [...] mi vena creadora es predominantemente lírica » (*La tentación del fracaso*, Barcelona, Seix Barral, 2003, 27 août 1955, p. 77). Ribeyro juge sévèrement ses trois romans, tous écrits entre 27 et 37 ans. *Cf.* notamment *ibid.*, 18 janvier 1977, p. 517.

46 Ce trait est manifestement lié à l'histoire personnelle de Ribeyro, dont la famille, issue de la vieille aristocratie de Lima, déchue et ruinée, faisait désormais partie de la classe moyenne.

47 Dans *S/Z*, Barthes assimilait la littérature à une « cacographie intentionnelle » (Paris, Seuil, « Points », 1970, p. 15).

48 Ces réflexions rapides doivent beaucoup à de longues discussions à l'ENS Ulm avec Jean-Pierre Lefebvre. Lorsque le texte présente des obscurités, il me semble que le parti à adopter doit être davantage celui du sémiologue Eco que celui du philosophe Gadamer. Ce dernier

À ceux qui se montrent sceptiques devant les vertus intellectuelles de la traduction collective – il en est parmi d'éminents traducteurs, tel mon ex-collègue philosophe Bernard Pautrat, aussi à l'aise avec Spinoza, Aristophane, Lucrèce ou Hölderlin[49] – je répondrai ceci : tout d'abord, de grandes réussites sont attestées dans le passé – par exemple la *King James Version* ; ensuite, si l'on entend par là une activité où différents traducteurs découpent le texte en morceaux et se répartissent la tâche, l'opération n'a pas grand sens, à moins d'avoir affaire à des textes à caractère technique (et encore !). En revanche, la pratique que je décris ne me semble pas présenter les mêmes inconvénients :

D'une part, le principe de cohérence assurant l'unité de la traduction est préservé dans la mesure où tous les choix sont effectués avec mon approbation, d'autant que je procède *in fine* à une ultime relecture solitaire et que j'en assume en définitive la responsabilité. Cette dimension se traduit du reste sur le plan juridique par le fait que je signe le contrat éditorial en mon nom propre, même si les noms de tous les participants à l'atelier (sauf ceux qui auraient scandaleusement démérité, situation bien improbable !) sont destinés à figurer sur la page de titre ou en fin de volume[50]. Jean-Yves Masson soulignait la dimension ontologiquement problématique de la traduction, œuvre de deux auteurs[51] : ici, l'on a affaire à un cas encore plus complexe, mais la notion d'auteur collectif, assimilé à une société où chacun aurait investi des parts plus ou moins importantes, rend assez bien compte de cette pratique.

D'autre part, la progression est certes encore plus lente que lorsqu'on procède en solitaire, mais cette lenteur, qui est aussi un luxe[52], est

---

recommande au traducteur d'abattre ses cartes et de dire clairement comment il comprend, tandis qu'Eco considère que le traducteur, lorsqu'il semble s'agir d'une obscurité voulue, « doit reconnaître et respecter l'ambiguïté, et s'il la clarifie, il a tort » (*Dire presque la même chose*, *id.*, p. 130-131).

49 Il faut dire qu'une longue tradition française jette le discrédit sur l'œuvre collective en général : « L'on n'a guère vu jusques à présent un chef-d'œuvre d'esprit qui soit l'ouvrage de plusieurs », écrivait déjà La Bruyère (« Des ouvrages de l'esprit », dans *Les Caractères*, Paris, Marcel Didier, 1950, p. 80). Gaston Cayrou, l'auteur de cette vieille édition, renvoie en note à un passage du *Discours de la méthode* : « Souvent il n'y a pas tant de perfection dans les ouvrages faits de la main de divers maîtres qu'en ceux auxquels un seul a travaillé. »

50 Une forme de compromis existe également sur un autre plan : dans la mesure où ce travail collectif s'inscrit dans un cadre académique, je l'offre à l'éditeur, tout en exigeant de lui la reconnaissance de droits d'auteur au moins symboliques.

51 Séminaire « Théorie et histoire de la traduction », séance du 5 novembre 2009.

52 Nous pouvons nous permettre de discuter pendant une demi-heure d'un point précis, même si je veille à ce que le programme de travail fixé soit respecté dans ses grandes

largement (ré)compensée par la richesse des propositions qui émergent. La procédure collective élargit les « possibles » de la traduction en suggérant une panoplie de solutions plus nombreuses et variées. Elle élargit également les « possibles » du traducteur, dans la mesure où elle le rend plus lucide sur ses forces et ses faiblesses, et surtout plus conscient de sa façon de traduire. Grâce à ce travail collectif, j'ai ainsi découvert, pour ce qui me concerne, certaines idiosyncrasies qui me caractérisent en matière de traduction (et certainement en matière de rédaction en général) : en particulier, un goût pour une phrase fortement ponctuée et rythmée (comme si je craignais toujours que la charpente syntaxique ne menace de s'effondrer !), une préférence affirmée pour l'antéposition de l'adjectif, ou la persistance de certains usages régionaux encore en vigueur dans mon Ardèche natale…

L'expérience dont je fais état s'effectue certes dans le cadre restreint de petits groupes de travail. La formule idéale, à mes yeux, est une équipe composée de quatre à six binômes, ce qui permet à chaque groupe de n'être pas directement sollicité toutes les semaines : dans mes moments d'euphorie, je me fais parfois l'effet d'un aurige conduisant à tour de rôle l'un de ses quadriges. Je ne sais si l'entreprise serait aussi fructueuse avec des groupes plus fournis. Elle se trouve également favorisée par le sérieux et l'agilité des esprits auxquels j'ai le plus souvent affaire. Néanmoins, je suis toujours frappé de constater l'inégale facilité des uns et des autres, en matière de traduction. J'ai observé que les étudiants « polyglottes » – j'entends ceux à l'aise dans une ou deux langues, voire davantage, autres que la langue source et la langue cible requises pour l'atelier – s'avèrent plus performants, du moins ponctuellement, par leur capacité à dénouer des situations complexes. Je me souviens d'une étudiante allemande qui avait fait ses études aux USA et était parfaitement à l'aise à l'oral en espagnol comme en français : elle avait le don de trouver des solutions optimales dans les circonstances les plus désespérées. Mais hormis le cas toujours possible d'un défaut d'empathie envers l'œuvre à traduire – sans doute ne peut-on bien traduire que ce

---

lignes (un ralentissement excessif ferait perdre le fil de la pensée). Rien de semblable aux conditions de travail de la plupart des traducteurs professionnels, si mal payés qu'ils doivent avancer à marche forcée pour subsister – divisant les traducteurs en deux catégories, Daniel Moskowitz les qualifiait de *mercenaires*, par opposition aux *esthètes* – ce qui explique à mes yeux pour une bonne part la médiocre qualité des traductions publiées.

que l'on aime, de même qu'on ne peut bien interpréter, en musique, qu'un compositeur que l'on apprécie : condition non suffisante, mais nécessaire[53] –, dans la plupart des cas, cette plus ou moins grande facilité à traduire me paraît symptomatique, chez les étudiants francophones, de leur degré d'autonomie par rapport à la langue maternelle, avec toutes les implications psychologiques que cela peut comporter. Aussi, les progrès spectaculaires que l'on observe dans certains cas doivent-ils autant à des facteurs de maturation personnelle qu'à un surcroît de travail.

En septembre 2018, à l'Université Lyon 2 et dans le cadre d'une convention avec l'ENS de Lyon, j'ai relancé un atelier du même genre destiné aux étudiants de Master 1 et 2, qu'ils soient issus des Départements d'espagnol, de Lettres, ou même d'autres Départements. Cet atelier qui a fonctionné pendant 4 ans et a abouti à la publication de l'autobiographie du grand poète nicaraguayen Rubén Darío[54], n'a malheureusement pas pu être reconduit dans les « maquettes » en vigueur à partir de la rentrée 2022. Si j'ai choisi d'en parler au présent, c'est que cette expérience marquante reste à jamais présente à mon esprit…

RETOUR D'EXPÉRIENCE
Embryons d'idées personnelles en matière de traduction et de théorie de la traduction

CIBLISTE PLUTÔT QUE SOURCIER

Praticien de la traduction, j'ai avant tout un point de vue empirique sur la question. J'aurais du reste tendance à me méfier de toute traductologie déconnectée d'une pratique concrète. Je rejoins parfaitement Jean-René Ladmiral lorsqu'il affirme : « la traduction est une pratique, qui a son ordre propre ; comme telle, elle se définit par opposition

53 « Une traduction, c'est un petit mariage ; sans désir au départ, la route va sembler longue », déclarait la traductrice Rose-Marie Vassallo dans un entretien (*Translittérature*, hiver 2011, n° 40, p. 9).

54 *La vie de Rubén Darío écrite par lui-même*, traduction inédite de *La vida de Rubén Darío escrita por él mismo* [1915] (éd. F. Fuster, México, FCE, 2015), postface et choix d'illustrations de F. Géal (Paris, éd. Rue d'Ulm, 2023, 239 p., 4 ill.)

au discours de la théorie et au fantasme de prétendues techniques. » (Ladmiral, 1994, p. 211)

Mais on ne peut pas non plus traduire en toute innocence et en toute méconnaissance de cause. Nos idées sur le langage, rappelle Henri Meschonnic, constituent une « grille à laquelle on ne peut échapper[55] ».

Autant que je puisse en juger (il est plus aisé de décrire les pratiques d'autrui que les siennes), je suis, pour reprendre la terminologie de Jean-René Ladmiral, plus « cibliste » que « sourcier », sans être pour autant « ultra-cibliste[56] » : à choisir, je préfère une version moins élégante et plus juste à une version plus élégante et moins juste. En dépit de la tentation d'introduire des coquetteries de style[57], il ne s'agit pas de récrire : la traduction est assurément une école de rigueur.

DEUX HYPOTHÈSES SUR LA PRATIQUE DE L'ÉCRITURE ET LA PRATIQUE DE LA TRADUCTION

a) Il me semble que la plupart des écrivains ou de ceux aspirant à écrire dans une langue donnée se caractérisent par une *double imprégnation* linguistico-culturelle. Il faudrait établir des statistiques précises pour confirmer cette impression, mais pour vouloir écrire, il faut généralement

55 *Poétique du traduire*, Lagrasse, Verdier, 1999, p. 98. D'où sa recommandation : « C'est donc autant sur ses propres idées sur le langage que sur le texte que doit travailler le traducteur. C'est elles qu'il inscrit dans sa traduction autant, sinon plus, que sa compréhension du texte. » (*ibid.*)

56 Distinction issue d'un article séminal de 1986, intitulé « Sourciers et ciblistes » (*Revue d'esthétique*, n° 12, p. 33-42). Ladmiral y reprenait la question immémoriale du littéralisme. Avant, en France, on parlait plutôt de « langue de départ » et de « langue d'arrivée ». Étrangement pour un cibliste, Ladmiral a proposé de calquer l'opposition anglaise *target language / source language*. Il voulait surtout donner un contenu conceptuel plus précis à cette opposition : le sourcier met l'accent sur le signifiant, le cibliste sur le signifié (le sens, ou plutôt l'effet). Une grande partie de l'œuvre ultérieure de Ladmiral a consisté à approfondir cette distinction fondatrice. Une de ses phrases favorites est « Les sourciers n'ont jamais raison que pour des raisons ciblistes » (en traduisant un célèbre verset de la *Genèse* par « Embabélons leur langue », Meschonnic croit faire une trouvaille littéraliste, alors que sa traduction est en fait une très bonne traduction cibliste). Pour Ladmiral, il ne s'agit pas de deux pôles entre lesquels il y aurait place pour des solutions intemédiaires : il existe une profonde dichotomie entre l'attitude sourcière et l'attitude cibliste. Pour lui, un sourcier est un « traducteur réticent », timide, complexé, persuadé que l'autre langue-culture est supérieure à la sienne, et qui a tendance à sacraliser le texte à traduire.

57 C'est ce que Steiner appelle la trahison « par exaltation », qu'il oppose à la trahison « par réduction » (*Après Babel…*, *id.*, p. 534-535). Elle repose parfois sur une rivalité cachée qui anime le traducteur vis-à-vis de son auteur.

éprouver plus ou moins obscurément un sentiment d'*étrangeté*. Quand il ne s'agit pas d'une particularité linguistique, il peut s'agir d'une spécificité *culturelle, ethnique, religieuse* ou encore *psychique* amenée à jouer un rôle analogue.

b) Dans une perspective voisine, il me semble que, pour traduire, il ne faut pas seulement une forme de curiosité pour un univers étranger qui caractérise quiconque pratique une ou plusieurs langues étrangères, mais la présence en arrière-plan d'une langue-culture *tierce* : pour ne citer qu'un exemple parmi beaucoup d'autres, Jean-Pierre Lefebvre, que j'ai longtemps côtoyé à l'ENS, l'un des plus célèbres traducteurs français d'ouvrages philosophiques (Marx, Hegel…) ou poétiques en allemand (Heine, Hölderlin, Celan…), a des racines norvégiennes…

LES MÉTAPHORES DE LA TRADUCTION

En 2016, j'ai lancé un projet de recherche de longue haleine : constituer une base de données recensant, à toutes les époques et dans une dizaine de langues « majeures », les métaphores désignant l'activité de traduction ou le métier de traducteur. Cette base accessible à tous et interrogeable selon de multiples critères croisés est hébergée à l'Université Lumière Lyon 2 sur le site http://recherche.univ-lyon2.fr/tmt/. Par ailleurs, en octobre 2017, j'ai co-organisé avec ma collègue Touriya Fili-Tullon, également à Lyon 2, le premier colloque international sur ce sujet : sous une forme largement remaniée, les Actes ont paru en 2021 à Artois Presses Université dans la collection « Traductologie ».

Aussi, pour terminer, je voudrais dire deux mots des métaphores de la traduction que j'affectionne le plus.

Le texte à traduire est déjà là (la traduction est en ce sens toujours *seconde* : c'est du reste la principale accusation dont elle est traditionnellement l'objet[58]) – même si nous sommes les premiers étrangers à l'avoir déniché et à avoir perçu l'intérêt qu'il y aurait à le traduire. Selon Albert Bensoussan, le traducteur « […] est un auteur a posteriori, en somme

58 « Tous les arguments contre la traduction se résument en un seul : elle n'est pas l'original. », écrivait Georges Mounin dans *Les Belles Infidèles*, Lille, PUL, [1955] 1994, p. 13.

une ombre, une doublure, un combattant de la nuit, quelqu'un derrière le rideau, voire dans le trou du souffleur. » (Bensoussan, 2005, p. 14)

Mais ce rôle n'a rien de passif, il comporte une dimension éminemment active, et Bensoussan de nuancer aussitôt : « Mais qui existe, bon sang de bonsoir ! car sans lui, sans ce démiurge au petit pied, l'Auteur ne serait que ce qu'il est : un petit prophète en son pays. » (*ibid.*)

Son pouvoir ne se limite pas à une éminente fonction de *médiation* dans la réception internationale des œuvres. Il tient également à sa marge de manœuvre, beaucoup plus importante qu'on ne le croit souvent, quoique difficile à évaluer.

Le métier de traducteur ressemble un peu, à mes yeux, au métier d'acteur[59]. Comme pour l'acteur, il s'agit pour le traducteur de se mouler dans un rôle préétabli et fixé, au moins en partie, par un scénario, à la différence près que l'auteur traduit, même s'il est vivant, n'est *a priori* pas là pour le diriger comme un metteur en scène. Le traducteur n'est pas condamné à la servilité[60] ! Jean-Charles Vegliante aime le comparer à un exécutant, au sein d'un orchestre[61]. Cette métaphore musicale me paraît fort suggestive : certes, il s'agit bien de jouer les notes indiquées sur la partition, et si possible de les jouer en mesure, mais on sait bien qu'il existe des façons plus ou moins efficientes et séduisantes de les mettre en musique.

François GÉAL
Université Lumière Lyon 2

59 Je me réjouis de constater qu'Albert Bensoussan, traducteur attitré de Vargas Llosa, a également recours à cette image (*ibid.*, p. 51).

60 *Ibid.*, p. 70.

61 Conférence donnée dans le cadre du cycle « Paroles de traducteur », organisé à l'Université Paris IV-Sorbonne par Jean-Yves Masson (15 juin 2006).

RÉFÉRENCES BIBLIOGRAPHIQUES

BARTHES, Roland, *S/Z*, Paris, Seuil, coll. « Points », 1970.

BENSOUSSAN, Albert, *J'avoue que j'ai trahi, J'avoue que j'ai trahi, Essai libre sur la traduction*. Paris, L'Harmattan, 2005.

BERMAN, Antoine, *L'Épreuve de l'étranger*, Paris, Gallimard, coll. « Tel », 1984.

CHATEAUBRIAND, François-René de, *Essai sur la littérature anglaise*, 2 t., Paris, Gosselin et Furne, 1836.

CHEVREL, Yves, *La littérature comparée*, Paris, PUF, coll. « Que-sais-je », 5e éd., 2006

COMPAGNON, Antoine, *Le démon de la théorie. Littérature et sens commun*, Paris, Seuil, coll. « Essais », 1998

COSTADURA, Edoardo, *Antonello. Poesie*, Bologne, Bologna University Press, 1998.

COURIER, Paul-Louis, *Lettres écrites de France et d'Italie*, *Œuvres complètes*, éd. Maurice Allem, Paris, Gallimard, « Bibliothèque de la Pléiade », 1951.

DOLET, Etienne, *La Manière de bien traduire d'une langue en aultre*, Paris, Obsidiane, [1540] 1990.

ECO, Umberto, *Dire presque la même chose, Expériences de traduction*, trad. Myriem Bouzaher, Paris, Grasset, 2003.

GIL POLO, Gaspar, *La Diane amoureuse*, éd. bilingue [1564], introd., note et trad. inédite de François Géal, Paris, Honoré Champion, coll. « Textes de la Renaissance », 2004.

HAGÈGE, Claude, *L'Homme de paroles*, Paris, Fayard, 1996.

HUMBOLDT, Wilhelm von, « Essais esthétiques ; première partie, sur l'*Hermann et Dorothée* de M. Goethe », in *Sur le caractère national des langues et autres écrits sur le langage*, éd. et trad. Denis Thouard, Paris, Seuil, 2000 [*Magazin encyclopédique*, 1799], p. 29-30.

KUNDERA, Milan, *Les testaments trahis*, Paris, Gallimard, coll. « Folio », 1993.

LADMIRAL, Jean-René, « Sourciers et ciblistes », *Revue d'esthétique*, n° 12, 1986, p. 33-42.

LADMIRAL, Jean-René, *Traduire : théorèmes pour la traduction*, Paris, Payot, 1979 ; Paris, Gallimard, coll. « Tel », 1994.

LARBAUD, Valery, *Sous l'invocation de saint Jérôme*, Paris, Gallimard, coll. « Tel », [1946] 1997.

MESCHONNIC, Henri, *Poétique du traduire*, Lagrasse, Verdier, 1999.

MIRÓ, Gabriel, *D'un âge l'autre* [*Niño y grande*, 1922], trad. François Géal, Lagrasse, Verdier, 1990.

MIZUBAYASHI, Akira, *Une langue venue d'ailleurs*, Paris, Gallimard, 2011.

MOUNIN, Georges, *Les Belles Infidèles*, Lille, PUL, [1955] 1994.

NABOKOV, Vladimir, « Entretien accordé à Pierre Dommergues », *Le Monde*, 22 novembre 1967.

ORTEGA Y GASSET, José *Misère et splendeur de la traduction* [*Miseria y esplendor de la traducción* (1937)], trad. François Géal *et al.* ; préf. François Géal ; postf. Jean-Yves Masson, Paris, Les Belles Lettres, 2013.

PEREC, Georges, *W ou le souvenir d'enfance*, Paris, Denoël, coll. « L'imaginaire », 1975

RIBEYRO, Julio Ramón, *La tentación del fracaso*, Barcelone, Seix Barral, 2003.

RIBEYRO, Julio Ramón, « Proses apatrides » (extraits de *Prosas apátridas*), trad. François Géal *et al.*, *Le nouveau recueil*, Champ Vallon, n° 76, sept.-nov. 2005, p. 30-41.

RIBEYRO, Julio Ramón, *Proses apatrides* [1re éd. complète : 1986], trad. François Géal *et al.* ; préf. François Géal, Le Bouscat, Finitude, 2011.

RICŒUR, Paul, *Sur la traduction*, Paris, Bayard, 2004.

SAMOYAULT, Tiphaine, *Excès du roman*, Paris, Maurice Nadeau, 1999.

SARTRE, Jean-Paul, *Situations IX*, Paris, Gallimard, 1972.

STAROBINSKI, Jean, *La relation critique*, Paris, Gallimard, « Tel », 2001 [éd. augmentée de l'édition primitive, 1970]

STEINER, George, *Après Babel. Une poétique du dire et de la traduction*, trad. Lucienne Lotringer et Pierre-Emmanuel Dauzat, Paris, Albin Michel, 1998.

VALLE-INCLÁN, Ramón del, *Un jour de guerre vu des étoiles / Un día de guerra (visión estelar)* (1916-1917), trad. collective, préf. et dossier iconographique François Géal, Paris, Gallimard, coll. « Folio Bilingue » n ° 186, 2014.

VASSALLO, Rose-Marie, « Entretien », *Translittérature*, n° 40, hiver 2011, p. 5-14.

ANNEXE
Questionnaire : réponses de François Géal

1. Quelles sont les langues que vous maîtrisez et quelles sont vos langues de traduction ?

J'ai fait jadis beaucoup de latin et suffisamment d'anglais pour le lire sans trop de difficulté, mais la seule langue étrangère que je maîtrise bien est l'espagnol.

2. Combien de traductions avez-vous publiées, et dans quels domaines ? (vous pouvez indiquer les références, si vous le souhaitez)

Je dois distinguer deux catégories :
a) *Traductions personnelles*

D'un âge l'autre, Lagrasse, Verdier, 1990, traduction du roman de Gabriel Miró intitulé *Niño y grande* [1922].

Textes espagnols du catalogue de l'exposition *Dessins espagnols, Maîtres des XVIe et XVIIe siècles* (Paris, Musée du Louvre, 18 avril-22 juillet 1991), Paris, Éditions de la Réunion des Musées Nationaux, 1991.

Catalogue de l'exposition *Picasso premier regard. Collection Christine Ruiz-Picasso* (Málaga – Sevilla – Nîmes : 1994-1995), Nîmes, Carré d'Art – Musée d'art contemporain, 1995.

La Diane amoureuse, éd., introd., notes et trad. inédite de *La Diana enamorada*, roman pastoral de Gaspar Gil Polo [1564], Paris, Honoré Champion, coll. « Textes de la Renaissance », 2004, 373 p.

Tomás LLORENS, « Clavé : le graveur et son époque », éd. Céline Chicha-Castex, Aude Hendgen, Tomás Llorens, *Antoni Clavé. Œuvre gravé*, catalogue raisonné, Paris, Skira, 2017.

Estrella DE DIEGO, « Photogrammes et acrobates. Calder, Picasso et la culture de masse », *Calder-Picasso*, cat. exposition Musée national Paris-Picasso, éd. S. C. Rower Alexander, Bernard Ruiz-Picasso, Paris, Skira, 2019 (à paraître).

José Antonio Ramos SUCRE, *La substance du rêve. Poèmes en prose*

(1912-1930), trad. Philippe Dessommes, Michel Dubuis et François Géal ; préf. Gustavo Guerrero ; introd. François Delprat, Lyon, PUL, 2020, 288 p. [Cette anthologie constitue dans ma trajectoire un cas particulier : nous nous sommes réparti le travail entre trois amis hispanistes, et avons procédé à de nombreuses et décisives relectures croisées.]

b) *Traductions collectives (réalisées dans le cadre d'ateliers de traduction)*

L'Homme et les gens, première traduction en français de *El hombre y la gente* du philosophe espagnol José Ortega y Gasset (1957) ; préf. Christian Baudelot ; postf. François Géal, Paris, Éditions Rue d'Ulm, 2008.

Pablo NERUDA, « Six poèmes (extraits de *Residencia en la Tierra* I et II) ["Débil del alba", "La noche del soldado", "Caballero solo", "Cantares", "Walking around", "Entrada a la madera"] », *in* « Retraduire : Hölderlin, Celan, Neruda, Rebora », *Po&sie*, n° 104, Paris, Belin, 2003, p. 121-128.

Proses apatrides, trad. inédite de *Prosas apátridas* de l'écrivain péruvien Julio Ramón Ribeyro, Barcelone, Seix Barral, 2007 [1re édition complète, 1986], préf. François Géal, Le Bouscat, Finitude, 2011, 175 p.

Misère et splendeur de la traduction, trad. inédite de *Miseria y esplendor de la traducción* du philosophe espagnol José Ortega y Gasset (1937), préf. François Géal ; postf. Jean-Yves Masson, Paris, Les Belles Lettres, 2013.

Ramón DEL VALLE-INCLÁN, *Un jour de guerre vu des étoiles / Un día de guerra (visión estelar)* (1916-1917), préf. et dossier iconographique François Géal, Paris, Gallimard, coll. « Folio Bilingue » n ° 186, 2014, 224 p., 10 ill.

Horacio QUIROGA, *Journal de voyage à Paris*, traduction inédite de *Diario de viaje a París* [1900], préf. et éd. critique de François Géal, Lyon, PUL, coll. « Ida y vuelta / aller-retour », 2016, 153 p., 16 ill.

Julio Ramón RIBEYRO, « Bons mots de Luder », choix parmi les 100 bons mots de Luder (*Dichos de Luder*, 1989), textes traduits sous la dir. de F. Géal, Université Lumière Lyon 2, Master TLEC 2016-2018), *Hippocampe*, n° 15, automne 2018, p. 50-53.

J'ai donc à mon actif 7 traductions personnelles et 7 traductions dirigées dans le cadre d'ateliers de traduction hispanique, relevant principalement du domaine littéraire. Ces textes étaient aussi bien issus d'Espagne que d'Amérique latine.

3. S'agissait-il de commandes éditoriales ou bien de propositions spontanées ?

Mes traductions dans le domaine artistique répondaient à des commandes et avaient un objectif d'abord financier. Pour le reste, j'ai toujours choisi librement de traduire (ou de mettre au programme de mes ateliers de traduction) tel ou tel ouvrage. De sorte que j'ai presque toujours signé mes contrats *après* avoir achevé une traduction, contrairement à la procédure habituelle. Cette liberté est un luxe – et un risque – que j'ai pu me permettre dans la mesure où je n'ai jamais *vécu* de la traduction.

4. Quelles ont été jusqu'ici vos relations avec vos éditeurs (délais, rémunération…) ?

Très variables. Globalement, j'ai plutôt une mauvaise image des éditeurs qui souvent ne daignent pas répondre aux courriers qu'on leur adresse ou perdent un peu trop facilement les dossiers qu'on leur envoie. Exemple significatif : aux 47 courriers que j'ai adressés pour la publication de *Proses apatrides* de Ribeyro, seuls quinze environ ont répondu malgré mes relances, et un seul s'est engagé, il est vrai de façon enthousiaste.

Pour ce qui est des rémunérations, je dois reprendre la distinction des deux catégories évoquées plus haut à la question n° 2 : je n'ai jamais voulu être rémunéré pour des traductions collectives effectuées dans un cadre universitaire dont la fonction première est pédagogique. En revanche, j'ai souhaité l'être pour mes traductions personnelles. Selon mon expérience, les éditeurs ont la fâcheuse tendance de ne pas adresser régulièrement les comptes. Cas particulier : pour la traduction de Valle-Inclán, j'ai pu négocier avec Gallimard le paiement de ma préface, et cet éditeur s'est montré généreux. Mais en règle générale, j'ai gagné très peu d'argent avec mes traductions.

5. Si vous avez traduit des auteurs vivants, quelles relations avez-vous entretenues avec eux ?

J'ai plus souvent traduit des auteurs disparus, et pour les auteurs vivants, je n'ai pas eu besoin de les contacter. Mais sans doute je l'aurais fait si une difficulté de traduction majeure était survenue.

6. Faites-vous partie d'une association de traducteurs (ATLF, ATLAS…) ?

J'adhère à l'ATLF (Association des Traducteurs littéraires de France), tout en regrettant que la cotisation ait été portée à 80 € en 2019, une somme qui me paraît exorbitante, même si elle a été justifiée par la mise en place d'une équipe très structurée, notamment autour d'un service d'aide juridique. J'adhère également à ATLAS, association en relation avec les Assises de la traduction en Arles qui se tiennent chaque année en novembre au CITL d'Arles, dont la cotisation est plus modique, ainsi qu'à la SoFT (Société Française de Traductologie).

7. Quelles sont vos relations avec les autres traducteurs ?

J'en connais personnellement un petit nombre dans mon aire linguistique (espagnol), et un petit nombre dans d'autres domaines, qu'il s'agisse d'amitiés anciennes (Diane Meur, romancière et traductrice de textes allemands et anglais, ou encore Jean-Pierre Lefebvre, ancien collègue à l'ENS Ulm et traducteur très connu de l'allemand) ou de relations plus récentes (en particulier les personnes que j'ai croisées au CITL d'Arles lors d'un court mais très enrichissant séjour, en juin 2018).

8. Quelle part de votre temps a été jusqu'ici mobilisée par vos activités de traduction ?

Approximativement, le quart ou le cinquième de mon temps, mais c'est très variable selon les années. En tout cas, que ce soit en solitaire, à plusieurs, ou en groupe (dans le cadre de mes ateliers), je n'ai pratiquement jamais cessé de pratiquer depuis ma première traduction effectuée pendant mon service militaire en 1989-90.

9. Dans votre formation à la traduction, y a-t-il des ouvrages qui aient joué un rôle important ?

Au début des années 2010, j'ai suivi à la Sorbonne le séminaire de traductologie très couru de Jean-René Ladmiral et Jean-Yves Masson, et dès lors, je me suis mis à lire d'assez nombreux ouvrages théoriques. Parmi ces derniers, je citerai ceux d'Antoine Berman, toujours stimulants, même si je ne suis pas toujours d'accord avec lui. Parmi mes favoris, il y a aussi le recueil d'articles déjà ancien mais toujours passionnant de Valery Larbaud, *Sous l'invocation de saint Jérôme*. J'ai également des conversations téléphoniques régulières sur ces questions avec Jean-René Ladmiral ou Jean-Pierre Lefebvre.

10. Quel est à vos yeux le principal intérêt de la traduction et quels sont ses liens avec – voire son influence sur – votre métier d'enseignant-chercheur ?

La traduction, qui au départ ne m'intéressait guère, a pris une part croissante dans ma vie professionnelle (et dans ma vie tout court). Son premier bienfait a été de conforter mes assises en français. Par ailleurs, aujourd'hui, ma pratique traductive (en solo ou collective) nourrit directement mes réflexions pour le séminaire de traductologie que j'anime depuis plusieurs années en Master. Plus globalement, la traduction m'apparaît comme une *loupe* grossissante ou un *projecteur* mettant en lumière de façon captivante certains phénomènes culturels ou littéraires fondamentaux : par exemple, si vous réfléchissez sur la question du titre en littérature, un détour par l'univers de la traduction peut être utile et fécond.

POURQUOI ET COMMENT TRADUIRE LA LITTÉRATURE CHINOISE NÉO-SENSATIONNISTE ?

L'exemple de *Scènes de vie à Shanghai* de Liu Na'ou

Apparus à la fin des années 1920 sur la scène littéraire shanghaienne, certains auteurs chinois ont été regroupés *a posteriori* sous l'étiquette « néo-sensationniste » (*xin ganjue pai* 新感觉派). Cette école littéraire inspirée du courant japonais du même nom, dont Yokomitsu Riichi et Kawabata Yasunari[1] furent les plus illustres représentants, promouvait une fiction plus attachée aux questions esthétiques qu'aux problèmes politiques et sociaux ainsi qu'un usage du langage, des thèmes et un style novateurs. C'est dans le cadre de nos recherches sur la Shanghai des années trente et sur la *modern girl* à travers le prisme littéraire et artistique que nous avons entrepris de traduire pour les éditions Serge Safran les nouvelles regroupées sous le titre *Scènes de vie à Shanghai* de Liu Na'ou 劉吶鷗 (1905-1940), qui importa ce courant en Chine[2]. La phase la plus productive de ce dernier s'inscrit pleinement dans la décennie dite « de Nankin » (1927-1937), période propice à la création située entre l'âge des seigneurs de la guerre et la guerre sino-japonaise. Après une brève présentation de l'auteur et de l'œuvre, nous évoquerons les éventuels écueils de traduction et les solutions apportées, en plein accord avec cette remarque de David Bellos :

> Que font les traducteurs ? Ils trouvent, non pas des équivalents, mais des correspondances – des mariages, des *matches* – pour les unités qui constituent

1 Pour les noms de personnes chinois et japonais, l'ordre traditionnel du nom suivi du prénom a été retenu dans cet article, y compris dans les notes.

2 Liu Na'ou, *Scènes de vie à Shanghai*, trad. Marie Laureillard, Paris, Serge Safran Éditeur, 2023.

> une œuvre, dans l'espoir et dans l'attente que la somme de ces correspondances produira une œuvre nouvelle pouvant servir, en gros, de substitut à l'œuvre originale[3].

ENTRE TAIPEI, TOKYO ET SHANGHAI

Le néo-sensationnisme reflète à sa manière l'ouverture d'esprit du Shanghai de l'entre-deux-guerres, où les écrivains sont en quête de techniques et styles étrangers pour créer des œuvres novatrices. En effet, comme l'écrit Xavier Paulès, « l'un des aspects les plus réjouissants de la période républicaine est l'effervescence intellectuelle permise par la faiblesse du pouvoir et nourrie d'une curiosité insatiable pour les idées, idéologies et modes d'expression artistiques venus d'ailleurs[4] ».

Le courant néo-sensationniste s'épanouit à Shanghai pendant quelques années avant de s'éteindre pendant la guerre sino-japonaise (1937-1945) et de sombrer dans l'oubli plusieurs décennies durant jusqu'à sa redécouverte dans les années 1980. Il cherche à restituer une expérience subjective du monde à travers le portrait de la ville et celui de la citadine sophistiquée, avec lequel il se confond. Gagnés par l'ivresse des plaisirs et la fièvre érotique qui imprègnent l'atmosphère trépidante du « Paris de l'Orient », les flâneurs et les femmes fatales que l'on y dépeint ne sont guère au goût des adeptes d'une littérature de gauche au service du peuple, ce qui explique cette longue absence et leur place relativement discrète dans l'horizon littéraire des Chinois d'aujourd'hui. Les traduire peut donc contribuer, modestement, à faire sortir de l'ombre ces écrivains qui rêvèrent un temps à un monde nouveau, grisés par le rythme effréné de la métropole. Car comme l'écrit Marc de Launay, le travail de traduction « réactive le ressort innovant de l'œuvre ; il relance ainsi la nécessité d'élaborer de nouvelles formes [...]. La traduction ne se substitue pas à la création des œuvres, elle n'a pas la même force de rupture, mais elle inscrit la tradition dans une histoire de nouveau ouverte et lui évite de se figer en musée perpétuel[5] ».

---

3 David Bellos, *La traduction dans tous ses états ou comment on inventa l'arbre à vodka et autres merveilles*, Paris, Flammarion, 2018, p. 329.

4 Xavier Paulès, *La République de Chine*, Paris, Les Belles Lettres, 2019, p. 339-340.

5 Marc de Launay, *Qu'est-ce que traduire ?*, Paris, Vrin, 2006, p. 97.

Mort prématurément à l'âge de trente-cinq ans, Liu Na'ou 劉吶鷗 (1905-1940) effectua une trajectoire météorique. De père taïwanais et de mère japonaise, il vécut les quinze premières années de sa vie à Taiwan – alors colonie japonaise – avant de poursuivre ses études de 1920 à 1926 à Tokyo, d'abord au lycée puis au département d'anglais de l'université Aoyama, fondée par une mission de l'Église épiscopale méthodiste américaine. Faute de pouvoir se rendre en France, Liu étudia le français en 1926 à l'université jésuite Aurore de Shanghai, où il rencontra les futurs écrivains Dai Wangshu, Shi Zhecun et Du Heng. Après un nouveau et bref séjour au Japon, Liu regagna Shanghai en 1928 en emportant dans ses bagages des ouvrages de Kawabata Yasunari, Yokomitsu Riichi et Tanizaki Jun'ichiro. Avec ses propres fonds et avec l'aide de ses anciens camarades d'étude, il fonda bientôt une maison d'édition où il publia *Culture érotique* (*Seqing wenhua* 色情文化), recueil de nouvelles japonaises. Lorsque sa maison d'édition fut interdite par le gouvernement nationaliste pour avoir prétendument promu des publications de gauche, il déplaça ses activités éditoriales d'abord dans la concession internationale, puis dans la concession française. C'est là qu'il poursuivit la publication d'œuvres japonaises, notamment *Sensations du jeune marié* (*Xinlang de ganxiang* 新郎的感想) de Yokomitsu Riichi. À la même période, il finança et édita deux revues littéraires d'avant-garde, *Le Train sans rails* (*Wugui lieche* 無軌列車, 1928) et *Nouvelle littérature* (*Xin wenyi* 新文藝, 1929-1930). Il écrivit alors son unique recueil de nouvelles *Scènes de vie à Shanghai* (*Dushi fengjingxian* 都市風景綫), dont le titre peut se traduire plus littéralement par *L'Horizon de la cité*, paru en français aux éditions Serge Safran en 2023. Liu publia lui-même certains écrits de Paul Morand (1888-1976). Féru de cinéma allemand, américain et soviétique, il se tourna dès 1932 vers la critique cinématographique, l'écriture de scénarios, dirigea une revue intitulée *Cinéma moderne* (*Xiandai dianying* 現代電影) et produisit même un film inspiré de *La dame aux camélias* à la compagnie Guangming en 1938. Il connut une fin tragique, mystérieusement assassiné en 1940, peut-être par des agents secrets du Guomindang ou de la Bande Verte – puissante mafia locale – pour avoir accepté la direction du *Wenhui Daily*, journal lié au gouvernement collaborationniste de Wang Jingwei.

Cette vie trop brève rappelle la précarité des carrières d'artistes et intellectuels dans un contexte socio-politique assombri par les protestations anti-impérialistes, le risque d'invasion japonaise, les activités des sociétés secrètes, les luttes politiques et la misère environnante.

Bien qu'éduqué en japonais, Liu Na'ou décida de se lancer dans une carrière littéraire à Shanghai plutôt qu'à Tokyo. Son emploi du chinois était considéré comme un peu bizarre, mâtiné de japonais. De crainte d'être pris pour un espion de l'empire nippon sur le sol chinois, il évitait de décliner son identité taïwanaise en se prétendant originaire de la province du Fujian, située en face de l'île de Taiwan et d'où la majeure partie de la population insulaire est originaire. Le cadre exotique de la ville de Shanghai, alors semi-colonisée par le biais des concessions étrangères, lui offrit l'occasion de reproduire les odeurs, les sons et la vitesse de la ville par des moyens inédits. Son écriture, très sensorielle, oscille entre références musicales (le jazz, dès la première nouvelle), cinématographiques (avec des allusions à l'introduction toute récente du cinéma parlant et à des acteurs comme Charlie Chaplin ou Ronald Colman) et picturales (certaines scènes sont comparées à des tableaux de Gauguin ou de Derain).

La plus longue nouvelle, intitulée *Flux*, est représentative de toutes les autres par son style et par l'intrigue donnant un rôle central aux personnages féminins. Au début du récit, le héros Jingqiu et le fils de son employeur, Tangwen, en regardant un film érotique au cinéma, surprennent la troisième épouse du patron en galante compagnie. Jingqiu est immédiatement séduit par l'atmosphère à la fois réaliste et imaginaire du cinéma. Derrière la critique du style de vie bourgeois extravagant et décadent se devine la fascination de l'auteur et de son héros pour les douces images qui défilent sur l'écran. Le goût de Liu Na'ou pour l'érotisme et l'ambiance urbaine exotique des concessions étrangères témoigne de son attitude ambiguë à l'égard de la lutte contre les forces capitalistes.

Employé dans une usine textile, Jingqiu se trouve pris dans un jeu érotique avec trois femmes : « Mademoiselle », la fille de treize ans de son patron dont il est le promis ; Qingyun, la jeune concubine de son patron ; Xiaoying, la préceptrice de « Mademoiselle », qui est aussi une activiste communiste. Se distinguant par son allure sportive de la féminité des deux autres, issues d'une famille bourgeoise décadente, cette dernière se comporte en femme émancipée, en « *modern girl* » à la fois inspirée de la *moga* japonaise, de la *flapper* américaine et de la *garçonne* française. Elle rejette les avances de Jingqiu et décline sa demande en mariage tout en acceptant de passer une nuit avec lui. À la fin, le jeune homme quitte son emploi pour se joindre à la grève des ouvriers dont Xiaoying est l'une des organisatrices. Le titre de la nouvelle, « Flux » (*Liu* 流), renvoie au flux de la foule, du trafic, du temps, de l'espace et de la conscience. L'auteur cherche à rendre la fluidité des lumières, des images, des couleurs et des sensations de la réalité fragmentaire et désordonnée de la métropole shanghaienne.

L'intrigue est contemporaine de la rédaction de la nouvelle, tandis que l'action se déroule à Shanghai, où vit l'auteur – ce qui est le cas de presque tout l'ensemble du recueil. Ces quelques éléments d'information relatifs au style et au contenu du recueil permettent de mieux cerner notre objet d'étude et de mieux expliquer le processus de traduction.

UN SAUT DANS L'ESPACE ET DANS LE TEMPS

Comment rendre accessible une œuvre si éloignée à la fois sur le plan spatial et temporel ? L'éditeur Serge Safran est l'un des rares, aujourd'hui en France, à courir le risque de publier une littérature chinoise qui ne soit pas immédiatement contemporaine et nous replonge dans la ville de Shanghai de la période républicaine (1912-1949), si ouverte sur le monde et avide de nouveauté. Les questions se posant au traducteur rejoignent ainsi les propos de François Ost :

> La question du transfert de sens par la traduction s'intègre elle-même dans la problématique plus vaste des transferts culturels d'une civilisation ou d'une époque à une autre. L'histoire culturelle (avec sa théorie des rapports de force) et la littérature comparée (avec sa théorie de la réception) prennent ici le relais des analyses linguistiques[6].

Quel type de lecteur vise une telle traduction ? On répondra, avec David Bellos, qu'« un grand nombre d'œuvres traduites (beaucoup d'entre elles de grand mérite) ne s'écoulent qu'à un nombre dérisoire d'exemplaires avant de disparaître dans un trou noir. Le seul vrai "client"

6 François Ost, *Traduire : Défense et illustration du multilinguisme*, Paris, Fayard, 2009, p. 131.

d'une traduction littéraire est un lecteur imaginaire – le Lecteur que tout traducteur invente dans sa tête » (Bellos, 2018, p. 323).

Le traducteur du chinois vers le français se heurte de manière générale à quelques écueils liés à l'absence de marqueurs grammaticaux tels que le temps des verbes, l'indication du singulier ou du pluriel, ou la difficulté de rendre les impressifs (syllabe redoublée évoquant une sensation).

Le choix du temps du verbe se pose effectivement dans les nouvelles de Liu Na'ou, qui sont souvent des tranches de vie, des instantanés auquel pourrait convenir le présent de narration. On notera par exemple que dans leur traduction d'une nouvelle du même auteur, Isabelle Rabut et Angel Pino ont choisi le présent, qui peut parfaitement rendre l'immédiateté des sensations :

> H suit des yeux les deux corps qui tourbillonnent et ondulent sous la faible lumière. Il lève son verre pour faire couler les émotions bloquées en travers de sa gorge[7].

Pour notre part, à une exception près, nous avons opté pour le passé, qui nous semble correspondre à une approche plus classique, proche des habitudes d'un Paul Morand – l'un des modèles des néo-sensationnistes. Ainsi, le monologue intérieur, marque de fabrique de la fiction chinoise moderniste, apparaît dans deux nouvelles, *Deuil* et *Tentative d'assassinat* : quel temps verbal choisir en l'occurrence ? Dans un long monologue intérieur, la jeune veuve de *Deuil* exprime – d'un point de vue féminin, fait rare sous la plume de Liu – son sentiment de solitude, sa frustration, tout en affichant elle aussi une grande liberté de mœurs. Lors d'une errance nocturne à travers la ville, elle se laisse volontairement séduire par un marin étranger dont elle satisfait le fantasme de trouver « *a girl in every port* ». Dans *Tentative d'assassinat*, obnubilé par une employée de banque énigmatique, le protagoniste masculin, troublé par l'atmosphère faussement intimiste de la chambre forte, recourt à la violence pour assurer sa domination. Il se fera arrêter après avoir tenté d'étrangler l'employée sans éprouver pourtant le moindre sentiment de culpabilité. La première nouvelle, étant écrite au style direct, appelle l'emploi du présent, tandis que la seconde se traduit tout naturellement au passé.

---

7 Liu Na'ou, « De l'inconvénient d'avoir tout son temps », *Le Fox-Trot de Shanghai et autres nouvelles chinoises*, réunies, présentées et traduites par Isabelle Rabut et Angel Pino, Paris, Albin Michel, 1996, p. 295-306, ici p. 303.

L'imprécision concernant le nombre se reflète dans la traduction des titres. Pour le premier chapitre, un singulier (« Jeu ») a été choisi en français, alors que figure « Games » dans une version anglaise également parue en 2023[8]. À l'inverse, pour le deuxième chapitre, « Paysages » correspond à « Landscape » en anglais : le traducteur a donc toute latitude d'opter pour un singulier ou un pluriel en fonction de son appréciation personnelle.

Sans doute pour mettre l'accent sur le cosmopolitisme de son inspiration, Liu Na'ou émaille ses textes de mots étrangers (français ou anglais), qui sont des signes d'occidentalisation au même titre que les références au cinéma américain ou à la peinture française. (En revanche, l'emploi plus japonais que chinois de certaines tournures n'est peut-être pas volontaire.) L'anglais s'introduit également dans certains dialogues, montrant le rôle joué par cette langue comme emblématique de la modernité occidentale à l'époque. Parfois une expression française comme « ma chérie » s'y glisse également. Nous avons pris le parti de garder les termes dans la langue d'origine en les indiquant en italiques pour souligner l'hybridité de cette écriture :

Flux : « C'était déjà la *rush hour.* » (« l'heure de pointe ») (Liu Na'ou, 2023, p. 39).

Rituels et hygiène : « Cette fille slave était si séduisante, peut-être avait-elle contracté la *Spring fever*, elle aussi ! » (« la fièvre printanière ») (Liu Na'ou, 2023, p. 62)

Paysages : « Les informations qu'il avait entre les mains [...] lui devinrent toutes aussi indifférentes qu'un *talkie* révolutionnaire. » (« un film parlant ») (Liu Na'ou, 2023, p. 16)

Tentative d'assassinat : « À peine entré, je vis l'employée, qui, à nouveau, ne desserra pas les lèvres, d'un air *dumb*, sévère et glacial. » (« bête », « stupide ») (Liu Na'ou, 2023, p. 136)

Rituels et hygiène : « Ce n'est rien d'autre qu'une aventure avec un *Pekinese.* » (« un Pékinois ») (Liu Na'ou, 2023, p. 80)

La mention de noms de personnes ou de lieux étrangers dans une transcription qui n'a plus cours aujourd'hui laisse parfois planer une incertitude. Ainsi dans *Paysages* :

8 Liu Na'ou, trad. anglaise de Yaohua Shi et Judith M. Amory, *Urban Scenes*, New York, Cambria Press, 2023.

> En partant de son cou et en suivant du regard le dessin de ses bras au-delà de ses petites épaules rondes, on avait l'impression qu'elle venait de s'échapper d'une toile de Derain. (Liu Na'ou, 2023, p. 17)

S'agit-il bien du peintre Derain (*Delan* 德蘭) ? Certaines translittérations sont difficiles à identifier et ne donnent lieu qu'à des suppositions, comme la marque de voiture *Feipu* (dans *Jeu*) ou la mention de Gibraltar en une évocation poétique des bords de la Méditerranée dans *Un cœur ardent* :

> Il se voyait marchant le long de rochers ocre brun sur un sentier bordé d'agaves rassasiés de soleil, plongés dans leurs rêves de l'après-midi. Devant le ciel se dressait une muraille antique et imposante qui s'étendait à perte de vue et dominait, du haut d'une falaise, une mer d'azur illuminée par le couchant du côté de Gibraltar. La brise sur les ruines romaines envahies d'herbes folles apportait une odeur de terre. (Liu Na'ou, 2023, p. 47)

Malgré nos recherches, nous n'avons pu identifier de site de ruines romaines proche de Gibraltar : nous supposons donc qu'il s'agit d'une évocation fantaisiste. La confrontation avec une traduction en anglais parue en même temps que la nôtre (*Urban Scenes*[9]) permet de vérifier certains points : ainsi, Derain *Delan* 德蘭, Gibraltar (*Jifula'erda* 吉夫拉爾達) sont également traduits de la sorte dans la version anglaise, tandis que la marque de voiture *Feipu* 飛撲, que nous avons rendue phonétiquement par le nom imaginaire de « Viper », a été traduite par « roadster » en anglais, ce qui est sans aucun doute juste dans la mesure où il est question d'une voiture de sport. On constate aussi que dans la version anglaise, le « monsieur Pouillet » de *Rituels et hygiène* (*Pulüye* 普呂業 en chinois) a été rendu par « monsieur Bruyère », ce qui est également adapté. La question de la traduction des noms propres se pose également pour un chien nommé Shaliuji 沙留基, que nous avons rendu phonétiquement par le terme anglais « Jealousy », le nom chinois semblant lui-même traduit d'une langue étrangère. La version anglaise le transcrit sous la forme Saluki, qui correspond au nom d'une race de chien. Parfois, la question de la traduction des noms propres ne se pose pas, comme dans la nouvelle *L'équation*, où les personnages sont simplement désignés par des initiales, à l'occidentale, pour montrer à quel point ils sont anonymes

9 Liu Na'ou, *Urban Scenes*, *op. cit.*

et remplaçables : « Mister Y. », « Miss A. », « Miss Y. », etc. Dans cette satire du mariage, un certain Mister Y., qui vient de perdre sa femme, se voit présenter deux *modern girls*, Miss A., qui aime l'opéra de Pékin, et Miss W., avec qui il va voir un film parlant. Mais il se retrouve finalement sur un bateau avec Miss S. rencontrée la veille. Les femmes n'apparaissent que comme des marionnettes écervelées ou des pions interchangeables aux prises avec des hommes calculateurs et indifférents.

À ces notes exotiques s'ajoute une évocation imagée et exaltée de la Shanghai nocturne, qui était alors la cinquième ville du monde, tout aussi modernisée que les métropoles occidentales, comme dans cet extrait de *Jeu* :

> Le ciel noir recouvrait l'éclat rougeoyant de la vie au-dessus d'un océan de lumières. Les immeubles de toutes hauteurs aux contours indécis s'amoncelaient devant ses yeux comme des tas de sable au fond de la mer. Non loin de là, une rue illuminée formait une grande artère au milieu de la métropole, s'étirant à l'infini sous le ciel obscur. Au centre, des myriades de voitures aux phares allumés tournaient en tous sens tels des noctiluques. (Liu Na'ou, 2023, p. 11)

Sous la plume de Liu Na'ou, les sources d'inspiration se croisent et s'entremêlent. On trouve ainsi des allusions à l'esprit-renard des contes de Pu Songling (1640-1715), qui se métamorphose en charmante jeune fille pour conduire le héros à sa perte, dans *Rituels et hygiène* :

> Après avoir lu le message d'une traite, Qiming eut l'impression qu'un esprit-renard l'avait charmé et qu'il n'arrivait pas à s'en libérer. Il était encore dans l'ivresse de la nouvelle lorsqu'il sentit soudain une présence derrière lui. En levant les yeux, il vit Bairan, qui se tenait souriante au pied de l'escalier, sa jolie petite bouche toujours close. (Liu Na'ou, 2023, p. 81)

Le trope bien connu de la renarde des *mirabilia* (*zhiguai* 志怪) rejoint la figure de la femme fatale dans *Flux* :

> Comme ensorcelé par un esprit-renard, Jingqiu ne pensa plus à rien pendant un instant. Mais il mordit à l'appât et ses bras puissants enlacèrent les muscles élastiques. Il s'ensuivit une pluie de baisers. (Liu Na'ou, 2023, p. 38)

Certains éléments de la narration renvoyant au contexte de l'époque exigent une note, comme la *qipao* 旗袍, robe-fourreau cintrée à col montant et fendue sur les côtés que portaient les citadines élégantes à l'époque

(*La couverture ouatinée*). Le terme *xianshuimei* 咸水妹 (littéralement « fille d'eau salée »), qui désigne spécifiquement les prostituées cantonaises à Shanghai, a été simplement rendu par « fille de joie » (*Deuil*) par souci de clarté. L'évocation d'un Indien sikh levant son bâton dans une rue de Shanghai mérite explication (*Flux*) : les sikhs étaient alors chargés de régler la circulation dans la concession internationale de Shanghai.

UNE ÉCRITURE SENSORIELLE ET CINÉMATOGRAPHIQUE

L'écriture de Liu Na'ou se caractérise par sa dimension sensorielle. Refusant une vision du monde fondée sur le réalisme, Liu Na'ou cherche à saisir les sensations comme elles surviennent, sans la médiation de la raison :

Les néo-sensationnistes diffèrent à la fois d'un Mao Dun – qui, ayant pour objectif d'analyser la société, observe la ville d'en haut – ou d'écrivains plus tardifs, comme Zhang Ailing, Su Qing et Pan Liudai, qui considèrent la ville où ils résident comme un espace de vie et l'observent de l'intérieur. Les auteurs néo-sensationnistes, quant à eux, se tiennent dans une position intermédiaire : ils se promènent au hasard des rues et leur champ de vision, nécessairement obstrué par les immeubles disposés en rangs serrés, les condamne à n'avoir de la ville qu'une expérience fragmentaire, limitée, favorisant les impressions visuelles[10].

Dès la première ligne du recueil, les énumérations montrent la prééminence des sensations visuelles et sonores :

> Au palais du Tango, tout se mouvait au rythme de la musique, les corps des hommes et des femmes, les lumières multicolores, les verres à vin brillants, les liquides rouges et verts, les doigts fuselés, les lèvres grenat, le yeux flamboyants. (Liu Na'ou, 2023, p. 5)

L'angle de vue évoque souvent celui d'une caméra. Dans cette nouvelle intitulée *Jeu*, dont l'action débute dans un dancing, un plan général

10 Isabelle Rabut et Angel Pino, *Pékin-Shanghai – Tradition et modernité dans la littérature chinoise des années trente*, Paris, Bleu de Chine, 2000, p. 314.

est suivi d'un zoom sur un couple assis à la fenêtre et d'un plan fixe pendant un court moment avant de passer à l'orchestre de jazz. Le dancing offre à l'auteur l'occasion de décrire les sons, les couleurs, les goûts, les odeurs du lieu selon une technique que l'on peut qualifier de synesthésique. Dans le passage suivant, le tempo de la ville, rendu par le changement constant de point de vue, est un staccato imitant les mouvements tremblants et sauvages des corps qui dansent sur le rythme rapide de la musique :

> Soudain, un accord musical déchira l'air. Un musicien au milieu de l'orchestre souffla convulsivement dans un *saxophone* ensorceleur un air de *jazz*. Puis la batterie, le piano et les cordes vibrèrent à leur tour. C'était un souvenir d'Afrique, un sacrifice avant la chasse, une pulsation, la découverte du primitif. La batterie, le piano, les cordes, tout résonnait à un rythme effréné. (Liu Na'ou, 2023, p. 7)

Les sensations olfactives s'ajoutent aux sensations visuelles et auditives : « Il était déjà plongé dans un état de transe lorsqu'il sentit un parfum tiède monter à ses narines[11]. » Dans *Paysages*, il sera même question d'un « cocktail de senteurs », expression assimilant le sens de l'odorat à celui du goût :

> Le parfum n° 4711, l'odeur de la poudre de riz, celle des bas, de la sueur, du sac de cuir humide, de graisse cuite, de fer rouillé, de médicament se mêlèrent pour former un *cocktail* de senteurs. (Liu Na'ou, 2023, p. 20-21)

La vitesse de la ville est également rendue par des images changeantes. Le protagoniste masculin de *Jeu*, Buqing voit soudain bondir un tigre, avant de réaliser qu'il s'agit d'une étole de fourrure drapée sur les épaules d'une femme. Sa perception est celle de la caméra qui capture une image soudaine comme une illusion et qui, plus tard, opère une mise au point pour en donner une vision nette. Marc de Launay a fait observer avec justesse que dans toute langue et toute écriture se combinent deux forces opposées, celle des codes et des conventions inscrits dans les lexiques et les grammaires, et celle qui déborde en permanence ces acquis, les bouscule et les subvertit par la puissance d'innovation du style[12]. La bizarrerie, la rupture de logique surréalistes

11 *Ibid.*, p. 7.

12 Marc de Launay, *Qu'est-ce que traduire ?*, *op. cit.*, p. 39.

de l'original ne doivent donc pas être gommées, comme l'illustre cet exemple tiré de *Flux* :

> Deux renards jaunes bondirent et se perchèrent sur les épaules d'une fille aux yeux bleus. Alors Jingqiu entra soudain dans un conte de fées. Dans les vitrines, les poupées étrangères s'amusaient avec des tigres, des éléphants, des lions, des singes, des chiens à grandes oreilles, des chats noirs, des souris. Pierrot, le visage mi-blanc mi-noir, se tenait dans un coin de la vitrine les yeux rouges, pleurant sans raison. (Liu Na'ou, 2023, p. 39)

Dans cette scène fantasmagorique, les tours du cou en peau de renard à la mode à l'époque reprennent vie. Nous avons déjà analysé ailleurs ces parenthèses dans le récit, ces moments de pause où le héros semble s'abstraire du rythme trépidant de la grande ville pour s'absorber dans sa rêverie[13].

Parfois, hommes et choses échangent leurs attributs, la métropole vous engloutit comme un « démon affamé » (*Jeu*), les grands magasins recrachent leurs clients :

> Jingqiu se retourna et vit Qingyun qui, les bras chargés de paquets, venait d'être recrachée par un monstrueux magasin. (Liu Na'ou, 2023, p. 40)

Les êtres humains se réifient et les objets inanimés s'humanisent : à l'image des mendiants de *Flux* qui errent à travers la ville, « une boîte aux lettres habillée de vert qui se dressait sur le trottoir ouvrait une bouche béante, comme affamée ». (Liu Na'ou, 2023, p. 25)

Le paysage urbain que déploie Liu Na'ou est saisi d'un point de vue en perpétuel mouvement, chaque paragraphe semble correspondre à un plan cinématographique. Des phrases nominales peuvent parfois évoquer des scripts de film, par exemple pour décrire l'allure de spectateurs dans une salle de cinéma (*Flux*) :

> Leur regard fut attiré en même temps par un éclat blanc. Énorme dos rond. Crâne lisse. À côté, un ours brun d'Alaska qui s'était coupé les cheveux. Sous un carré de soie brun s'agitait une paire de pendentifs en jade. (Liu Na'ou, 2023, p. 28)

---

13 Marie Laureillard, « Rêveries et flottements dans la ville : l'écriture néo-sensationniste de Shi Zhecun et Liu Na'ou en 1930 », *IDEO*, « La ville dans les littératures d'Asie », 2023, n° 15, https://journals.openedition.org/ideo/3469 (consulté le 20/03/2024)

Il convient de préserver cette succession d'images et ce rythme haché. Une scène érotique dans un film américain est également décrite par une suite de phrases nominales :

> Soudain, un *close-up*. Fils de soie dorés ébouriffés, yeux mourants, grenade éclatée, pieds en l'air. Suivait un *long-shot*. Passion débordante. Attirance charnelle, rebuffade, craquement des articulations… C'était à vous en brouiller la vue. (*ibid.*)

Un seul récit du recueil (*Sous les tropiques*) se déroule, comme son nom l'indique, loin de Shanghai, dans un cadre dépaysant qui permet aux citadins de s'évader et où la rationalité et l'ivresse des sens entrent en conflit. Il narre une relation amoureuse entre un couple venu de la ville et un frère et une sœur aborigènes : l'île tropicale présentée comme un paradis perdu, le contraste entre civilisé et sauvage rappellent clairement certains films hollywoodiens de l'époque, comme le précise Li Jin[14]. Là encore, la cinéphilie de l'auteur est perceptible, qu'il s'agisse du thème ou du style.

L'ensemble, écrit dans une écriture sensorielle et presque phénoménologique, n'exige qu'assez peu de notes explicatives. Par ailleurs, le style relativement européanisé de Liu Na'ou rend sans doute la traduction plus aisée que pour d'autres textes chinois truffés de références à la langue classique.

ÉCHOS DE PAUL MORAND

Les nouvelles de Liu Na'ou peuvent en effet sembler familières au lecteur francophone par leur ton et leur thème, allant jusqu'à recourir à une forme d'auto-orientalisme parodiant celui de Victor Hugo ou de Pierre Loti. Dans *Un cœur ardent*, un Français nommé Pierre en quête d'exotisme rêve de rencontrer une madame Chrysanthème. Il rencontre une jeune femme aux « yeux sombres » qui lui fait penser à l'héroïne de Loti :

14 Li Jin, « Le néo-sensationnisme et le cinéma », *in* Isabelle Rabut, Angel Pino, *Pékin-Shanghai*, *op. cit.*, p. 283-318, ici p. 293.

> Il n'arrivait pas à croire qu'un chrysanthème aussi charmant l'ait approché de si près [...]. Ses yeux sombres semblaient briller de toute la passion de l'Orient. Ses deux oreilles couleur perle n'étaient-elles pas des coquillages de l'océan qui avait vu naître Vénus ? Les courbes subtiles de sa taille portaient en elles un mystère que ne possédaient pas les Orientales de la poésie de Victor Hugo. (Liu Na'ou, 2023, p. 51)

Cependant, la douce illusion dont se berce le héros d'*Un cœur ardent* se dissipera brusquement au bout de quelque temps : au moment où, sans plus se contenter de recevoir passivement ses dons, elle les exigera, l'amante idéalisée chutera du rang de déesse à celui de vile prostituée.

Dans *Rituels et hygiène*, on trouve une description tout aussi stéréotypée et ironique des Orientales fantasmées par les Occidentaux, auxquelles sont prêtés une délicatesse et un insondable mystère :

> Leurs oreilles étaient aussi délicates que les coquillages des fonds marins. Leurs prunelles sombres semblaient cacher tous les secrets de l'Orient. (Liu Na'ou, 2023, p. 76)

Les espoirs d'un autre Français du nom de Pouillet seront également déçus dans *Rituels et hygiène*, que nous aurions pu également traduire par *Étiquette et hygiène* (le terme « étiquette » nous ayant semblé moins explicite que « rituels »). Pouillet, ancien diplomate converti au métier d'antiquaire, voue une passion à Keqiong, femme de Qiming, autant qu'aux antiquités et à l'art chinois. Il décide de poursuivre son rêve orientaliste en achetant Keqiong à son mari Qiming, proposant d'échanger son magasin contre deux ans de bonheur. Refusant de se laisser réduire au rang d'objet érotique, Keqiong disparaît alors avec un nouvel amant pékinois en confiant sa sœur muette à son mari.

La forme de la nouvelle, privilégiée dans la Chine de l'époque républicaine, semble particulièrement adaptée aux tranches de vie, pareilles à des scènes de film, qui caractérisent l'écriture de Liu Na'ou. Le décor est vite esquissé, les événements s'enchaînent à la hâte, les personnages sont rapidement campés dans un monde mouvant en constante effervescence où se succèdent à vive allure instants de vie et sensations fugitives. À l'image du spectacle sans cesse renouvelé qu'offre la ville de Shanghai, la rapidité caractérise son style, à l'instar de celui de Paul Morand, l'un de ses modèles, qui avouait sans ambages sa prédilection pour le genre de la nouvelle, supérieur à ses yeux au roman à thèse :

> Il n'y pas de quoi se nourrir dans une nouvelle, c'est un os. Pas de place pour la méditation, pour un système de pensée. On peut tout mettre dans une nouvelle, même le désespoir le plus profond (…) mais pas la philosophie du désespoir. Les personnages sont cernés, gelés dans leur caractère, ils n'ont pas le temps de tomber malades, de mourir de la maladie du roman contemporain[15].

Cette esthétique de la vitesse fait de la nouvelle, voire de la micro-nouvelle ou « nouvelle de la paume de la main » (comme *La couverture ouatinée*), un genre particulièrement adapté aux néo-sensationnistes, qui préfèrent, eux aussi, l'évocation brève de tableaux contrastés, d'états d'âme changeants et d'impressions éphémères aux longues descriptions et aux intrigues compliquées :

> « Ce n'est pas un hasard si les néo-sensationnistes ont apprécié Paul Morand », remarque Isabelle Rabut. « Même représentation de la ville trépidante, de la vitesse, du monde mécanique (celui des trains et des voitures). Les deux courants européens qui les ont le plus inspirés sont sans doute l'expressionnisme et le surréalisme […] par un accord partiel au niveau des thèmes (la vie moderne, urbaine, mécanisée et des images[16]. »

Liu Na'ou a joué un rôle décisif dans l'introduction en Chine de Paul Morand, qui avait déjà été traduit en japonais : le recueil *Ouvert la nuit* (1922) a été publié en japonais dès 1924 et *Fermé la nuit* (1923) l'année suivante. Un article a mis en lumière à travers des exemples précis l'influence de Morand sur Liu Na'ou à travers la traduction relativement littérale qu'en a faite le poète Dai Wangshu 戴望舒 (1905-1950), camarade d'études de Liu Na'ou à l'université Aurore[17]. Le poète aurait opté pour une traduction littérale afin de préserver la syntaxe, la grammaire, la ponctuation, les expressions vernaculaires et le vocabulaire français, quitte à enfreindre souvent les règles de la syntaxe chinoise. Cette « européanisation » de la langue chinoise lui semblait pouvoir contribuer à sa modernisation. Ce choix relève ainsi

---

15 Paul Morand, *Ouvert la nuit*, Paris, Gallimard, coll. « L'Imaginaire », 2012 [1922], p. 5, préface à l'édition de 1957.

16 Isabelle Rabut, « École de Pékin, École de Shanghai : un parcours critique », dans Isabelle Rabut, Angel Pino, Pékin-*Shanghai – Tradition et modernité dans la littérature chinoise des années trente*, Paris, Bleu de Chine, 2000, p. 13-59, ici p. 46-47.

17 Sabrina Choi-Kit Yeung, « Comparaison des traductions japonaise et chinoise de Paul Morand pendant les années 1920 et 1930 », *Meta*, vol. 61, n° 2, 2026, p. 369-395, https://doi.org/10.7202/1037764ar (consulté le 20/02/2024).

d'une volonté de s'inscrire dans la « modernité », qui à l'époque était synonyme d'occidentalisation aux yeux des Chinois. Il est également possible que Liu Na'ou ait lu Morand directement en français ou dans sa version japonaise. En 1928, le numéro 4 de la revue *Train sans rails* que dirige Liu Na'ou est consacré à Paul Morand, présenté comme un moderniste, voire un avant-gardiste : l'écrivain français entre désormais dans les références de la littérature moderniste chinoise.

Ainsi, Dai Wangshu respecte entièrement la syntaxe française en traduisant le passage suivant de *La nuit des Six-Jours* en chinois : « Ce n'était pas son dos lacté, sa robe de jais, tremblante pluie noire, un excès de bijoux d'onyx, dont des yeux étirés et noués aux guignes de l'oreille ; c'était plutôt son nez aplati, le bondissement de sa poitrine, son beau teint juif de vigne sulfatée, cet isolement un peu louche. », écrit Paul Morand (Morand, 2012, p. 129). C'est ainsi que certaines phrases traduites comportent trop d'adjectifs, ou sont trop longues, pouvant même être difficiles à comprendre. Sabrina Choi-Kit Yeung cite l'exemple de l'expression « son beau teint juif de vigne sulfatée », très littéralement traduite en chinois (她的像灑過硫酸鹽的葡萄葉的，美麗的猶太風的顏色)[18].

L'influence de Morand sur Liu Na'ou peut se déceler dans ses nouvelles. On peut ainsi identifier certaines similitudes encore perceptibles dans notre traduction en français, comme « ce nez grec fin et droit » (這個瘦小而隆直的希臘式的鼻子) (*Jeu*) qui peut évoquer le « beau teint de vigne » de Morand.

Chez l'écrivain français comme chez Liu Na'ou, les portraits de personnages sont croqués en quelques traits, fragmentés, dans un style lapidaire où dominent la parataxe et les énumérations. Ils sont assimilés à une catégorie, à un stéréotype, parfois réduits à un concept, évoquant les procédés de la caricature. La « moustache à la Charlot » citée par Morand (*La nuit des Six-Jours*, Morand, 2012, p. 136) se retrouve chez Liu Na'ou (*Jeu*, 卓別靈式的髯子). Dans *Jeu*, les visages et les corps féminins érotisés attirent l'attention du narrateur, qui apprécie les signes d'occidentalisation qu'il y repère :

> Il se redressa pour la regarder : ces yeux craintifs, ce front raisonnable, ces cheveux courts flottant au vent, ce nez grec fin et droit, cette bouche ronde

---

18 *Ibid.*, p. 383.

> et ces lèvres pulpeuses entrouvertes, n'était-ce pas là un pur produit de la modernité ? (Liu Na'ou, 2023, p. 7)

ou encore dans *Paysages* :

> En voyant sa coupe de cheveux à la garçonne et ses vêtements qui montraient des signes évidents d'occidentalisation, on pouvait aisément deviner qu'elle était un produit de la métropole moderne, mais ce nez droit et raisonnable, ces yeux vifs et audacieux étaient peu communs, même à la ville. (Liu Na'ou, 2023, p. 17)

Une métaphore morbide sous la plume de Morand, « trembler d'un paludisme sacré », trouve son équivalent sous celle de Liu, qui imagine les danseurs en proie à une crise d'épilepsie : « Les muscles de leur corps tressaillaient à un rythme épileptique ». Dans *Jeu*, nous avons choisi d'effacer la notion d'épilepsie, préservée dans la traduction anglaise que nous citons à la suite de la nôtre, ce qui banalise ou affadit peut-être légèrement le style :

> Leurs deux corps s'enlacèrent. Leurs muscles tressaillaient frénétiquement. Il était déjà plongé dans un état de transe lorsqu'il sentit un parfum tiède monter à ses narines. (Liu Na'ou, 2023, p. 7)

> *The two bodies embraced. Ther muscles began to shake and tremble to the epileptic rhythm. A warm scent from below hit his nostrils, but he was already lost in a dream woven by the hypnotic music*[19].

Dans *La nuit des Six-Jours*, une phrase peut également se comparer à celle de *Jeu* de Liu Na'ou. On lit chez Morand : « Entre les tables les sommeliers volaient tenant entre chaque doigt un apéritif noir. » (Morand, 2012, p. 139). Et chez Liu, toujours dans *Jeu* :

> Au milieu, les mouvements les plus délicats et les plus agiles étaient ceux des serveurs en livrée blanche. Avec vivacité, tels des papillons parmi les fleurs, ils virevoltaient de-ci de-là sans commettre le moindre impair. (Liu Na'ou, 2023, p. 5)

Les phrases nominales évoquées plus haut pouvant rappeler un script de cinéma, les images inattendues existent déjà chez Morand :

19 Liu Na'ou, *Urban Scenes*, trad. anglaise de Yaohua Shi et Judith M. Amory, New York, Cambria Press, 2023, édition électronique, emplacement 201.

« Coucher de soleil. Grenadine. L'heure était facile comme l'asphalte. » (Morand, 2012, p. 138)

L'action de *Paysages* se déroule à cent à l'heure, à la vitesse du train où se rencontrent les deux protagonistes, ou encore à celle avec laquelle une passagère, que le narrateur identifie comme un « produit de la métropole moderne », se donne à lui à la station suivante. Les ébats amoureux en pleine nature sont décrits en termes métaphoriques dans *Paysages* : « Sur sa peau lisse et satinée déferlèrent les vagues de dizaines de Danube bleus. » (Liu Na'ou, 2023, p. 22), ce qui pourrait rappeler une phrase de Morand, toujours tirée de la même nouvelle : « Pour le particulier, une peau avec des veines comme les fleuves de géographie. » (Morand, 2012, p. 142)

Ainsi, comparer notre traduction en français à l'écriture de Paul Morand, l'une des sources d'inspiration de notre auteur, permet d'identifier certains phénomènes de transferts culturels et stylistiques par une sorte de retour à la source et de mesurer, en quelque sorte, le degré de précision du transfert linguistique opéré dans cette langue très différente du français mais relativement flexible qu'est le chinois. La traduction de ce texte nous montre bien, cependant, à quel point « la traduction est une transformation : elle transforme la langue et la culture de l'original comme la langue et la culture d'accueil[20] ».

CONCLUSION

Les nouvelles de Liu Na'ou se caractérisent par une écriture très sensorielle reposant sur les images, les odeurs, les sonorités et le rythme, qu'il convient de rendre soigneusement. Pour lui, la capture des sensations, à l'évidence, prime sur leur analyse. Les conditions historiques spécifiques de Shanghai en ont fait, ironiquement, le site idéal pour créer un style et un sujet modernistes. Les écrivains chinois n'avaient pas besoin de voyager loin pour trouver de quoi écrire sur ce mode. Même les écrivains étrangers y voyaient le sujet parfait de leur écriture moderniste : le roman

20 François Laplantine, Alexis Noos, *Métissages – de Arcimboldo à Zombi*, Paris, Pauvert, 2001, p. 1029.

Shanghai de l'écrivain Yokomitsu Riichi (1898-1947), publié en feuilletons en 1928-1931, en est un exemple. Cette ville d'immigrants, dans laquelle se trouvaient très peu de résidents autochtones, a permis à Liu Na'ou, lui-même venu d'ailleurs, de créer un nouveau courant littéraire. La traduction de ses nouvelles ne présente pas les mêmes difficultés que d'autres textes très ancrés dans une tradition locale comme ceux d'un Shen Congwen (1902-1988), écrivain de « l'école de Pékin », tournée vers le terroir et le passé et d'une inspiration bien différente de « l'école de Shanghai », courant urbain et occidentalisé auquel Liu Na'ou peut être rattaché[21]. À travers l'exemple de *Scènes de vie à Shanghai*, on voit bien, comme l'écrit élégamment Henri Meschonnic, que « la traduction est cette activité qui permet mieux qu'aucune autre, puisque son lieu n'est pas un terme mais la relation elle-même, de reconnaître une altérité dans une identité[22] ».

Marie LAUREILLARD
Université Lumière Lyon 2

21 Voir à ce sujet Isabelle Rabut, Angel Pino, *Pékin-Shanghai*, *op. cit.* Voir aussi Shen Congwen, *Le périple de Xiang et autres nouvelles*, traduit, annoté et présenté par Gilles Cabrero et Marie Laureillard, Paris, Gallimard, 2012.

22 Henri Meschonnic, *Poétique du traduire*, Lagrasse, Verdier, 1999, p. 191.

RÉFÉRENCES BIBLIOGRAPHIQUES

BELLOS, David, *La traduction dans tous ses états ou comment on inventa l'arbre à vodka et autres merveilles*, Paris, Flammarion, 2018.

LAPLANTINE, François et NOOS, Alexis, *Métissages – de Arcimboldo à Zombi*, Paris, Pauvert, 2001.

LAUNAY, Marc de, *Qu'est-ce que traduire ?*, Paris, Vrin, 2006.

LAUREILLARD, Marie, « Rêveries et flottements dans la ville : l'écriture néo-sensationniste de Shi Zhecun et Liu Na'ou en 1930 », *IDEO, La ville dans les littératures d'Asie*, 2023, n° 15, https://journals.openedition.org/ideo/3469 (consulté le 21/03/2024)

Le Fox-Trot de Shanghai et autres nouvelles chinoises, réunies, présentées et traduites par Isabelle Rabut et Angel Pino, Paris, Albin Michel, 1996.

LI, Jin, « Le néo-sensationnisme et le cinéma », *in* Isabelle Rabut & Angel Pino, *Pékin-Shanghai – Tradition et modernité dans la littérature chinoise des années trente*, Paris, Bleu de Chine, 2000, p. 283-318.

LIU, Na'ou, *Scènes de vie à Shanghai*. Texte établi par Marie Laureillard (trad., notes et postface), Paris, Serge Safran Éditeur, 2023.

LIU, Na'ou, *Urban Scenes*, texte établi par Yaohua Shi et Judith M. Amory (trad. anglaise et préface), New York, Cambria Press, 2023.

MESCHONNIC, Henri, *Poétique du traduire*, Lagrasse, Verdier, 1999.

MORAND, Paul, *Ouvert la nuit*, Paris, Gallimard, coll. « L'Imaginaire », 2012 [1922].

OST, François, *Traduire : Défense et illustration du multilinguisme*, Paris, Fayard, 2009.

PAULÈS, Xavier, *La République de Chine*, Paris, Les Belles Lettres, 2019.

RABUT, Isabelle, « École de Pékin, École de Shanghai : un parcours critique » *in* Isabelle Rabut & Angel Pino, *Pékin-Shanghai – Tradition et modernité dans la littérature chinoise des années trente*, Paris, Bleu de Chine, 2000, p. 13-59.

RABUT, Isabelle & PINO, Angel, *Pékin-Shanghai – Tradition et modernité dans la littérature chinoise des années trente*, Paris, Bleu de Chine, 2000.

SHEN, Congwen, *Le périple de Xiang et autres nouvelles*, traduit, annoté et présenté par Gilles Cabrero et Marie Laureillard, Paris, Gallimard, 2012.

YEUNG, Sabrina Choi-Kit Yeung, « Comparaison des traductions japonaise et chinoise de Paul Morand pendant les années 1920 et 1930 », *Meta*, vol. 61, n° 2, 2026, p. 369-395, https://doi.org/10.7202/1037764ar (consulté le 20/02/2024).

ANNEXE
Questionnaire : réponses de Marie Laureillard

1. Quelles sont vos langues de traduction ?

Le chinois (très occasionnellement l'anglais et l'allemand).

2. Combien de traductions avez-vous publiées, et dans quels domaines ? (vous pouvez indiquer les références, si vous le souhaitez)

J'ai publié environ 25 traductions littéraires de fiction et de poésie de Chine et de Taïwan (dont la langue diffère légèrement), et quelques traductions dans le domaine de l'histoire de l'art, sans compter les bandes dessinées et les traductions ponctuelles de textes courts.

Traductions littéraires

Libération de Hwang Chun-ming, co-traduit avec Matthieu Kolatte, Strasbourg, Circé, 2024 [recueil de nouvelles].
Le kapok de Chung Yung-feng, Strasbourg, Circé, 2024 [recueil de poèmes].
Scènes de vie à Shanghai de Liu Na'ou, Paris, Serge Safran Éditeur, 2023 [recueil de nouvelles].
« La Pivoine noire » de Mu Shiying, *Impressions d'Extrême-Orient* n° 14, 2022 [nouvelle], https://journals.openedition.org/ideo/2690 (consulté le 21/03/2024).
L'opéra Qin de Li Zhiwu d'après Jia Pingwa, Nantes, Patayo, 2021 [bande dessinée].
Le veilleur de nuit de Yu Kwang-chung, Strasbourg, Circé, 2021 [recueil de poèmes].
« Tête noire » de Feng Jicai, *Impressions d'Extrême-Orient* n° 11, 2020 [nouvelle], https://journals.openedition.org/ideo/1453 (consuté le 21/03/2024).
Confessions inachevées de Ye Lingfeng, Paris, Serge Safran Éditeur, 2020 [roman].
Je te l'ai déjà dit de Chen Yuhong, Strasbourg, Circé, 2018 [recueil de poèmes].

Cartes postales pour Messiaen de Chen Li, Strasbourg, Circé, 2017 [recueil de poèmes].

Les rêveurs du Louvre de Chang Sheng, Richard Metson et Ah Tui, Paris, Gallimard, 2016 [bande dessinée].

Le périple de Xiang de Shen Congwen, en collab. avec Gilles Cabrero, Paris, Gallimard, 2012 [recueil de nouvelles].

La belle à dos d'âne dans l'avenue de Chang'an de Mo Yan, Arles, P. Picquier, 2011 [recueil de nouvelles].

Le goût de la pluie, de Shi Zhecun, co-trad. Gilles Cabrero, Paris, Gallimard, 2011 [recueil de nouvelles].

Couleur de nuage de Feng Zikai, Paris, Gallimard, 2010 [proses littéraires].

Recettes aphrodisiaques de Jiao Tong, Lyon, Tigre de Papier, 2009 [recueil de poèmes].

La joie, Mo Yan, Arles, P. Picquier, 2007 ; rééd. Paris, Seuil, 2015 [roman].

Dés de poulet façon mégère de Liu Xinwu, Paris, Bleu de Chine, 2007 [roman].

Récit de lune, Guo Songfen, Paris, Zulma, 2007 [roman court].

Nuit obscure, Li Ang, Arles, Actes Sud, 2004 [roman].

Traductions non littéraires

From China to Taiwan : les pionniers de l'abstraction (1955-1985) [catalogue d'exposition] : « Les perles de Formose – Une brève histoire de la peinture abstraite à Taiwan » de Hsiao Chong-ray et « Chine-Taiwan : la probabilité du modernisme » de Lü Peng, Bruxelles, Musée d'Ixelles, 2017.

Histoire de l'art chinois au XX*e siècle* de Lü Peng, Paris, Somogy, 2013 [*huit chapitres*].

Du ciel à la terre, Nice : Musée des Arts Asiatiques, 2005 [catalogue d'exposition].

La splendeur du feu : chefs-d'œuvre de la porcelaine chinoise, Paris, You Feng, 2004 [catalogue d'exposition].

Montagnes célestes : trésors des musées de Chine, Paris, RMN, 2004 [catalogue d'exposition].

Kangxi, empereur de Chine, 1662-1722 : la Cité Interdite à Versailles, Paris, RMN, 2004 [catalogue d'exposition].

Le Jardin du lettré, Paris, musée Albert Kahn, 2004 [catalogue d'exposition].

3. S'agissait-il de commandes éditoriales ou bien de propositions spontanées ?

Les deux. Je me suis aperçue, par exemple, que certains éditeurs comme Picquier n'acceptaient aucune proposition spontanée et souhaitaient choisir eux-mêmes les ouvrages à traduire. Or je préfère proposer les textes moi-même, si possible, ce qui me permet de mieux lier traduction et recherche. Ainsi, les œuvres des années 1930 de Ye Lingfeng et Liu Na'ou récemment publiées en français sont directement liées à mes recherches en cours sur le courant dit « néo-sensationniste » de la littérature shanghaienne et ses relations intermédiales avec le dessin de presse. Par ailleurs, mes traductions de poésie correspondent à un vaste projet de recherche sur la poésie contemporaine et sur ses croisements avec les arts visuels.

4. Quelles ont été jusqu'ici vos relations avec vos éditeurs (délais, rémunération…) ?

Excellentes dans l'ensemble. Le regard de l'éditeur sur la traduction est très important et permet de prendre du recul vis-à-vis du texte. Il s'agit souvent de personnalités audacieuses et réfléchies, eux-mêmes écrivains dans l'âme, et pour qui le succès commercial passe après les choix éditoriaux.

Il faut bien veiller à ce que le délai ne soit pas trop court, surtout lorsqu'on n'est pas un traducteur à plein temps. La rémunération est généralement versée à la parution du livre. Un acompte est parfois versé au début.

Avec certains éditeurs s'établit une relation de confiance et d'amitié, comme avec Claude Lutz des éditions Circé, qui publie poésie et nouvelles, envers et contre tout : je dirige dans cette petite maison d'édition une collection de poésie taïwanaise, qui compte déjà une quinzaine de recueils.

Avec Serge Safran, il m'est possible de publier des textes des années 1930, et même sous la forme de nouvelles, ce que peu d'éditeurs accepteraient. Il me semble important de faire connaître en français tout un pan méconnu d'une certaine littérature urbaine chinoise, apolitique, marquée par des influences multiples allant de l'Occident au Japon, qui nous plonge dans le « Paris de l'Orient » à la fois sombre et étincelant : sombre sur le plan social, économique et politique, étincelant de créativité et d'inventivité.

5. Si vous avez traduit des auteurs vivants, quelles relations avez-vous entretenues avec eux ?

Le plus souvent, je ne communique pas avec les auteurs (ni avec Mo Yan, le Nobel 2012, ni avec Liu Xinwu, par exemple), sauf exception. Ainsi, le poète taïwanais Chen Li s'est montré très interventionniste, cherchant à m'aider de manière constructive mais aussi à superviser ma traduction à partir de sa connaissance de l'anglais. Il m'a donné la traduction en anglais de ses poèmes (ce qui a pu être parfois très utile, la langue chinoise étant parfois truffée de références difficiles d'accès ; la poésie de Chen Li en particulier est elle-même pleine de jeux de mots et souvent multilingue, avec des emprunts aux langues aborigènes de Taiwan, etc.). La plupart des auteurs, cependant, nous laissent toute latitude dans le choix des textes et la manière de traduire, pour la bonne et simple raison qu'ils parlent rarement français.

6. Faites-vous partie d'une association de traducteurs (ATLF, ATLAS…) ?

Non, sans doute à tort. Je dois participer en mars prochain à un atelier de traduction multilingue d'une poétesse taïwanaise, Ling Yu, à Looren, près de Zurich.

7. Quelles sont vos relations avec d'autres traducteurs ?

J'aime beaucoup travailler en coopération avec d'autres traducteurs, ce qui induit généralement un dialogue très fécond, qu'il s'agisse d'un francophone ou d'un sinophone.

8. Quelle part de votre temps a été jusqu'ici mobilisée par vos activités de traduction ?

Difficile à dire, c'est variable. Pour moi, cette activité est intimement liée au travail de recherche. La traduction implique une lecture approfondie et une reformulation qui permet de réfléchir à beaucoup d'aspects culturels (culture matérielle, sociale, historique, géographique, religieuse, linguistique…).

9. Dans votre formation à la traduction, y a-t-il des ouvrages qui aient joué un rôle important ?

Antoine BERMAN, *L'épreuve de l'étranger*, Paris, Gallimard, 1984.
Umberto ECO, *Dire presque la même chose. Expériences de traduction*, trad. M. Bouzaher, Paris, Grasset, 2006.
Henri MESCHONNIC, *Éthique et politique du traduire*, Lagrasse, Verdier, 1984.
José ORTEGA Y GASSET, *Misère et splendeur de la traduction*, trad. François Géal, Paris, Les Belles Lettres, 2013.

Ce dernier ouvrage contient beaucoup de réflexions pertinentes, comme celle-ci par exemple : « Les langues nous séparent et nous isolent, non parce qu'elles constituent des langues distinctes, mais parce qu'elles procèdent de cadres mentaux différents, de systèmes intellectuels dissemblables et – en dernière instance – de philosophies divergentes. » (p. 55)

10. Quel est à vos yeux le principal intérêt de la traduction et quels sont ses liens avec – voire son influence sur – votre métier d'enseignant-chercheur ?

La traduction permet d'entretenir un lien étroit et riche avec la langue écrite. C'est aussi une excellente façon d'appréhender le texte et de le faire connaître à un public francophone. La traduction complète parfaitement l'analyse des œuvres : elle est partie prenante de mes activités de recherche, qu'elle illustre et enrichit. Elle peut être exploitée dans les cours de langue comme un exercice d'apprentissage, mais aussi dans un but professionnel.

TRADUIRE, ENSEIGNER, CHERCHER, ÉCRIRE

Variations autour d'une position traductive (un exercice de recherche création)

Qui est le traducteur ? (…)
Il devient de plus en plus impensable que le traducteur reste ce parfait inconnu qu'il est encore la plupart du temps. Il nous importe de savoir s'il est français ou étranger, s'il n'est « que » traducteur ou s'il exerce une autre profession significative, comme celle d'enseignant (cas d'une très importante portion de traducteurs littéraires en France) ; nous voulons savoir s'il est aussi auteur et a produit des œuvres ; de quelle(s) langue(s) il traduit, quel(s) rapport(s) il entretient avec elle(s), s'il est bilingue et de quelle sorte, quels genres d'œuvres il traduit usuellement, et quelles œuvres il a traduites ; s'il est polytraducteur ou monotraducteur (comme Claire Cayron) ; nous voulons savoir quels sont, donc, ses domaines langagiers et littéraires ; nous voulons savoir s'il a fait œuvre de traduction au sens indiqué plus haut et quelles sont ses traductions centrales ; s'il a écrit des articles, études, thèses, ouvrages sur les œuvres qu'il a traduites ; et enfin, s'il écrit sur *sa* pratique de traducteur, sur les principes qui la guident, sur ses traductions et sur la traduction en général.
Antoine BERMAN, *Pour une critique des traductions : John Donne*, Gallimard, 1995, p. 73-74.

J'avais seize ans et, assise à mon bureau, j'ouvrais *Méthode pour l'étude de l'arabe parlé*, dans une édition *de* 1900[1]. Le livre avait appartenu à Tante Marie, dont les notes à l'encre violette tiraient un fil à travers le livre, un fil que je suivais : elle avait souligné « boucles d'oreilles » et « corail », elle avait corné la page qui disait « naïvement » et « je suis votre obligé ». Je regardais le dessin formé par les lettres arabes, un dessin silencieux, une langue perdue, indéchiffrable. Je me souviens avoir passé l'année à faire des lignes d'alîf et de noûn, à postuler une prononciation solitaire déduite de quelques lignes : « Dans l'arabe parlé, on ne prononce presque jamais les voyelles grammaticales des mots. Lorsqu'une consonne ne sera plus accompagnée d'une voyelle, il faudra l'articuler avec un e muet. » Et plus loin : « Les trois lettres و ا ي, que nous avons considérées comme ayant donné naissance aux trois voyelles, servent souvent à prolonger ces mêmes voyelles. »

Perplexité de l'apprenante…

Tenter d'apprendre seule cet arabe-là était un jeu particulièrement ardu, jubilatoire et absurde : c'était une langue muette émergée d'un temps révolu, avec lequel pourtant, l'écriture violette de Tante Marie m'unissait comme un fil vivant.

Du côté paternel, trois générations avant moi ont vécu en Tunisie, deux y sont mortes, deux y sont nées. Moi, je suis née ici, dans un autre temps de l'Histoire. Restaient l'accent des grands-mères et la puissante idée d'un ailleurs perdu – fille de pieds-noirs, un pied dedans, un pied dehors.

Tante Marie était institutrice dans la Tunisie coloniale de la première moitié du XXe siècle. L'encre violette de sa *Méthode* constituait pour moi la preuve de la possibilité d'un déplacement mutuel, d'une intercompréhension, d'une rencontre entre les langues, au lieu d'une imposition sans contrepartie : *nos ancêtres les gaulois*. Cette rêverie des langues a certainement participé à fonder ce que Berman nommerait mon horizon langagier.

Je n'ai jamais su l'arabe. À la place, l'espagnol s'est constitué pour moi en *détour*. Cette plage espagnole de l'enfance, lieu des retrouvailles du clan chaque été, était la figure tangible d'un ailleurs inaccessible, d'un autrefois perdu : un retour par le détour. Par l'école, la lecture et l'immersion estivale, j'ai passionnément appris l'espagnol, j'ai tiré

1 Louis Machuel, *Méthode pour l'étude de l'arabe parlé*, Alger, Adolphe Jourdan éditeur, 1900, 402 p.

sur ma langue tant que j'ai pu jusqu'à le parler sans accent, jusqu'à, étudiante, aller vivre en Espagne. Rien ne me réjouissait plus alors que de ne pas être distinguée comme étrangère : j'étais devenue transfuge. S'était forgée en moi une position langagière fondée sur le décentrement.

Mais l'hispanophonie est grande, et, détour dans le détour, je me passionnais pour la littérature latino-américaine, et en particulier argentine. J'ai trouvé en Julio Cortázar une figure de cette position, le décentrement, presque un miroir. J'ai entre autres étudié dans ma thèse[2] le temps d'avant la production de son œuvre, le temps où il était traducteur, un traducteur qui tendait si vitalement vers l'ailleurs, et où l'œuvre postérieure a pris racine.

C'était un polytraducteur, de l'anglais et du français, de Yourcenar, Gide, Poe, Chesterton, Villiers de l'Isle-Adam, Keats, Giono, Defoe, etc., qui n'hésitait pas à préférer l'efficacité littéraire à la correction idiomatique.

Je regardais comment, par la traduction, il avait rendu son décentrement productif, comment la traduction s'était constituée chez Cortázar en décalque de la métaphore et du fantastique : il élaborait sa position de traducteur, de poète et d'écrivain en suspension de la discrimination rationnelle, en manière de voir poreuse, une sorte de *cosmovisión* en stéréoscope. La pensée analogique du traducteur y valait comme moteur essentiel de la pensée du monde et de la langue, comme position axiale[3].

En parallèle de ce travail critique, au début des années 2000, j'ai commencé à traduire Cortázar vers le français pour les éditions Gallimard[4]. Mon horizon traductif était marqué par la temporalité éditoriale de cette œuvre : les grands textes du corpus avaient été traduits de son vivant (et avec son aide[5]) par Laure Guille Bataillon principalement. Après la mort de l'auteur en 1984 et de sa traductrice en 1990, les deux décennies

2 Sylvie Protin, *Traduire la lecture, Aux sources de* Rayuela *: Julio Cortázar, traducteur*, thèse de doctorat soutenue en 2004, à l'Université Lumière Lyon 2, http://theses.univ-lyon2.fr/documents/lyon2/2003/protin_s#p=0&a=top (consulté le 11/03/2024).

3 Voir à ce sujet Sylvie Protin, « Traduire chez Cortázar : une poétique de l'analogie », enregistrement du 20 novembre 2014, au colloque Julio Cortázar au Collège de France, accessible sur https://www.college-de-france.fr/fr/agenda/colloque/julio-cortazar-lectures/traduire-chez-cortazar-une-poetique-de-analogie (consulté le 11/03/2024).

4 Il s'agissait d'une anthologie de textes critiques de Cortázar issus de *Obra crítica 1*, *2* et *3*, qui n'a finalement pas été éditée en raison d'un conflit de cession entre l'éditeur et l'ayant droit. Une partie de ces traductions est néanmoins parue en 2008 dans *Nouvelles, histoires et autres contes*, coll. « Quarto », Paris, Gallimard, 1428 p.

5 Voir Laure Bataillon, « Traduire Cortázar avec Cortázar », *Traduire, écrire*, revue *Arcane*, nº 17, 1991, p. 53-60.

suivantes avaient vu paraître les inédits en espagnol. J'étais donc la traductrice des marges, des œuvres de jeunesse, des fragments, des éditions confidentielles ou en revue, des manuscrits fragmentaires…

Grâce à Laure Bataillon, il existait pour le lectorat français une voix cortazarienne bien reconnaissable, dont il me fallait saisir le rythme tout en actualisant le lexique, afin de maintenir le rapport vivant du lectorat contemporain à ses textes.

Toutefois, s'agissant des œuvres critiques de jeunesse, et en particulier *Teoría del túnel*, écrite en 1947, je me trouvais dans une situation bien différente : j'avais là un Cortázar d'avant Cortázar, dont la voix en espagnol m'était inconnue. Il s'agissait d'un texte théorique dont la langue semblait prise dans une gangue rhétorique, parfaitement maîtrisée, que l'auteur tentait de déborder par la concession, l'incise, la succession des subordonnées : un vrai théâtre de la langue. C'était une période très grammaticale, où le langage se regardait faire parfois à la limite de la lisibilité, et ce, dans un texte théorisant pourtant un tout autre rapport à la langue, une révolte, malgré tout encore en gestation[6].

Traduire, refaire un texte dans sa propre langue, vous montre les processus, les refus, les contraintes, les poétiques à l'œuvre qui restent souvent au moins partiellement aveugles à la seule lecture critique. Ma position double de traductrice (et presque monotraductrice, puisque j'ai très majoritairement traduit des textes de Cortázar) et de chercheuse me permettait une approche critique fondée non sur la description statique mais sur le mouvement, le geste créatif, ce qui a été décisif lorsque j'ai été l'éditrice scientifique de certains volumes[7].

Ainsi, je compris où se situait vraiment la révolution cortazarienne : comme Picasso dégradant le trait réaliste pour élaborer le trait cubiste, Cortázar était entré dans la modernité en passant d'un phrasé de la charpente logique à un phrasé rythmique, de la grammaire exquise à la simple coordination voire à la parataxe, d'un ordre du monde hiérarchisé à un ordre immanent, à un contact : c'est ainsi que s'est inventé le fameux *swing* cortazarien, qui lui permit ensuite d'avancer sans plus se regarder

---

6 « L'écrivain est l'ennemi potentiel – et aujourd'hui bien réel – de la langue. », Julio Cortázar, « Théorie du tunnel », *Produit du hasard, Hypertexte et poésie combinatoire*, dir. et trad. Sylvie Protin, Lyon, PUL, 2019, p. 64.

7 Ce fut le cas dans *Nouvelles, histoires et autres contes* et *Produit du hasard*, ainsi que pour le volume critique *Pour Cortázar*, Saint Nazaire, Meet/Marseille, La Marelle, coll. « Les Rencontres de Fontevraud », 2016, 193 p.

écrire par-dessus sa propre épaule. C'était une dérive acceptée, assumée, une confiance en ses moyens, déliés de ceux appris dans l'académisme. En quelque sorte, c'était la fin d'un dédoublement.

Et cela, chez Cortázar, avait été acquis par l'attaque de sa propre langue, par une révolte contre le langage cuit, contre les autorités dans la langue ; cela avait été acquis en désapprenant à écrire.

Ainsi, presque tous les textes inédits que j'ai traduits pour *Nouvelles, histoires et autres contes*, ou pour *Pages inespérées*, valent comme laboratoire pour l'écriture : le rapport à la langue y est central. J'ai expliqué ailleurs que, pour traduire Cortázar sans Cortázar, il faut prendre garde à ne surtout pas normaliser la voix de cet ennemi bien réel de la langue[8].

C'était en effet une méthode : outre le rythme, il fallait de même apprendre à désobéir, à miner le bon langage, voire l'ordre même des mots afin par exemple de faire fonctionner en français la voix d'une poule mutante (« Par écrit pour une », Cortázar, 2008, p. 624). Dans *Pages inespérées*, la langue est constamment attaquée, mise en scène dans ses apories, ses limites. Les jeux de mots sont moteurs de l'écriture (« Lucas, ses coquilles », Cortázar, 2014, p. 111), le texte parfois s'enraye (« Théorie du crabe », *ibid.*, p. 28) ou progresse à rebours (« En Matilde », *ibid.*, p. 70)…

Dans son essai intitulé « La urna griega en la poesía de John Keats[9] », que je lis comme un essai traductologique, puis dans ses textes écrits *sur* des images, comme « On déplore la » (Cortázar, 2008, p. 585), Cortázar renverse l'ordre habituel où l'illustration est servile, seconde face au texte. Il invente au contraire un dialogisme, une méthode qui me semble aussi valoir pour la traduction, une traduction non servile mais qui fait au contraire son jeu parallèle et déploie dans sa langue tous les moyens pour lesquels l'original trace une voie, une licence. La traduction est alors une poétique parallèle.

L'expérience la plus poussée de cette méthode aura été la traduction à quatre mains avec le poète oulipien Jacques Jouet, qui ne parle pas espagnol, des poèmes combinatoires de Cortázar pour *Produit du hasard* (Cortázar, 1994, p. 31 *sqq.*) « Je vais au bras de Keats », disait Cortázar[10], qui le traduisait *en poète*.

---

8 Sylvie Protin, « Continuer à traduire la voix de Cortázar », *Traduire* n° 218, 2008, p. 65-76. Accessible en ligne sur : https://doi.org/10.4000/traduire.899 (consulté le 11/03/2024)

9 Julio Cortázar, *Obra crítica 2*, Alfaguara, 1994, p. 25-72.

10 « Voy del bravo de Keats », Julio Cortázar, *Imagen de John Keats*, Alfaguara, 1996, p. 19.

Au tout début de ma carrière de maîtresse de conférences, en 2004, j'ai eu la chance de participer au montage du Master pro TLEC, aujourd'hui devenu Master TEL (traduction et édition littéraires) de l'université Lyon 2. Cette expérience d'enseignement du métier de la traduction littéraire, avec le recul de près de vingt ans de pratique, doit énormément à la leçon cortazarienne : il faut déconstruire avec les étudiants un lien trop obéissant à la langue. Il s'agit d'abord de défaire la verticalité de leur rapport à la littérature et de leur faire découvrir horizontalement ses pratiques contemporaines, presque comme un artisanat de la langue : l'écriture, en somme, comme un travail au lieu d'un objet d'études. Parallèlement, j'essaie d'autoriser les étudiants, par la pratique de l'atelier – de traduction et aussi d'écriture –, à sortir d'un usage académique de leur propre langue écrite, balisée comme un chemin pavillonnaire, à traverser les pelouses, à explorer tous les registres, les sociolectes, les français régionaux, non métropolitains, anciens, etc. afin d'expérimenter l'amplitude de ses possibles.

Avec eux, j'ai choisi au fil des ans de traduire – de l'espagnol vers le français, et plus récemment dans l'autre sens – surtout des femmes, souvent argentines, et surtout des formes brèves, contraintes, généralement désobéissantes sur le plan du langage et marquées par l'oralité.

En atelier comme pour les mémoires, j'essaie, à la lecture de la première traduction, de dévoiler à chaque étudiante (la cohorte est très largement féminine) la hiérarchie de ses choix et de déplier les autorités qu'ils sous-tendent, assez souvent involontairement. Une fois déconstruites ces impositions, l'apprentie-traductrice lit mieux le texte, dégage sa poétique fondamentale (sur quoi sa littérarité repose-t-elle ?) et peut s'engager dans un projet traductif plus conscient : elle a l'espace d'exister en tant que traductrice. Elle commence à construire sa position traductive personnelle, sur laquelle j'essaie de lui laisser toute latitude.

Ainsi, face aux enjeux du texte initial, il s'agit de travailler l'élasticité de sa propre langue, pour enfin écrire et puis revoir, revoir encore sa traduction, alors devenue littérature. Nous faisons l'expérience d'une créativité parallèle, adossée à un savoir-faire tout artisanal de la langue.

C'est que moi aussi, depuis *Méthode pour l'étude de l'arabe parlé*, depuis tout ce temps, j'écrivais. Des carnets, des fragments, des formes brèves, avec une constante difficulté à finir un ensemble. J'avais des idées et des pratiques très subversives face au canon mais pourtant, malgré cette révolte, a longtemps résisté une représentation assez marbrière du littéraire, une difficulté à trouver ma place d'« écrivante », ma légitimité, face à une histoire littéraire ma foi fort masculine – comme si une vingtaine d'années passées à malaxer quotidiennement l'objet littéraire, en tant que traductrice, chercheuse, éditrice et enseignante, n'était pas une propédeutique suffisante… C'était là, cette fois, un décentrement particulièrement désagréable et contre-productif.

Depuis 2014 environ, je travaillais à un projet autour de la mémoire du corps, du corps féminin, à travers celle d'un lieu, la piscine municipale de Firminy, dans la Loire, où je m'étais entraînée de mes 4 à mes 18 ans. C'était un texte à démarreur, comme le « je me souviens » de Perec, mais ici le démarreur n'était pas verbal : chaque chapitre découlait du rappel d'un fragment du bâtiment, si longtemps fréquenté. Or cette piscine était déjà un discours sur le corps : elle appartenait à l'ensemble que Le Corbusier avait pensé pour la ville, à partir de son Modulor – figure masculine d'un homme le bras levé, qui sert d'échelle constructive à l'ensemble de ses productions. Au fond, mon texte était une forme de traduction, une translation de ma situation – auteure novice face à la virile histoire littéraire – vers celle du corps de la jeune usagère face au lieu masculinement normé par le grand architecte.

Le texte était écrit, mais je ne parvenais pas à finir le livre. Et puis je suis morte, ou presque : j'ai fait une embolie pulmonaire. Le lendemain, au réveil, j'ai compris l'agencement de mon livre : je décidai de laisser une page blanche entre chacun des courts chapitres pour créer un rythme de lecture rappelant celui de l'entraînement – la longueur de bassin séparée de la suivante par la coulée qui suit le virage-culbute. J'intégrai aussi un second texte, bref lui aussi, à ce travail de remémoration du lieu et du corps : au sein de l'ensemble, ce chapitre non numéroté et présenté dans une autre casse relatait à mi-mots la levée d'une amnésie traumatique, si bien que le lecteur peu attentif à ces signaux textuels et entraîné par le rythme de sa lecture pouvait passer à côté de cet estoc au ras de l'eau, et sortir du livre sans avoir vu l'épiphanie mémorielle qu'il renfermait.

Au réveil, parallèlement, m'est revenu le nom d'une de mes arrière-grands-mères, Irma Pelatan, née en 1875, et qui, contre toute attente, avait quitté sa vie rurale du causse Méjean et était partie vers l'ailleurs, la Tunisie, pour y passer sa vie – jusqu'à sa mort en 1957. C'était une figure féminine du pari, une aïeule légitimant à mes yeux la possibilité d'une littérature du risque au féminin. Ce livre s'est appelé *L'Odeur de chlore*[11], et moi, pour écrire, je me suis désormais appelée Irma Pelatan. L'intérêt de cette solution imaginaire face à ma position scripturale initiale est que tous les textes écrits aujourd'hui par Irma Pelatan appartiennent de fait au post-mortem : le marbre devient sable, et le reste se passe de commentaire.

En réalité, on le voit, ce premier livre, c'est l'histoire d'une centripétation, d'une récupération de soi-même, de son corps et de sa voix, par l'exercice de la translation, du changement du point de vue sur la mémoire. L'ouverture se clôt sur ces mots :

> En descendant de la BX, je jetais mon sac sur le gravier, heureuse et fatiguée, et tournais sur moi-même en regardant les étoiles. Lorsque je m'arrêtais, le monde entier tournait autour de moi.

L'enjeu, c'était d'apprendre à dire « je ». Pour mon second livre, *Lettres à Clipperton*[12], c'était d'apprendre à dire « tu ». Cette projection dans l'altérité s'est cristallisée autour de la situation absolument fantastique de l'île, non moins fantastique, de Clipperton : un atoll *désert* que la France a mystérieusement doté d'un *code postal*… Quel défi pour l'écriture !

Ce texte, écrit en 2017 dans l'attente ingérable de la réponse d'un éditeur à l'envoi postal du manuscrit de *L'Odeur de chlore*, est un jeu à contraintes autour de l'épistolaire. J'écrivais chaque jour une lettre, signée « Irma », à une instance destinataire appelée « Cher ami », et dont j'ignorais tout – là encore, c'était une sorte de mise en abyme de ma position scripturale. J'envoyais ensuite réellement la lettre par la poste, à l'adresse :

> TOUT RÉSIDENT
> 98799 LA PASSION-CLIPPERTON

Là, un long et aventureux voyage commençait…

La posture de l'écriture quotidienne et la tension vers l'ailleurs, objet de recherches frénétiques qu'il fallait ramener ensuite à l'écriture intime de la lettre, figuraient pour moi la *pulsion de traduire* dont parle Berman[13].

11 Irma Pelatan, *L'Odeur de chlore*, Lille, Éditions La Contre Allée, 2019, 80 p.

12 Irma Pelatan, *Lettres à Clipperton, Une aventure épistolaire*, Lille, Éditions La Contre Allée, collection La Sentinelle, 2022, 224 p.

13 In Antoine Berman, *L'épreuve de l'étranger*, Gallimard, 1984, p. 20 *sqq.*, ainsi que *Pour une critique des traductions : John Donne*, Gallimard, 1995, p 74 *sqq.*

L'atoll de Clipperton est un anneau, une bande de terre hostile, repliée sur elle-même dans une inaccessible clôture, et pourtant habitée par la constante projection qu'ouvre en nous tous le *topos* de l'île déserte. Comment s'approcher de cet intraduisible, de la terrible et insaisissable histoire de ses tentatives de colonisation, débordant d'isolement, d'oubli, et de viol ? Comment communiquer quelque chose de l'expérience de cet ailleurs radical, hors des attendus du *topos* ? Comment lever les obstacles qui entravent notre rapport à l'altérité et poser les bases d'un après, de possibles retrouvailles ?

Pour clore ce cycle, me restait à apprendre à dire « nous », un nous au féminin. À bien des égards, le projet de ce troisième livre est une plongée, puisqu'il a été écrit intégralement dans l'eau, à l'aide de carnets waterproof. Il s'articule autour de la forme de la couronne, librement reprise de la couronne de sonnets classique.

Il s'intitule pour l'heure *Basculement-mère*, et sera également publié à La Contre Allée. Il m'est difficile d'en parler car ce texte n'est pas encore devenu livre, il n'est pas encore un objet transformé par la réception des lecteurs – translation vitale qui permet à l'auteur de le voir réellement, depuis sa performativité et non plus seulement dans la perspective de son propre projet. Disons simplement que cette *Épopée écrite en eau* (ce sera probablement le sous-titre) plonge alternativement dans l'autre et le soi, dans les lagons polynésiens et les lônes du Rhône, dans le confiage de la vie et la mise en jeu d'un corps conflictuel. Disons simplement qu'il s'agit de l'histoire d'une adoption et d'une résolution.

Aujourd'hui, assise à mon bureau, j'ouvre *Le parler de Nukuhiva, Introduction à la langue des îles Marquises*[14]. J'annote à la mine de plomb ce nouvel exercice de décentrement, cette fois choisi : j'apprends la langue de la famille de naissance de ma fille. Ce faisant, j'admire la puissance éthique du don et du contre-don, tel qu'il se pratique en Polynésie – une véritable pensée du lien.

Au niveau de l'écriture, je commence un nouveau cycle, provisoirement intitulé *Archives du Sud*, qui contrairement aux *Archives du Nord* de Marguerite Yourcenar, comporte plus de vides que de pleins : greniers perdus, histoire non transmise – la dentelle de la mémoire pied-noire.

Pour ce matériau, j'envisage deux outils : d'abord une contrainte de narration en arcs, justement inspirée de la technique de la dentelle

14 Père François Zewen, dit Kohuotetua, *Le parler de Nukuhiva, Introduction à la langue des îles Marquises*, Tahiti, Haere Pō, 2016, 165 p.

au fuseau. Sur le carreau, squelettes, manœuvre et balancier créent des tensions par croisement ou torsion du fil autour d'un dessin initial, matérialisé par les épingles. Peu à peu, les points de dentelle prennent et donnent une forme au vide, un motif.

L'étude du marquisien m'offre de nouveaux outils langagiers pour ouvrir mon récit du fait colonial. Les ressources grammaticales de l'autre langue, si radicalement différentes et si puissamment poétiques, débouchent les représentations, déplacent des logiques qui semblaient à tort universelles. Pour parler des enjeux coloniaux, n'est-il pas utile de connaître une langue où il y a trois démonstratifs ? Le marquisien a les moyens de dire que cet objet que je vous montre est vu dans une certaine *perspective* : il montre d'où on le voit autant qu'il montre l'objet. *Ceci depuis moi* (*nei*) est distinct de cette même chose depuis toi (*nā*) ou encore depuis lui ou elle (*'ā*).

N'est-ce pas, précisément, ce qu'il faut traduire de cette Histoire ?

Le décentrement initialement hérité est ainsi devenu pour moi et par l'expérience de la traduction une position efficace, un dialogisme libérateur, et finalement une éthique.

Sylvie Protin
Université Lumière Lyon 2

RÉFÉRENCES BIBLIOGRAPHIQUES

BERMAN, Antoine, *L'épreuve de l'étranger*, Paris, Gallimard, 1984.

BERMAN, Antoine, *Pour une critique des traductions : John Donne*, Paris, Gallimard, 1995.

CORTÁZAR, Julio, *Obra crítica 1, 2*, et 3, Madrid, Alfaguara, 1994.

CORTÁZAR, Julio, *Nouvelles, histoires et autres contes*, éd. et trad. Sylvie Protin, Paris, Gallimard, coll. « Quarto », 2008.

CORTÁZAR, Julio, *Pages inespérées*, trad. Sylvie Protin, Paris, Gallimard, 2014.

CORTÁZAR, Julio, *Produit du hasard, Hypertexte et poésie combinatoire*, dir. et trad. Sylvie Protin, Lyon, PUL, 2019.

MACHUEL, Louis, *Méthode pour l'étude de l'arabe parlé*, Alger, Adolphe Jourdan éditeur, 1900.

PELATAN, Irma, *L'Odeur de chlore*, Lille, Éditions La Contre Allée, 2019.

PELATAN, Irma, *Lettres à Clipperton, Une aventure épistolaire*, Lille, Éditions La Contre Allée, 2022.

PROTIN, Sylvie, *Traduire la lecture, Aux sources de* Rayuela *: Julio Cortázar, traducteur*, thèse de doctorat soutenue en 2004, à l'Université Lyon 2, http://theses.univ-lyon2.fr/documents/lyon2/2003/protin_s#p=0&a=top (consulté le 12/03/2024).

PROTIN, Sylvie, « Traduire chez Cortázar : une poétique de l'analogie », Colloque *Julio Cortázar* au Collège de France, le 20 novembre 2014, en ligne sur https://www.college-de-france.fr/fr/agenda/colloque/julio-cortazar-lectures/traduire-chez-cortazar-une-poetique-de-analogie.

PROTIN, Sylvie, dir., *Pour Cortázar*, Saint Nazaire, Saint-Nazaire, Meet/Marseille, La Marelle, coll. « Les Rencontres de Fontevraud », 2016.

PROTIN, Sylvie, « Continuer à traduire la voix de Cortázar », *Traduire*, n° 218, 2008, https://doi.org/10.4000/traduire.899 (consulté le 12/03/2024).

ZEWEN, Père François, dit KOHUOTETUA, *Le parler de Nukuhiva, Introduction à la langue des îles Marquises*, Tahiti, Haere Pō, 2016.

ANNEXE
Questionnaire : réponses de Sylvie Protin

1. Quelles sont vos langues de traduction ?

L'espagnol.

2. Combien de traductions avez-vous publiées, et dans quels domaines ? (vous pouvez indiquer les références, si vous le souhaitez)

Mon travail relève principalement de la modalité de l'espagnol d'Argentine, et il s'agit toujours de littérature. Mes trois traductions les plus importantes sont les suivantes :

CORTÁZAR, Julio, *Produit du hasard ou l'invention de l'hypertexte*, introd. et trad. Sylvie Protin, Lyon, Presses Universitaires de Lyon, 2019, 192 p.
CORTÁZAR, Julio, *Pages inespérées*, prol. et trad. Sylvie Protin, Paris, Gallimard, 2014, 136 pages.
CORTÁZAR, Julio, *Nouvelles, histoires et autres contes*, trad. Sylvie Protin, Paris, Gallimard, coll. « Quarto », 2008, 1416 p.

3. S'agissait-il de commandes éditoriales ou bien de propositions spontanées ?

Il s'agissait de commandes éditoriales, sauf pour *Produit du hasard.*

4. Quelles ont été jusqu'ici vos relations avec vos éditeurs (délais, rémunération…) ?

Les relations avec les éditeurs ont été bonnes, les délais ont été convenables, sauf pour *Pages inespérées*, qui était une commande urgente à l'occasion du centenaire Cortázar, toutefois la rémunération était en fonction.

5. Si vous avez traduit des auteurs vivants, quelles relations avez-vous entretenues avec eux ?

J'ai traduit principalement des auteurs décédés. J'ai eu des échanges très chaleureux et littéraires avec l'Argentine Luisa Valenzuela.

6. Faites-vous partie d'une association de traducteurs (ATLF, ATLAS...) ?

J'ai fait partie d'ATLAS pendant une vingtaine d'années. Je suis aujourd'hui membre de la Société des gens de lettres (SGDL), et d'Auvergne-Rhône-Alpes Livre et Lecture (ARALL).

7. Quelles sont vos relations avec d'autres traducteurs ?

Très bonnes et suivies depuis plus de vingt ans, en particulier grâce aux rencontres d'ATLAS et à mes anciens élèves du master pro TLEC puis TEL devenus traducteurs. C'est l'une d'elles, Julia Azaretto, qui a traduit mon premier ouvrage en espagnol, sous le titre *El Olor a cloro*, Buenos Aires, Gog y Magog, 2022.

8. Quelle part de votre temps a été jusqu'ici mobilisée par vos activités de traduction ?

Cela a été très variable selon les années et les contrats. Le temps consacré a pu monter à 50 %. C'est aujourd'hui l'écriture qui occupe environ 40 % de mon temps.

9. Dans votre formation à la traduction, y a-t-il des ouvrages qui aient joué un rôle important ?

Oui. Le travail d'Antoine Berman est le plus inspirant pour moi.

10. Quel est à vos yeux le principal intérêt de la traduction et quels sont ses liens avec – voire son influence sur – votre métier d'enseignant-chercheur ?

Comme je l'explique dans « Traduire, enseigner, chercher, écrire », la traduction est centrale dans mon parcours et elle m'aide quotidiennement à guider mes étudiants du master pro TEL (Traduction et éditions littéraires) vers une pratique professionnelle de la traduction et de l'édition. C'est en outre un éthos du rapport à l'altérité qui porte une véritable valeur politique à mes yeux.

TRADUIRE,
RÉCRIRE UNE BIBLIOTHÈQUE IDÉALE

Avant de répondre au questionnaire proposé par François Géal, je voudrais aborder quelques points, assez disparates.

Tout d'abord, quelques mots sur la façon dont je travaille.

Je traduis sur un ordinateur, avec un double écran. Sur écran, il y a le texte original en pdf, fourni par l'éditeur. J'ai aussi sous la main le volume publié, les deux versions étant parfois légèrement différentes. J'aborderai plus loin les problèmes d'édition. Sur l'autre écran, ma traduction et les outils numériques en ligne (dictionnaires unilingues de la langue de départ et de la langue d'arrivée, dictionnaires bilingues). Couplé à mon traitement de texte, j'ai aussi deux outils numériques d'aide à l'écriture (dictionnaires complets incluant synonymes, grammaire, correcteurs, etc.)[1].

Cela peut sembler anecdotique, mais ma façon de traduire en dépend. Elle est marquée, dans un premier temps, par la rapidité. Je veux dire par là que le flux de l'écriture m'est indispensable pour saisir, faire mien et recréer dans ma langue (le français et mon écriture) le rythme et le ton d'un ouvrage ; et c'est ce qui est le plus difficile. Donc, je traduis et j'avance, de la façon la plus continue possible, en laissant les fautes de frappe, en marquant d'un astérisque les insatisfactions, en notant entre crochets des variantes possibles. Parfois, je me rends compte après quelques occurrences qu'une variante lexicale, par exemple, semble préférable ; je le note entre crochets pour y revenir ensuite. Certes, il faut parfois de longues pauses, parfois de plusieurs jours, pour régler un problème dont dépend toute la traduction. Ce peut être un problème stylistique, de documentation ou autre.

On me demande parfois, comme à d'autres traducteurs, si je suis un écrivain frustré. Absolument pas.

---

1 En particulier Antidote et Le Robert correcteur.

Mais, de fait, le traducteur est un écrivain, bien plus qu'un simple « escribidor ». Et le Code de la propriété intellectuelle le reconnaît comme un auteur. Pragmatiquement, je me risquerais à dire que c'est un écrivain qui n'a rien à dire, un écrivain non auteur.

Cela dit, il y a souvent une sorte d'identification à l'auteur réel, senti comme un frère. J'ai traduit beaucoup d'ouvrages qui m'étaient très proches, d'auteurs ayant à peu près mon âge. La situation spatio-temporelle des romans correspondait à ce que j'ai vécu[2].

J'ai souvent eu l'impression d'écrire ma vie de différentes façons avec ce bataillon d'auteurs. Ayant eu la chance de traduire pour l'essentiel des livres que j'aime, souvent beaucoup, et m'y étant employé avec le meilleur de mes capacités d'écrivain, j'ai un peu le sentiment, ce faisant, d'avoir en partie récrit une bibliothèque idéale.

Il existe une norme tacite, et parfois exprimée, y compris par certains traducteurs : le traducteur est censé ne pas améliorer le texte.

Cela pose problème. D'abord, je ne suis pas certain de ce que cela veut dire.

L'expression elle-même frôle l'absurde, puisque ce sont des langues différentes, des mots différents. Mais la question demeure. Et elle se complique du fait que le traducteur est tenu pour responsable du texte final. Pas nécessairement gratifié du texte final, mais responsable, aux yeux de l'éditeur d'arrivée, de la critique, du lecteur…

Est-ce améliorer que de traduire du mieux qu'on peut ? Être infidèle à la lettre du texte, c'est parfois l'empêcher de se nuire à lui-même. C'est très vrai pour les textes qu'on aime. Et parfois, on signale à l'auteur une petite faiblesse, une ambiguïté, voire une erreur, on demande l'autorisation de modifier. Cette modification est parfois reportée sur les nouvelles éditions de l'original.

Mais il faut se garder de tirer le texte vers ce qu'on voudrait qu'il dise ou qu'il soit.

Le traducteur, donc, est parfois pris entre les exigences et les carences des éditeurs. Je regrette de le dire, mais, ces derniers temps, j'ai trop souvent constaté l'insuffisance de travail éditorial (relecture, correction, incitation à l'amélioration) sur les textes originaux, en espagnol et en

2 C'est le cas notamment avec Sergi Pàmies, Quim Monzó, José Carlos Llop ou Jaume Cabré. Cabré, Adrià Ardèvol (le protagoniste de *Confiteor*), et moi avons passé notre adolescence à quatre pâtés de maisons de distance.

catalan, les éditeurs. Dans ces cas-là, en effet, le traducteur peut être amené à assumer une partie du travail éditorial et à améliorer le texte.

Comment juger une traduction ?

Une traduction est souvent louée pour de mauvaises raisons : pour des choses qui se voient, de la pyrotechnie.

On devrait faire l'éloge d'une traduction parce qu'on ne la voit pas, parce que le texte s'impose, dans toute sa richesse, toute sa beauté. Mais ses faiblesses ? Nous sommes ramenés au point précédent.

Il peut également y avoir une appréciation plus professionnelle de la traduction ; celle qui est faite par un expert (traducteur, auteur, critique) capable de voir les difficultés de la tâche et la façon dont un traducteur s'en est tiré.

En tant que traducteur maintenant très expérimenté, je repère très naturellement les problèmes de traduction dans un ouvrage traduit (quelle que soit la langue). Autre tic de lecture, je repère les difficultés de traduction quand je lis en espagnol ou en catalan.

Y a-t-il des spécificités de la traduction de textes écrits en catalan ?

En premier lieu, il me semble évident que ce n'est pas la langue (au sens de système linguistique normé) qui est importante, mais le texte. Pendant longtemps, j'ai refusé de traduire des textes catalans qui me paraissaient conforter l'image d'une littérature régionaliste[3]. Je traduisais de la littérature « moderne », « expérimentale », et je voulais qu'on reconnaisse qu'elle existait aussi en langue catalane, chez des auteurs comme Monzó ou Pàmies. J'ai un peu changé de point de vue avec les livres de Pep Coll, un grand écrivain des Pyrénées, mais qui est aussi l'auteur d'une magnifique biographie romancée d'Héraclite, hélas inédite en français.

Il existe cependant des problèmes spécifiques à la traduction du catalan, langue « dominée » ou « en contact ».

D'abord pour ce qui est de la compréhension des textes, écrits, selon l'époque, l'auteur, les personnages, dans un catalan plus ou moins normé. L'imprégnation castillane d'un texte catalan peut aussi s'avérer problématique. D'abord en termes de compréhension pour un catalaniste qui ne serait pas hispaniste ; j'en ai vu quelques cas depuis une quinzaine d'années. S'il y a une forte présence du castillan dans les textes, il faut s'efforcer de la faire sentir, dans la mesure du possible. Mais quand un

3 J'ai ainsi refusé de traduire Baltasar Porcel, par exemple, peut-être à tort…

texte parle, implicitement, de la langue dans laquelle il est écrit, les problèmes peuvent devenir insolubles, ou leur résolution trop pesante. J'ai refusé d'envisager des textes de cette nature, par exemple de Julià de Jòdar.

Les régionalismes dans l'original sont aussi une difficulté et le traducteur est souvent sur la corde raide. Le problème se pose très souvent chez Cabré et Coll. J'ai recours à un fonds catalano-occitan-provençal qui m'est propre. Parfois à des termes très rares mais qu'on rencontre en France. Le contexte suffit à en comprendre le sens et ils apportent leur saveur.

Il faudrait voir comment ça se passe dans les traductions en castillan. Bernardo Atxaga, par exemple, traduit ses livres en castillan de façon, à mon sens, très peu « basque »…

Edmond Raillard
Université Grenoble-Alpes

RÉFÉRENCES BIBLIOGRAPHIQUES

CABRÉ, Jaume, *Voyage d'hiver*, traduit du catalan par Edmond Raillard, Arles, éd. Actes Sud, 2017.

CABRÉ, Jaume, *Quand arrive la pénombre*, traduit du catalan par Edmond Raillard, Arles, Actes Sud, 2020.

COLL, Pep, *Le sauvage des Pyrénées*, traduit du catalan par Edmond Raillard et Jean Vila, Arles, Actes Sud, 2010.

COLL, Pep, *Deux cercueils noirs et deux blancs*, traduit du catalan par Edmond Raillard, Arles, Actes Sud, 2015.

LLOP, José Carlos, *Solstice*, traduit de l'espagnol par Edmond Raillard, éd. J. Chambon, 2016.

LLOP, José Carlos, *Rois d'Alexandrie*, traduit de l'espagnol par Edmond Raillard, Paris, Éditions Jacqueline Chambon, 2017.

LLOP, José Carlos, *Orient*, traduit de l'espagnol par Edmond Raillard, Paris, Éditions Jacqueline Chambon, 2022.

PÀMIES, Sergi, *Chansons d'amour et de pluie*, traduit du catalan par Edmond Raillard, Paris, Éditions Jacqueline Chambon, 2014.

PÀMIES, Sergi, *L'art de porter l'imperméable*, traduit du catalan par Edmond Raillard, Paris, Éditions Jacqueline Chambon, 2019.

ANNEXE
Questionnaire : réponses d'Edmond Raillard

1. Quelles sont vos langues de traduction ?

Je traduis du castillan (Espagne et Amérique) et du catalan vers le français.

Difficile de ne pas me faire enfermer dans la case « catalaniste » ; le moindre nombre de traducteurs catalanistes en est la raison.

Quoique cela soit assez peu déontologique, il m'est arrivé de traduire à partir de ma langue maternelle, le français.

2. Combien de traductions avez-vous publiées, et dans quels domaines ? (vous pouvez indiquer les références, si vous le souhaitez)

Plus d'une soixantaine.

Écrits de peintres (et critique d'art, esthétique) ; fiction contemporaine (formes brèves et romans) ; occasionnellement, poésie (poésie baroque mexicaine, poésie catalane contemporaine).

Antonio Saura, Antoni Tàpies, Joan Miró, Quim Monzó, Sergi Pàmies, Jordi Puntí, Pep Coll, José Carlos Llop…

3. S'agissait-il de commandes éditoriales ou bien de propositions spontanées ?

Toujours des commandes, ce qui veut dire qu'aucun texte n'a été traduit sans contrat d'édition préalable. Il m'est arrivé d'être « apporteur », sans rémunération spécifique, alors que cela existe.

4. Quelles ont été jusqu'ici vos relations avec vos éditeurs (délais, rémunération…) ?

Il y a des lois et des tarifs. Il faut les respecter et les faire respecter.

Je m'oppose à l'idée de l'universitaire qui casse les tarifs (voire traduit gratuitement), même si cela existe. Dans mon cas, le fait d'avoir un traitement me permet d'être exigeant vis-à-vis des éditeurs et de ne pas accepter de travailler en dessous des tarifs habituels, déjà assez bas. Cela dit, les tarifs sont encore plus bas en Allemagne…

Les relations avec les éditeurs sont complexes et, au bout du compte, peu satisfaisantes (pour moi). Il faut cependant nuancer. Je suis tout à fait satisfait du travail d'édition, sur le texte. Mes rapports avec les éditeurs (au sens technique) et les correcteurs ont toujours été excellents : chacun a toujours accepté le point de vue de l'autre et je n'ai jamais eu de conflit.

Cela devient plus difficile dès que l'on s'éloigne du texte proprement dit et que l'on s'approche du terrain du marketing : prière d'insérer ou quatrième de couverture, illustration de couverture. Là, on peut s'attendre à des difficultés…

Ce qui est le plus difficile, c'est de se faire entendre pour le choix des textes. Les traducteurs, même universitaires, sont de fait peu considérés en tant qu'experts du fait littéraire, même quand ils apportent beaucoup.

Les éditeurs sont parfois oublieux, ou de mauvaise foi : « j'ai toujours voulu publier (ou adoré) tel auteur », alors qu'on a bataillé pour le faire prendre…

5. Si vous avez traduit des auteurs vivants, quelles relations avez-vous entretenues avec eux ?

Le plus souvent excellentes. À une époque, je me suis senti en famille aux éditions Quaderns Crema, de Jaume Vallocorba, un éditeur remarquable, malheureusement décédé il y a quelques années. Je suis toujours l'ami des auteurs de la maison : Monzó, Pàmies…

Parfois, elles se sont rompues en cours de route. J'ai traduit un auteur qui a coupé tout contact lorsque je lui ai envoyé une longue liste de questions qui laissaient apparaître de nombreuses incohérences dans son roman. Rarement, il n'y en a aucune.

Les questions à l'auteur portent sur des points précis de compréhension du texte : *armario* : placard ou armoire ? / Qui représente tel pronom, quel est le sujet (non exprimé en espagnol) de tel verbe ? / Le passager avant descend par la gauche : on est en Allemagne ou est-ce une erreur ? etc.

Parfois, j'ai repéré des problèmes de cohérence et nous avons modifié l'original avec l'auteur. Il est bon de partager avec l'auteur la décision d'un choix, voire de demander l'autorisation d'une prise de liberté. Garder telle image, tel référent précis ou privilégier la fluidité du texte ? Le plus souvent, l'auteur préfère la solution qui ne ralentit pas la lecture. Pas toujours, évidemment. Mais, de plus en, plus, j'assume pleinement mes choix. La liste des questions diminue au fur et à mesure du travail (le traducteur prend le texte en main et assume ses responsabilités). Lorsqu'il y a beaucoup de questions, ce n'est pas très bon signe (texte flou).

6. Faites-vous partie d'une association de traducteurs (ATLF, ATLAS…) ?

ATLF, ATLAS, SGDL

Ces associations sont d'une très grande utilité. Tout traducteur littéraire devrait être membre de l'ATLF qui veille à la défense des droits et constitue une plateforme d'information très utile ; accessoirement, de la SGDL.

Les rencontres d'Arles sont très importantes pour les traducteurs isolés ou débutants, et aussi pour les autres. Le forum de l'ATLF est souvent utile.

7. Quelles sont vos relations avec d'autres traducteurs ?

Bonnes ou très bonnes, par l'ATLF ou d'autres instances (CETL, Bruxelles).

Je compte quelques très bons amis parmi les traducteurs. Nous avons nos différences, voire nos différends, on en parle… ou pas. Évidemment, chacun est persuadé d'être le meilleur.

Grâce à l'Institut Ramon Llull, qui mène des actions remarquables au service de la littérature, j'ai participé à des rencontres, très enrichissantes, avec des traducteurs dans différentes langues des auteurs que je traduis. Des liens se sont créés et nous échangeons des courriers.

8. Quelle part de votre temps a été jusqu'ici mobilisée par vos activités de traduction ?

De quel temps ? Ça prend du temps, bien sûr. Beaucoup la nuit, pendant longtemps, maintenant moins.

Du temps sur le travail universitaire ? Sans doute. J'ai refusé plusieurs contrats pour faire passer l'Université avant. Mais, de plus en plus, ma carrière universitaire étant faite, et maintenant achevée, la traduction est passée devant.

De toute façon, en tant qu'universitaire, j'ai eu plutôt tendance à faire passer ce que je pensais avoir à dire par l'enseignement. Je ne suis pas un gros producteur d'articles.

9. Dans votre formation à la traduction, y a-t-il des ouvrages qui aient joué un rôle important ?

Pas beaucoup. J'ai toujours pensé que, dans les analyses traductologiques, il manquait du pragmatisme et du contexte. Les procédés de traduction, c'est bien, mais savoir pourquoi on a traduit de telle ou telle façon, c'est autre chose.

Ouvrages de traductologie : les travaux de Jean-Claude Chevalier et Marie-France Delport sont très utiles pour décrire des phénomènes qui se produisent dans une traduction et qu'il est bon de connaître, à la façon d'une aide ou d'un signal de danger :

- la transposition : un problème permanent. Pour ma part, je m'en méfie énormément. Je tiens à garder « l'air de l'étranger » (Valery Larbaud).
- l'explicitation : à fuir le plus possible.
- la compensation : très important, plus pour le ton ou les niveaux de langue que pour les sèmes (*cf.* Larbaud, « les balances du traducteur », dans *Sous l'invocation de saint Jérôme* chez Gallimard).

J'ai un petit faible pour Larbaud, comme je viens de le suggérer, mais je ne le lis pas tous les mois.

Beaucoup me paraissent grandiloquents (Eco, Ladmiral). Certains concepts simples, voire simplistes, ne sont peut-être pas si opératoires que ça : sourcier-cibliste ; littérariste-littéraliste.

J'ai peu dirigé de travaux sur la traduction (par peur d'être déçu ?). Mais j'ai siégé plusieurs fois dans des jurys de master, en particulier aux côtés de mon ami Michel Lafon, décédé prématurément.

10. Quel est à vos yeux le principal intérêt de la traduction et quels sont ses liens avec – voire son influence sur – votre métier d'enseignant-chercheur ?

Vaste programme.

La traduction est une lecture en profondeur. Personne ne lit comme le traducteur. Et le texte traduit (surtout lorsqu'il est bien traduit) est sans doute le texte le plus travaillé, parce qu'il l'a été plus de fois. Carlos Serrano s'était insurgé quand Jean-Marie Saint-Lu avait avancé que le traducteur est le meilleur critique. Sans doute avait-il raison. Mais si on est un bon critique, la traduction est une excellente voie pour pénétrer les textes.

L'enseignement de la traduction.

J'ai vraiment aimé mes cours de traduction, en particulier au niveau agrégation et master. Même si j'ai surtout donné des cours de thème… Ils ont été comme une promenade dans les langues. C'est différent de la traduction littéraire destinée à la publication (non critique) : fragments, nécessité de prouver ses connaissances… Mais justement, on peut à cette occasion montrer aux étudiants que l'on traduit différemment pour publier et pour un jury. J'ai beaucoup aimé également mes cours de traduction spécialisée, interprétation et sous-titrage. Donc, sans doute l'amour de la langue est-il dominant. J'ai renoncé à créer à l'université de Grenoble un master de traduction littéraire : il y a trop peu de débouchés et je ne trouvais pas très honnête de mettre chaque année une promotion sur un marché du travail restreint. Je pensais que la formation continue était une meilleure solution. J'enseigne aussi la traduction littéraire au CETL, à Bruxelles. Naguère sur place, depuis quelques années à distance.

Depuis quelque temps, je garde les étapes intermédiaires de mes traductions. Cela, avec mes dialogues avec les auteurs, me permet de retracer certaines de mes démarches.

La semaine prochaine, je donne une semaine de cours de traduction catalan-français (Institut Ramon Llull) avec des étudiants qui se trouvent à différents endroits : Allemagne, Allemagne, Canada…

BRÈVE EXPÉRIENCE D'UN ÉCART PÉRILLEUX EN TRADUCTION

« Que diable allait-il faire dans cette galère ? »

Il y a sans doute mille manières d'entrer ou de tomber en traduction pour un enseignant-chercheur. Il y a sans doute aussi mille degrés d'implication, dans cette pratique et de professionnalisation. Pour ce qui me concerne la traduction, du turc au français, restera une expérience à la marge dont les retombées sur mon activité principale sont restées discrètes, presque invisibles du point de vue de mon activité principale (et de mes pair(e)s). À la fois plus-value secrète et écart, à la fois occasion inégalable de renforcer une intimité avec une langue et prise de risque voire immense perte de temps par rapport à la logique de carrière (quand la traduction n'est pas métier). Deux temps peuvent être distingués dans la genèse de cette hybridité caractérisée par une dissymétrie entre l'activité principale, socialement visible et instituée – fondatrice d'une identité professionnelle –, et l'activité de traducteur, développée en marge de la première et plus ou moins établie et gratifiante. Le temps de l'expérimentation de l'hybridation et le temps de l'installation dans le double régime d'activité, plus ou moins longue et viable.

LES PRÉMISSES DE L'HYBRIDATION

Une double infériorisation

Passons vite sur les traductions éparses, hétéroclites, de début de carrière – quand la traduction se greffe à une identité professionnelle elle-même en formation –, entre principe de plaisir, insouciance entreprenante, principe alimentaire et exploitation. Toutes ces expériences ont été vécues. D'abord les traductions spontanées – de poésie[1] ou de courts articles, le plus souvent – pour se faire la main et pour des revues inconnues. Autant d'audaces et de petits pas discrets, parfois sous pseudonyme, comme pour se lancer un défi, pour tenter de partager des émotions de lecture avec un public non spécialiste, pour faire connaître un(e) auteur(e) qu'on a aimé(e) et parfois pour faire plaisir. Toujours par amour d'une langue que l'on s'efforce, par l'exercice de la traduction, de faire un peu plus sienne et familière ; cet amour de la langue autre, avouons-le, étant souvent indissociable de curiosités voire de passions pour ses locuteurs ou locutrices.

Parallèlement, l'entrée en traduction se fait aussi par des travaux de nature plus « alimentaire », dans mon cas plutôt sous la forme d'interprétations consécutives (orales). La formidable ouverture de la Turquie à l'Union européenne – à partir de la fin des années 1990 – a coïncidé avec mes années d'initiation. L'occasion, dans cette conjoncture de rapprochement et de très progressive levée des incompréhensions réciproques, m'a ainsi été donnée à plusieurs reprises d'accompagner des officiels ou semi-officiels, acteurs de cette ouverture.

Parfois aussi, l'entrée dans les coulisses du métier passe par des commandes ponctuelles de collègues plus gradés, à qui on ne peut pas dire non et à qui on a plus ou moins à prouver sinon sa légitimité, du moins sa bonne volonté, gage supposé d'une intégration dans le milieu. Souvent ces travaux de traduction sont réalisés pour l'honneur, et ne font l'objet ni d'une reconnaissance quelconque (j'ai encore le souvenir de ma déception quand je me suis aperçu, à la sortie d'un numéro spécial d'une revue[2] auquel j'avais contribué par la traduction d'un assez long texte, que mon nom avait été oublié), ni d'une rémunération, même symbolique. Dans le contexte turc que j'évoque, ils entrent dans ce qui est considéré implicitement par la communauté des futurs pairs comme relevant des étapes – non négociables – de l'initiation silencieuse, ingrate, du traducteur… Le candidat à cette initiation n'est pas en position de discuter et doit, s'il veut se faire adouber un tant soit peu par ses maîtres, obtempérer, sans contester ni revendiquer. La traduction

1 Il me souvient de m'être risqué à traduire des textes d'un poète turc devant se rendre à Strasbourg pour un festival, dans le seul but de rendre service et de complaire à l'intermédiaire qui me sollicitait pour ce service d'urgence, patiente interlocutrice de mes débuts d'alors dans la langue turque.

2 « Nazım Hikmet 30 ans après », revue *Anka*, n° 20/21, automne 1993.

semble dans ce cas relever d'un service rendu, et non pas d'une activité à part entière. Le fait de ne pas être professionnel – et de pratiquer la traduction « à côté » – renforce encore la vulnérabilité et l'invisibilité du jeune enseignant-chercheur traducteur.

L'EXERCICE PÉRILLEUX DE LA DUPLICITÉ À LA MARGE

Cette discrète initiation réalisée – mais jamais tout à fait achevée : à tout moment le non-professionnel peut retomber dans ces fragiles formes premières de pratique de la traduction –, le début des choses sérieuses, et un tant soit peu socialement reconnues, s'est amorcé dans des conditions assez spécifiques dans mon cas. Il s'est agi en effet d'une entrée assez soudaine, suite à un impromptu passage de relais d'un collègue. Celui-ci était un enseignant-chercheur-traducteur, mobilisé après le décès en 1998 de la traductrice (professionnelle) historique de l'auteur considéré (dont elle avait traduit quatre romans parus entre 1983 et 1995).

Ce, pour la traduction d'un roman important (458 pages, dans la langue originelle) d'un « grand écrivain », qui sera nobélisé quelques mois après la sortie de ma première vraie traduction, et pour une grande maison d'édition. Il ne s'agissait donc en rien d'une proposition de ma part, mais plutôt d'une proposition inespérée et contraignante, qui m'a projeté dans la nécessité d'une double pratique. Cette proposition acceptée, j'ai dès lors dû aménager mon temps pour sortir sans transition de la pratique intermittente et amateure de la traduction qui était la mienne jusqu'alors, et entrer dans l'hybridité instituée et inscrite dans un contrat exigeant.

Cette hybridité a souvent confiné à la schizophrénie, d'autant plus que l'activité de traduction est restée invisible et non positivement reconnue dans le champ de l'activité principale. Avec le risque permanent que celle-ci soit vécue (et perçue par certains de mes collègues) comme une entrave à la pleine réalisation de cette dernière, au lieu d'être considérée comme une plus-value et un travail fertilisant mon activité principale.

La traduction a donc été pratiquée en catimini, non pas aux dépens de l'activité d'enseignant-chercheur, mais parallèlement, sans que les deux activités n'interfèrent publiquement et ne se fertilisent mutuellement. Ce furent des mois de labeur pris davantage sur mon activité principale que sur ma vie privée.

Le fait de travailler pour une grande maison d'édition publiant des écrivains déjà renommés a eu pour effet de rendre ma position de traducteur « à côté » encore plus saillante, et de m'isoler plus encore. Aucun contact direct avec l'auteur d'envergure internationale ne daignant communiquer que par l'intermédiaire de son agent littéraire nord-américain ; et des contacts réduits aux retours, parfois cinglants, des épreuves avec la maison d'édition soumise aux exigences de l'agenda de publication globalisé du grand écrivain. L'enseignant-chercheur traducteur, dans ce système éditorial, est donc doublement marginalisé : en tant que non « professionnel », d'une part, et en tant que petite main dans une machinerie éditoriale dotée de logiques d'action éloignées des tourments et temporalités propres au travail de traduction. Le « Prix Médicis étranger » attribué à ce livre a d'ailleurs été remis à l'auteur et à son éditeur français, et à aucun moment il ne fut question de convier aux festivités le petit traducteur…

Ce furent des mois éprouvants de solitude, de labeurs et de doutes, où la crainte permanente de l'imposture se mêlait à la mauvaise conscience vis-à-vis de l'activité principale, *de facto* sinon « négligée » du moins reléguée en termes d'investissement, et vis-à-vis des proches inévitablement négligés, voire sacrifiés. Pour parler en termes de carrière, l'activité de traducteur de l'enseignant-chercheur ne m'a rien apporté. Tout au contraire, elle m'a empêché – mais j'étais consentant et ne m'en plains toujours pas – d'être tout à ma carrière. Autrement dit, c'était du temps volé à la recherche et aux publications, seules prises en considération dans l'avancement de cette dernière.

La deuxième expérience de traduction, du même auteur entre-temps récipiendaire du Prix Nobel de littérature, fut sensiblement différente. La nécessité d'honorer les délais de publication – dans le cadre d'un strict plan défini à l'échelle internationale par rapport auquel le traducteur pèse bien peu – ayant été renforcée encore par la reconnaissance suprême que constitue ce prix, a alourdi les pressions pesant sur ce dernier. Le choix a été fait par l'éditeur de constituer une équipe de traducteurs

(6 mains en tout, dont deux « professionnelles ») ; une option que la structure fragmentaire de l'œuvre à traduire rendait possible. Malgré cette nouvelle configuration, la solitude du traducteur n'en a pas été moins pesante, le temps de la concertation et de l'harmonisation n'ayant pas été ménagé. Si la charge fut bien moindre pour cette deuxième expérience, la solitude culpabilisante n'en fut pas pour autant abolie. À l'issue de cette deuxième traduction d'ampleur, estimant avoir touché les limites de la pratique « à côté » de la traduction, je décidais de passer la main à une professionnelle.

DES RETOMBÉES INAPPRÉCIÉES POUR LA DISCIPLINE PRINCIPALE

En dépit du manque de reconnaissance et de prise en compte de l'activité de traduction des enseignants-chercheurs au sein de leur pratique professionnelle « principale », cette activité mériterait d'être considérée comme un enrichissement et non pas comme un aventureux écart. Elle a en effet des retombées multiples « bénéfiques » sur l'activité principale, difficiles à quantifier peut-être, mais peu contestables. La traduction, en effet, m'a permis de développer une relation moins superficielle à la langue d'un pays dont j'essayais de devenir un spécialiste par ailleurs, dans un champ disciplinaire particulier, celui des études sur la Turquie contemporaine. Dès lors, qu'il s'agisse des lectures de sources à réaliser, des entretiens à conduire dans le cadre de ma « profession », l'expérience en marge de la traduction été éminemment facilitatrice. Apport peu quantifiable mais indéniable. La pratique de la traduction littéraire m'a aussi rendu plus en mesure d'effectuer rapidement et assez aisément des traductions de travaux de collègues turcs. Ce faisant, elle a contribué, même très symboliquement et modestement, à interroger l'effroyable dissymétrie qui existe en matière de traduction en sciences sociales entre la Turquie et la France (pour 100 ouvrages traduits du français au turc, probablement pas 2 traduits du turc au français). Or, à mon avis, l'attention – et la traduction est une forme exacerbée d'attention ! – aux écrits des autres dans leur propre langue constitue une des conditions *sine qua non* d'une relation scientifique et culturelle plus saine, parce que plus équilibrée et nourrie d'échanges.

Au total, l'enseignant-chercheur-traducteur est une créature fragile, hybride et encore mal identifiée dans le champ universitaire, un alchimiste de l'ombre qui se livre à des amalgames non dénués d'intérêt et souvent générateurs de retombées bénéfiques discrètes pour son activité principale ; même si certains de ses collègues voient en cette plus ou moins secrète seconde nature une déviation perturbatrice. Quelle que soit sa discipline universitaire proclamée, quel que soit son degré d'obstination dans l'écart, la pratique de la traduction transforme et enrichit le traducteur parallèle, même si, à bien des moments, il est enclin à se demander : « Que diable allait-il faire dans cette galère ? ».

Jean-François PÉROUSE
Université de Toulouse Jean Jaurès

ANNEXE
Questionnaire : réponses de Jean-François Pérouse

1. Quelles sont vos langues de traduction ?

Le turc.

2. Combien de traductions avez-vous publiées, et dans quels domaines ? (vous pouvez indiquer les références, si vous le souhaitez)

Outre une multitude d'articles de sciences sociales, d'architecture ou d'urbanisme, deux traductions littéraires principales, chez Gallimard, d'Orhan Pamuk :

Kar (2002)
Publié en français sous le titre *Neige*, traduit du turc par Jean-François Pérouse, Paris, Gallimard, coll. « Du monde entier », 2005, 485 p. (ISBN 2-07-077124-5) ; réédition, Paris, Gallimard, coll. « Folio » nº 4531, 2007, 624 p. (ISBN 978-2-07034454-3).
İstanbul : Hatıralar ve Şehir (2003)
Publié en français sous le titre *Istanbul, souvenirs d'une ville*, traduit du turc par Jean-François Pérouse, Savas Demirel et Valérie Gay-Aksoy, Paris, Gallimard, coll. « Du monde entier », 2007, 445 p. (ISBN 978-2-07-077627-6) ; réédition, Paris, Gallimard, coll. « Folio » nº 4798, 2008, 547 p. (ISBN 978-2-07-035860-1).

J'ai aussi traduit un roman d'un auteur (Osman Necmi Gürmen, *Râna*, 2006), à sa demande ; mais il est décédé et je suis resté bien dépourvu…

3. S'agissait-il de commandes éditoriales ou bien de propositions spontanées ?

Il s'agissait de commandes.

4. Quelles ont été jusqu'ici vos relations avec vos éditeurs (délais, rémunération…) ?

J'ai eu des difficultés avec une (éphémère) responsable de collection qui m'a commandé des essais de traductions (chapitres entiers) en me promettant une rémunération pour le travail fourni, quelle que soit sa décision finale (j'étais en concurrence avec d'autres), et qui a vite oublié sa promesse, puis tout aussi vite quitté la maison d'édition. Sinon, mis à part les traductions de jeunesse et les traductions pour rendre service à certains collègues, les relations avec mon éditeur ont été très professionnelles et sans surprise.

5. Si vous avez traduit des auteurs vivants, quelles relations avez-vous entretenues avec eux ?

Des relations très distantes, jamais directes en fait.

6. Faites-vous partie d'une association de traducteurs (ATLF, ATLAS…) ?

Non

7. Quelles sont vos relations avec d'autres traducteurs ?

Peu intenses, pour ne pas dire inexistantes. L'exercice de la traduction a été de mon point de vue un exercice très solitaire.

8. Quelle part de votre temps a été jusqu'ici mobilisée par vos activités de traduction ?

Durant trois années cela représenta au moins la moitié de mon temps…

9. Dans votre formation à la traduction, y a-t-il des ouvrages qui aient joué un rôle important ?

Je réserve mon temps disponible à la lecture d'ouvrages dans ma langue de spécialité, pour l'entretenir et me tenir au courant des publications récentes.

10. Quel est à vos yeux le principal intérêt de la traduction et quels sont ses liens avec – voire son influence sur – votre métier d'enseignant-chercheur ?

La pratique de la traduction permet d'acquérir une familiarité sans pareille avec une langue que l'on peut utiliser par ailleurs pour son activité « principale ».

INDEX

RÉSUMÉS

François GÉAL, « Présentation »

La mise en perspective des 10 contributions d'universitaires traducteurs et traductrices qui constituent ce volume rend compte de la diversité des parcours et des approches (traduction en solitaire ou à plusieurs, traduction de textes anciens ou contemporains…), qui n'exclut pas de fortes convergences pratiques et théoriques, en particulier dans l'importance accordée à l'approche herméneutique. Plongée au cœur du « laboratoire du traducteur », elle entend souligner aussi la complexité des relations avec les pairs et le monde éditorial.

Sylvain TROUSSELARD, « Traduire les *Douze contes moraux*. Du récit en construction à la construction du récit »

Les *Douze contes moraux* rendent compte de la circulation des textes durant la période médiévale. Plusieurs caractéristiques entrent en jeu dans cette traduction, celle du choix de la langue vulgaire, le siennois, celle de la prose et celle de l'édition critique du texte pour lequel il n'existe qu'un seul témoin manuscrit. Face à un tel corpus, la traduction en français contemporain devient problématique, car le texte comporte dans sa structure des traces palpables du français médiéval et des raccourcis logiques compliquant sa compréhension.

Florence SERRANO, « À sauts et à gambades entre traduction littéraire en réseau, traduction spécialisée et recherche. La traduction comme exploration hololinguistique »

Il s'agit de retracer et analyser la construction d'un parcours autobiographique d'enseignante-chercheuse-traductrice. La traduction sous toutes ses formes, en particulier les plus ardues, représente une exploration linguistique qui dépasse cette dimension pour inclure le contexte (culturel, sociologique, ethnographique…) et le *skopos* de la traduction.

Baudouin MILLET, « Traduire pour 2019 des romans de 1719. *Robinson Crusoe* de Daniel Defoe et *Love in Excess* d'Eliza Haywood »

Love in Excess de Eliza Haywood et *Robinson Crusoe* de Daniel Defoe sont deux romans strictement contemporains, publiés en trois parties entre 1719 et 1720. Leurs paratextes n'avaient été jusqu'ici que marginalement pris en considération dans les traductions et les études sur le roman britannique du XVIIIe siècle.

Jean-Charles PERQUIN, « Poét[h]ique de la traduction »

Quels sont les enjeux poétique et éthique de la première édition bilingue du grand poème épique victorien *Aurora Leigh* ? La question de la légitimité de la versification et du rythme se pose avec acuité, notamment s'il s'agit de traduire un poème, bien sûr, d'autant plus que le *magnum opus* d'Elizabeth Barrett Browning est aujourd'hui le grand oublié du siècle victorien.

Axel NESME, « Traduire l'élégiaque. Sur quelques versions de "*Out of the Cradle Endlessly Rocking*" de Walt Whitman »

Dans le poème au centre de l'analyse, écriture et traduction nouent leurs destins. En dressant son autoportrait en traducteur du chant élégiaque d'un oiseau, Whitman nous interroge en retour sur le destin de son texte dès lors qu'il devient lui-même poème à traduire, invitant à examiner la poétique de la traduction qu'il engage à la lumière de quelques versions françaises et allemandes dont il s'agira de soumettre les choix à l'épreuve de la microlecture.

François GÉAL, « Pourquoi je me consacre à la traduction et à la traductologie (ébauche d'autobiographie intellectuelle) »

Il s'agit, dans cette ébauche d'autobiographie intellectuelle, de reconstruire la genèse d'un goût de plus en plus affirmé pour la traduction de l'espagnol qui prend sa source dans un contexte familial et scolaire particulier. Le vif intérêt pour la traductologie, plus tardif, s'inscrit au fond dans le droit fil de cette pratique, par le biais d'une prise de conscience progressive des enjeux intellectuels passionnants au cœur de l'opération traductive.

Marie LAUREILLARD, « Pourquoi et comment traduire la littérature chinoise néo-sensationniste ? L'exemple de *Scènes de vie à Shanghai* de Liu Na'ou »

La récente traduction française d'un recueil de nouvelles de l'auteur chinois Liu Na'ou, *Scènes de vie à Shanghai* (1930), met en évidence l'importance de la littérature de la République de Chine (1912-1949), période témoignant d'une ouverture au monde et d'une liberté d'esprit inédites. L'écriture sensorielle de Liu Na'ou rend compte de la réalité fragmentaire et désordonnée de Shanghai, ville cosmopolite et modernisée, par diverses techniques inspirées du cinéma et du surréalisme faisant écho à Paul Morand, un modèle des écrivains japonais et chinois « néo-sensationnistes ». La traduction, malgré les multiples transferts linguistiques, donne l'impression d'un retour aux sources.

Sylvie PROTIN, « Traduire, enseigner, chercher, écrire. Variations autour d'une position traductive (un exercice de recherche création) »

L'analyse, orientée recherche-création, vise à répondre à la question bermanienne : « Qui est le traducteur ? ». Différentes activités parallèles (traduire, enseigner, chercher, écrire) sont analysées au prisme du décentrement, du rapport à la langue et à l'altérité. La conquête d'une position traductive, qui les relie toutes, agit comme un dialogisme libérateur, une éthique et un moteur pour l'écriture.

Edmond RAILLARD, « Traduire, récrire une bibliothèque idéale »

Le propos constitue moins un exposé de traductologie qu'une ébauche de poétique, formulée à partir d'un questionnaire. Il s'agit d'évoquer d'abord de façon très concrète une façon de traduire, en insistant sur la dynamique et le rythme de l'écriture et sur la recherche d'un ton, préalables au travail en profondeur sur les difficultés propres au texte. S'ensuit une interrogation sur les rapports du traducteur avec la communauté lectrice et sur sa responsabilité vis-à-vis du texte et ses limites. Contrairement à ce que suggère la formule selon laquelle « le traducteur n'a pas à améliorer le texte », celui-ci exerce de fait une fonction éditoriale, mal définie et peu reconnue.

Jean-François PÉROUSE, « Brève expérience d'un écart périlleux en traduction. "Que diable allait-il faire dans cette galère ?" »

Témoignage d'une assez fortuite plongée en traduction décrite, du point de vue de la pratique professionnelle principale, comme un écart et une pratique solitaire voire secrète, développée « par ailleurs », difficilement articulée à l'activité principale. Travail parallèle peu reconnu et peu valorisable sous l'angle de la carrière universitaire, la traduction n'en a pas moins rejailli sur celle-ci, en infusant une intime familiarité avec la langue d'un pays (la Turquie) qu'il s'agissait de comprendre autrement que par le seul prisme de la discipline affichée.

TABLE DES MATIÈRES

COLLECTION « TRANSLATIO »

La collection de traductologie « Translatio » se compose de quatre séries : les grandes œuvres de traduction, les grands penseurs de la traduction, les grandes problématiques traductuctologiques ainsi que les grandes théories.

Retrouvez tous les titres de la collection en scannant ce code QR :

Et pour recevoir nos dernières actualités, abonnez-vous ici :

Achevé d'imprimer par Corlet,
Condé-en-Normandie (Calvados),
en Octobre 2024
N° d'impression : 185884 - dépôt légal : Octobre 2024
Imprimé en France